BACKEN IST LIEBE

Südwest Verlag GmbH & Co. KG, München, 1993
© Union Deutsche Lebensmittelwerke, Hamburg
Alle Rechte vorbehalten

Konzeption: Jürgen Linz
Text und Redaktion: Die Buchmacher
Fotos: Heino Banderob
Food-Styling: Frauke Koops, Hermann Rottmann,
                     Regina Thouet (Assistenz)
Rezeptberatung: Marieluise Schulze
Versuchsküche: Renate Krake, Uta Wilken, Union Deutsche
                     Lebensmittelwerke GmbH; Monika Donath
Gestaltung: Dietmar Meyer, Karen Kollmetz, Friedhelm Ott
Vorspanntexte: Peter Hubschmidt
Schlußredaktion: Karin Schanzenbach
Produktion: Hartmut Bauer, Hamburg
Lithografie: Color Technik, München
Druck: Appl, Wemding
Bindung: R. Oldenbarg, München

Gedruckt auf chlor- und säurefreiem Papier
ISBN 3-517-01414-1

Backen ist Liebe...

DIE SCHÖNE WELT
DES BACKENS
200 REZEPTE UND
450 FOTOS

SÜDWEST

Himbeer-Ananas-Torte. Rezept auf Seite 37

EINE GESCHICHTE DES BACKENS

■ Feines Backwerk ist ein wichtiger Teil unserer Eßkultur. Es steht schon seit dem frühen Mittelalter für die unbezähmbare Lust auf Überflüssiges. Zu den gaumenkitzelnden Vorstellungen vom Schlaraffenland gehört beispielsweise, daß dort die Wege dick mit Pfeffernüssen gepflastert und die Fensterläden aus duftendem Lebkuchen geformt sind. Süßes Gebäck gab es an Fest- und Feiertagen bei arm und reich. Es wurde erst serviert, wenn der Hunger längst gestillt war. Man aß es aus wohliger Begehrlichkeit und Appetit, nicht, um den knurrenden Magen zu befriedigen. Daran hat sich bis heute kaum etwas geändert. Die große Tortenschlacht, sich einmal rundherum

satt essen an Kuchen und Keksen, das zählt auch heute zu den liebsten Visionen kalorienzählender Leckermäuler. Feines Gebäck soll Augenweide und Gaumenschmaus zugleich sein, soll ausschließlich verwöhnen. Auch das Backen selbst, das Rühren, Kneten und Formen, ist keine Pflicht. Backen ist kreatives Vergnügen. Backen ist Liebe!

DIE TRADITION

■ Doch eine neue Kunst ist es keineswegs. Schon Ägypter, Griechen und Römer haben mit Mehl, Früchten, Honig und Gewürzen gebacken und über ihre Rezepte berichtet. Die Frauen Germaniens opferten den Göttern gebackene Zöpfe anstelle ihrer eigenen Haar-

Gebäck-Model: in mittelalterlichen Klosterstuben erdacht.

tracht. Bis ins tiefste Mittelalter reichen die Rezepte für Lebkuchen. Sie werden bereits um das Jahr 1000 herum in Heiligenlegenden beschrieben. Vom Weihnachtsstollen erzählt schon eine Schrift aus dem Jahre 1329, vom ersten Dresdner Christstollen hört man im Jahre 1528. Der traditionelle italienische Weihnachtskuchen Panettone (Rezept Seite 54), soll Ende des 15. Jahrhunderts in der Mailänder Bäckerei Della Grazia von Toni, dem Besitzer, erfunden worden sein (daher: Pane di Toni – Panettone). Bereits am Anfang des 16. Jahrhunderts fertigten Mönche die ersten Baumkuchen am Bratspieß ihrer Klosterküche an. (Unser Baumkuchen-Rezept – als Torte in der Springform gebacken – steht auf Seite 46.)

Mitte des 16. Jahrhunderts erzählt die Augsburgerin Phillippine Welser in ihrem handgeschriebenen Kochbuch unter anderem von Birnentorte und Schmalzgebäck aus Mehl, Zucker und Rosenwasser.

NEUE VIELFALT

■ Die Tradition der Hausbäckerei, wie wir sie heute kennen, entstand erst im 18. Jahrhundert. Denn zu dieser Zeit lernten die Müller, feines weißes Weizenmehl ohne die bis dahin unvermeidlichen groben Kleiebestandteile herzustellen. Das weiße Mehl ermöglichte eine vollkommen neue Vielfalt von Gebäckarten.

Jetzt kamen die ersten detaillierten Rezepte für den beliebten weihnachtlichen Stollen in Umlauf. (Unser Stollenrezept aus dem Jahr 1993 finden Sie auf Seite 67.)

EDEL DEKORIERT

■ Zu Hochzeiten, Kindstaufen und anderen Familienfesten servierten die Frauen nun bereits mit Sahne, Konfitüre, Marzipan und Früchten gefüllte Torten. Es wurde Sitte, Eigelb und Eiweiß getrennt aufzuschlagen, der erste biskuitähnliche Kuchen kam in den Backofen. Um diese Zeit entstand auch die berühmte Linzer Torte aus Mürbeteig (unser Rezept Linzer Törtchen Seite 102). Die ersten Baiser-Rezepte (Grund-

rezept Seite 186) stammen aus der ersten Hälfte des 18. Jahrhunderts. In der ersten Hälfte des 19. Jahrhunderts brach dann eine Ära feinster gehaltvoller Kuchen und edel dekorierter Torten an. Nach dem weißen Mehl war erschwinglicher Zucker eine zweite wichtige Voraussetzung für das häusliche Kuchenbacken im heutigen Stil. Im Biedermeier schaffte es die aufblühende Industrie erstmals, feinen Zucker in großen Mengen herzustellen und preiswert anzubieten. Bis zur Mitte des 18. Jahrhunderts wurden nämlich die süßen Kristalle nur in Apotheken für viel Geld als Stärkungsmittel verkauft. Die Menschen der Biedermeierzeit genossen ihre

Häuslichkeit. Sie erfanden das Kaffeekränzchen und luden nicht mehr zu steifen festlichen Menüs an langen Tafeln ein, sondern höchst bürgerlich zu Gebäck und einer Tasse Tee, Kaffee oder Schokolade am runden Tisch. Im Jahre 1832 kreierte der Wiener Konditor Franz Sacher seine berühmte Schokoladentorte, die bis heute von geschickten Frauen und Männern für den privaten Backofen kopiert wird. (Unsere Version finden Sie auf Seite 34.) Für eine damals völlig neue leichte Biskuit-Komposition ohne Fett stand etwa zur gleichen Zeit der Budapester Konditor Josef Karl Dobos Pate. (Das Rezept für Dobos-Biskuit steht auf Seite 120.)

Häusliche Weihnachtsbäckerei um 1890. Farbholzstich von Gustav Adolf Kiekebusch.

DIE ZUTATEN UND IHRE EIGENSCHAFTEN

■ Mehl, Eier, Zucker und Fett, das sind Ingredienzien, die in beinahe jeden Kuchen gehören. Es lohnt sich, etwas über die speziellen Eigenschaften dieser Grundzutaten zu erfahren. Denn wer weiß, wie ein Teig „funktioniert", der erlebt nur noch selten unangenehme Überraschungen und ihm mißlingt kaum ein Kuchen. Backen macht nämlich viel mehr Spaß, wenn man die Sache gut im Griff hat.

DAS FETT
■ Im Kuchenteig ist Fett schon deshalb so wichtig, weil es die Aromen aller Zutaten verbindet und verstärkt. Es spielt eine zentrale Rolle für den guten Geschmack. Außerdem macht es die Teige mürbe, gibt ihnen eine schmelzende Struktur und bewahrt sie vor dem Austrocknen. Bei einigen Gebäcksorten, wie beispielsweise beim Mürbeteig, sorgt allein das Fett für die lockere, zarte Struktur. Je mehr Fett man nimmt, desto mürber wird das Gebäck, es zergeht auf der Zunge.

Welches Fett in den Kuchen kommt, entscheidet der Geschmack und natürlich das jeweilige Rezept. Noch im vorigen Jahrhundert war Rinderfett gebräuchlich. Gänse- und Schweineschmalz hatten noch bis zur Mitte dieses Jahrhunderts beim Backen ihre Liebhaber. Doch in der modernen Hausbäckerei werden

solche Schlachtfette nur noch sehr selten verwendet. Auch Öle spielen eine untergeordnete Rolle, weil sie ausschließlich in speziellen Rezepturen brauchbar sind und unsere gewohnten Rühr- und Mürbeteige fest und speckig machen würden. Neben Butter ist eine gute Margarine wie beispielsweise Sanella für die Mehrzahl der Rezepte am besten geeignet. Denn das geschmeidige Pflanzenfett hat einen angenehmen Schmelz, gerät beim Schlagen schaumig und luftig-porös und verbindet sich im Teig gut mit dem Mehl. Es entsteht beim Backen eine feine, gleichmäßige Krume. Die Margarine verteilt sich problemlos und ist geschmacklich so neutral, daß sie nicht in den Vordergrund tritt, sondern mit allen denkbaren Backzutaten und Gewürzen gut harmoniert und deren Eigengeschmack stützt. Auch reichhaltige Cremefüllungen,

Margarine gerät beim Schlagen schaumig und luftig-porös.

traditionell „Buttercreme" genannt, geraten mit Margarine aufgeschlagen ausgezeichnet und halten sich gut gekühlt über mehrere Tage aromafrisch.

DAS MEHL
■ Für das Gelingen von Kuchen, Plätzchen und Torten ist das richtige Mehl mindestens ebenso wichtig wie Fett. Unser gewohntes weißes, extrem fein gemahlenes Kuchenmehl nimmt viel Flüssigkeit, Ei und Fett auf und verbindet die Zutaten zu gleichmäßigen, formbaren Teigen. Wird in unseren Rezepten bei den Zutaten einfach nur Mehl genannt, ist immer dieses feine Mehl der Type 405 gemeint. Fast genauso hell ist ein Allzweckmehl der Type 550, das Sie unbesorgt für dieselben Rezepte verwenden können. Kuchenmehle werden aus „weichen" Weizensorten gemahlen. Weich nennen die Experten ein Mehl, das nur wenig vom gummiartig elastischen Klebereiweiß enthält. Viel Kleber würde feine Kuchenteige zäh machen und nach dem Backen strohig. Deftige Brote, Strudel- und Blätterteige dagegen gelingen gerade mit Mehlen aus „hartem" Weizen. Hier ist das Backergebnis um so besser, je mehr Wasser der Kleber aufnimmt und je elastischer das Gerüst ist, das der Kleber im Teig bildet. Die sogenannten „doppelgriffigen" Mehle und Spezialmischungen zum Brotbacken ent-

halten meist etwas mehr Kleber als übliches Kuchenmehl.

Mit dem gesundheitsorientierten Vollwert-Trend kamen auch beim Kuchenbacken wieder kleiehaltige Schrot- und Vollkornmehle in Mode, weil sie ballaststoffreicher und vitaminhaltiger sind. Luftig locker und leicht können Kuchenteige mit diesen Mehlsorten allerdings nicht ohne weiteres geraten, denn ihre Kleiebestandteile nehmen die Flüssigkeit nur langsam auf, und die großen Partikel solcher Mehle lassen feinporige Teigmassen erst gar nicht zu. Dagegen entwickeln frisch gemahlene Vollkornmehle – zu herzhaften Hefekuchen, fettreichen Mürbeteigen, Broten und Brötchen verbacken – ein angenehm nußartiges Aroma und eine kernige Teigstruktur.

DER ZUCKER

■ Zucker macht Kuchenteige nicht nur süß, sondern trägt auch zu ihrem Gelingen bei. Rührteige beispielsweise verlieren ihre feine Struktur und fallen zusammen, wenn anstelle von Zucker Süßstoff in den Teig kommt. Ein Kuchenteig ohne Zucker würde keine braune Kruste bekommen, sondern nach dem Backen fahl und gelblich aussehen. Zucker ist außerdem die Lieblingszutat der Hefezellen. Hefeteige gelingen zwar auch mit Süßstoff, müssen dann aber erheblich länger gehen, weil die Hefe Zeit braucht, um die Stärke aus dem Mehl in Zucker umzuwandeln. Kristallzucker löst sich beim Aufschlagen von Margarine oder Butter auf, stabilisiert die Masse und hilft, die Luft darin festzuhalten. Je größer die Kristalle des Zuckers, desto länger dauert es, bis sie sich im Teig auflösen. Deshalb sollten Sie zum Backen grundsätzlich „feine Raffinade", also einen Zucker mit sehr

Feines Kuchenmehl verbindet die Zutaten zu gleichmäßigen Teigen.

kleinen Kristallen verwenden. Oder Sie nehmen Puderzucker, also gemahlene Raffinade. Denn: Je feiner der Zucker, desto schneller löst er sich auf. Es kommt auch hier auf das Maß an. Ist die Menge richtig, macht Zucker den Kuchen locker. Sind zuviel von den süßen Kristallen im Teig, wird das Gebäck klein, fest und schwer.

DIE EIER

■ Beim Kuchenbacken spielen Eier eine dreifache Rolle: Schlägt man genügend Luft unter das Eiweiß, lockern sie den Teig. Die emulgierenden Eigenschaften des Eigelbs sorgen dafür, daß sich alle Zutaten zu einem glatten Teig verbinden. Außerdem festigen Eier gemeinsam mit dem Mehl die Krume des Gebackenen. Bei Biskuit und Brandteig spielt die Eimenge für das Gelingen eine entscheidende Rolle. Alle unsere Rezepte im Buch sind (falls nicht anders angegeben) auf Eier der Gewichtsklasse 3 abgestimmt. Weicht man auf eine höhere oder niedrigere Klasse aus, verändert sich die Eimenge. Brandteig und Biskuit bekommen dadurch eine andere Beschaffenheit und manchmal mißlingt das Gebäck sogar. Andere Teige sind unempfindlicher: Wenn beim Rühr- oder Hefeteig ein Ei fehlt, können Sie es zur Not durch die entsprechende Menge Wasser oder Milch ersetzen.

KLEINE UND GROSSE
GERÄTE UND ÖFEN

HANDRÜHRGERÄT UND KÜCHENMASCHINE

■ Früher war man beim Teig-rühren auf die Muskelkraft kräftiger Männer angewiesen. Oder die Frauen wechselten sich ab, wenn es hieß: Den Teig bitte linksherum rühren – und zwar mindestens eine Stunde! Glück-licherweise erspart uns die Technik heute diesen Kraft- und Zeitaufwand. Dennoch gibt es kein Elektro-Rührgerät, das alle Teige und Massen gleich gut verarbeitet. Erfahrene Backfans kneten deshalb den Mürbeteig nach wie vor ausschließlich mit der Hand. Auch Hefeteige und schwere Sauerteige für Brot gelingen am besten, wenn sie auf der Arbeitsfläche kräftig durch-gewalkt werden. Dagegen ist für Biskuit, Rührteig und Baiser ein Elektro-Rührgerät unentbehrlich. Im kleinen Haushalt erfüllt ein leistungsstarkes Handrührgerät mit Quirlen, Knethaken und einem Schneidstab alle Back-wünsche. Bei großen Mengen, schweren zähen Teigen und längeren Rührzeiten steigt der Motor allerdings aus und kann durch Überhitzung sogar Schaden nehmen. Das passiert vor allem, wenn das Gerät zu lange in Gebrauch ist und die sogenannte KB-Zeit (steht auf fast jedem Gerät) überschritten wird. Die kleinen kompakten Küchen-maschinen, in deren Behälter die Teige mit einer Art Messer ge-

schlagen werden, sind zwar auf den kleinen Haushalt abgestimmt, verarbeiten jedoch nicht alle Teige so gut wie ein Handrühr-gerät. Das können kraftvolle kleine Küchenmaschinen mit sta-bilen Rührbesen und Knethaken besser. Deren Anschaffung lohnt besonders für Haushalte, in denen mehr als einmal die Woche gebacken wird, und die genug Platz haben, damit das Gerät jederzeit einsatzbereit auf der

Kein Gerät für alle Teige: Rührlöffel, Handrührgerät und Küchenmaschine.

Arbeitsfläche stehen kann. Wer regelmäßig große Mengen oder schwere Teige für Vollkornbrot, Honigkuchen und Hefegebäck anrührt, braucht eine große Küchenmaschine, in deren Rührschüssel Teige aus mehr als einem Kilo Mehl Platz haben.

DER BACKOFEN

■ Falls Sie einen neuen Backofen kaufen wollen, haben Sie heute die Qual der Wahl. Es gibt:
- Backöfen mit Ober- und Unterhitze
- Heißluft-Backöfen
- Backöfen mit Ober- und Unterhitze plus Heißluft
- Backöfen mit eingebauter Mikrowelle
- Gasbacköfen

Beim Kuchenbacken zeigt sich deutlicher als beim Braten oder Schmoren, was jedes einzelne Heizsystem leisten kann. Gas-backöfen lassen sich zum Beispiel nicht niedrig genug einstellen, um Baiser darin perfekt zu trocknen. Dafür sind diese Öfen schnell vorgeheizt und Hefeteige und Brote gelingen in ihnen meistens ausgezeichnet. Beim Elektroherd haben vergleichende Versuche gezeigt, daß je nach der Art des Gebäcks entweder Ober- und Unterhitze oder die Heißluft das bessere Ergebnis bringt. Damit all die unterschiedlichen Kuchen-sorten optimal geraten, ist für Backfans ein kombinierter Back-ofen also sicher die beste Wahl.

EINSCHUBHÖHEN

■ Damit die Wärme im Backofenraum optimal genutzt wird, sollten Sie das Gebäck so einschieben, daß der Abstand zu den Ofenwänden etwa gleich groß ist.

Unten: Einschubhöhe 1 und 2

Für Kuchen in hohen oder halbhohen Backformen und für Kuchen in Springformen, die sehr hoch aufgehen wie Käsekuchen oder Biskuittorten. Außerdem: Brote, Zöpfe oder Stollen.

Mitte: Einschubhöhe 2 und 3

Gut für hohe Tortenböden in der Springform, aber auch halbhohes Gebäck vom Blech wie Brötchen, Windbeutel, Pastetchen, Hörnchen, Obstkuchen mit Belag, Kleingebäck oder flache Torteletts.

Oben: Einschubhöhe 3, 4 und 5

Hierher gehören nur Gerichte, die überbacken werden sollen. Zum Beispiel Kuchen mit Baiserhaube, weil es auf starke Hitze von oben ankommt.

Im Heißluftofen wird auf mehreren Ebenen gleichzeitig gebacken. Dann muß über jedem Blech ein Raum von 10 bis 15 cm frei bleiben, damit das Gebäck genügend Platz zum Aufgehen hat.

DIE TEMPERATUR

■ Manches erprobte Rezept gelingt beim Nachbacken nicht, weil die Wahl der richtigen Temperatur oft auf Erfahrungswerten beruht und die Regler für die Backofentemperatur nicht genormt sind. Moderne Backöfen mit einer Skalen-Einteilung in 10-Grad-Schritten sind exakter einzustellen als ältere Geräte. Weil beim Aufheizen die eingestellte Temperatur meist deutlich überschritten wird, sollten Sie das Gebäck erst einschieben, wenn das rote Lämpchen zeigt, daß die gewünschte Temperatur erreicht ist. Falls Sie einen sehr alten Ofen benutzen, hilft ein Backofen-Thermometer beim Überprüfen der Temperatur. Die darf übrigens auch bei neuen Geräten um 10% nach oben oder unten abweichen. In vielen unserer Rezepte ist die empfohlene Temperatur deshalb als „Spanne" angegeben. So haben Sie einen Anhaltswert, wie weit Sie herauf- oder herunterschalten können. Beginnen Sie stets mit dem unteren oder mittleren Wert. Sie können die Temperatur dann gegen Ende der Backzeit – falls erforder-

Die Stäbchenprobe: Um festzustellen, ob ein Kuchen wirklich gar ist, ein Holzstäbchen (z.B. einen Schaschlikspieß) bis in die Kuchenmitte stecken. Bleibt das Holz beim Herausziehen sauber, ist der Kuchen gar. Kleben noch Teigreste daran, muß er für einige Minuten zurück in den Ofen.

lich – etwas höher einstellen. So kann nichts schiefgehen, denn die meisten Fehlschläge entstehen durch zu starke Heizleistung. Eine niedrigere Temperatur, vor allem beim Backen mit Heißluft, ergibt ein gleichmäßigeres Backergebnis.

Elektrobacköfen benötigen zum Vorheizen auf 200° ca. 8 bis 20 Minuten. Backöfen mit Ober- und Unterhitze sind nicht ganz so schnell vorgeheizt wie Öfen mit intensiv umgewälzter Heißluft. Gasbackherde erreichen die gewünschte Temperatur am schnellsten. Die nebenstehende Tabelle zeigt die Temperaturen der Backofen-Heizsysteme im Vergleich.

Die Backbleche von Heißluftherden sind oft deutlich kleiner als andere. Der Grund: Gitterroste und Luftverteilbleche, die einen besseren Wärmeaustausch bewirken sollen, nehmen viel Platz in Anspruch. Für kleine Bleche müssen Sie möglicherweise Ihre gewohnten Rezeptmengen verändern oder eine etwas dickere Teigschicht in Kauf nehmen. Falls Ihnen das Blech für den bereits angerührten Teig zu klein scheint, nehmen Sie die Fettpfanne. Sie bietet auch für üppig belegte Kuchen genügend Volumen.

Backofentemperaturen der verschiedenen Heizsysteme			
Gasbacköfen	Elektrobacköfen		Empfohlen für
	mit Ober-/Unterhitze	mit Heißluft	
–	50°	50°	Hefeteig gehen lassen. Den Ofen nach 5 Min. ausschalten
–	75°	60–80°	Geschirr wärmen und Speisen warm halten
Stufe 1	100–120°	90–120°	Trocknen von Gebäck
Stufe 2	170°	140–160°	Torten mit empfindlichem Belag (z.B. Quarktorte)
Stufe 2	170–190°	150–170°	Rührkuchen, Sandkuchen, Biskuittorte
Stufe 3	200°	170–190°	Blechkuchen mit Belag, Brandteiggebäck
Stufe 3–4	200–225°	170–190°	Kleingebäck, Blätterteig
Stufe 5–6	220–250°	200–230°	Gebäck, das sehr hohe Hitze verträgt (z.B. Pizza) und Überbacken

BACKEN MIT DER MIKROWELLE

■ Bei einer Vielzahl von Gebäcksorten läßt sich in sogenannten
Kombinationsgeräten mit der
zugeschalteten Mikrowelle ein
viel besseres Backergebnis erzielen. So garen Mikrowellen beispielsweise den feuchten Belag
bei Quarktorten, Gemüsekuchen
oder Quiche lorraine schnell und
schonend. Es entstehen keine
„Klitschstreifen" mehr, weil der
Teigboden leichter durchbacken
kann. Rührkuchen dagegen mit

**Nicht jedes Material oder jede
Form ist für die Mikrowelle
geeignet. Ideal: runde Formen
aus Glas oder Keramik.**

Worin gelingt was?	
Backofen mit Mikrowelle	**Backofen ohne Mikrowelle**
Rührkuchen mit wenig Mehl, dafür mit einem höheren Anteil an Nüssen oder Früchten	Rührkuchen mit viel Mehl, z.B. Marmorkuchen, Sandkuchen
Quark- oder Käsekuchen auf Mürbeteig	Kleingebäck, da es schnell gebacken ist und die Mikrowelle keinen Zeitvorteil bringt.
Kuchen mit Obstbelag und Quark- oder Sahneguß auf Hefe- oder Mürbeteig	Gleiches gilt für: Mürbeteigtortenboden Biskuittorte, Biskuitrolle Brandteiggebäcke wie z.B. Windbeutel Eiweißgebäcke wie z.B. Makronen Hefezöpfe oder Stollen, Roggenschrot- oder Vollkornbrot
Obstkuchen mit Baiserhaube	
alle Arten von Quiches, Käsewähen, Zwiebelkuchen	
Strudel mit Quark- oder Obstfüllung	

einem hohen Mehlanteil backen
Sie besser ohne Mikrowelle. Der
Grund: Durch die verkürzte Backzeit – in Kombinationsgeräten bis
zu 50% – kann das Mehl nicht
richtig ausquellen und der Kuchen
schmeckt fad.

Damit Ihnen die Zuordnung
leichter fällt, zeigt Ihnen die oben-
stehende Übersicht, welches
Gebäck in Kombinationsgeräten
gut gelingt und welches Sie lieber
auf konventionelle Weise in Ihrem Backofen ohne Mikrowelle
backen sollten.

BACKFORMEN FÜR DIE MIKROWELLE

■ Am besten eignen sich runde
Backformen mit einem Durch-
messer von 25–30 cm. Bei den
Kastenformen konzentriert sich
die Mikrowelle in den Ecken, der
Kuchen backt dort stärker und
geht nicht so gut auf.

Empfehlenswert sind Formen
aus hitzebeständigem Glas, rund-
um glasierter Keramik und bis
210° hitzebeständigem Spezial-
kunststoff. Nur bedingt geeignet
sind auch Backformen aus Metall.
Helle Backformen aus Weißblech

oder Aluminium und Formen aus
reflektierenden Materialien eignen
sich gar nicht. Die Mikrowellen-
Backformen sollten Sie nicht nur
– wie üblich – gut einfetten, sondern auch zusätzlich mit Semmel-
bröseln, gemahlenen Mandeln
oder Nüssen ausstreuen, damit
der Kuchen nicht an den Wänden
hängen bleibt. Springformen
werden am besten mit Backpapier
ausgelegt.

BACKZEITEN FÜR DIE MIKROWELLE

■ In unseren Rezepten finden Sie
Backzeiten und Temperaturen
für konventionelle Herde. Wenn
Sie statt dessen mit zugeschalteter
Mikrowelle arbeiten wollen, können Sie Zeiten und Temperaturen
nach folgender Methode für die zu-
geschaltete Mikrowelle anpassen:
Stellen Sie Ihren Kuchen in das
untere Drittel des Backofenraums
und wählen Sie die Temperatur
um 10 bis 20° höher als in Ihrem
Rezept angegeben. Schalten Sie
die Mikrowelle mit einer niedrigen Leistung von 150–180 Watt zu
und verkürzen Sie die Backzeit
um die Hälfte.

Rührstück mit klassischen Rollen

Amerikanische Brownies, saftige Schokoladentorte, sommerlicher Aprikosenkuchen und Glühwein-Dreispitze zum Advent: Süße Verführer mit dem Rührteig als gemeinsamem Ursprung. Und so ein Rührstück in Szene zu setzen ist im Prinzip ganz einfach: mit wohltemperierten Zutaten und richtig bemessenem Schwung in jeder einzelnen Phase des Rührens.

Rhodonkuchen. Rezept auf Seite 30

SO GELINGT DER TEIG

Eine üppige Ausführung des Rührkuchens, der sogenannte Pfundkuchen, stand schon in den Rezeptbüchern unserer Urgroßmütter. Sein Teig besteht zu gleichen Teilen aus Fett, Zucker, Eiern, Mehl und kommt – luftig aufgeschlagen – ohne Backpulver und ohne Flüssigkeit aus. Wie der Name schon andeutet, wurde früher als Maß häufig das Pfund – 500 Gramm – gewählt. Falls Sie das Rezept heute in einer kleineren Menge ausprobieren möchten, nehmen Sie am besten das Gewicht der Eier als Grundlage für das Quantum. Drei Eier der Gewichtsklasse 3 wiegen knapp 200 g. Entsprechend müssen auch jeweils etwa 200 g Margarine, Zukker und Mehl abgewogen werden. Verarbeiten Sie die Zutaten nach den Arbeitsschritten 1 bis 5.

Nur halb soviel Fett und weniger Zucker und Eier enthält ein moderner Teig mit Backpulver und Milch. Diese unkomplizierte Rührteigversion ist kalorienärmer und schneller angerührt. Hier die Zutaten für das verläßlich einfache GRUNDREZEPT: 250 g Margarine, 250 g feiner Zucker, 1 Prise Salz, 4 Eier, 500 g Mehl (Type 405 oder 550), 1 Päckchen Backpulver, etwa 1/8 l Milch.

Sie können sich beim Anrühren des Teigs nach den Arbeitsschritten 6 und 7 richten und den Handrührer verwenden oder nach den Schritten 8 und 9 mit der Küchenmaschine arbeiten. Das Ergebnis ist jeweils etwa gleich gut.

1 Für den klassischen Rührteig, den sogenannten Pfundkuchen, weiche Margarine und zwei Drittel des Zuckers mit einem großen Schneebesen – so machen es die Profis – oder mit den Quirlen des Handrührgerätes schlagen, bis sich der Zucker gelöst hat.

2 Die Mischung ist richtig, wenn sie sehr hell, fast weiß, geworden ist und eine sahnigleichte Konsistenz bekommen hat. Erst jetzt rühren Sie das Eigelb unter die Fettmischung.

6 Für einen Teig mit Backpulver können Sie nach dem Aufschlagen der Fettmischung – sie ist in Schritt 1 beschrieben – ganze Eier abwechselnd mit dem Mehl zugeben. Die Flüssigkeit langsam nach und nach zufügen.

7 Der Teig ist perfekt, wenn er beim Herausziehen der Quirle schwer reißend in die Schüssel zurückfällt. Ist der Teig zu fest, bleibt er an den Quirlen hängen und braucht zusätzliche Flüssigkeit. Zu weicher Teig rutscht vom Quirl. Dann muß noch Mehl untergerührt werden.

3 Das Eigelb sollte Zimmertemperatur haben, damit das Fett nicht ausflockt. Falls es dennoch passiert: Schlagen Sie die Mischung einfach weiter. Wichtig ist es, möglichst viel Luft einzuarbeiten, damit der Kuchen beim Backen locker aufgeht.

4 Mehl zur Fett-Ei-Mischung in die Schüssel sieben und unterrühren. Das Eiweiß mit dem restlichen Zucker zu steifem Schnee schlagen und einen Teil davon mit dem Mehl unterrühren, damit der Teig geschmeidig wird.

5 Den restlichen Eischnee so unter den Teig heben, daß die Luftbläschen erhalten bleiben. Nicht kreisförmig rühren, sondern einen Löffel oder Spatel von oben nach unten spiralförmig durch Teig und Eischnee ziehen. Profis nehmen zum Mischen die Hände.

8 Wenn Sie mit der Küchenmaschine arbeiten, geben Sie Fett, Eier und Zucker gleichzeitig in die Schüssel und schalten für etwa 1 Minute auf eine hohe Stufe. Dann sollte sich das Volumen der Mischung annähernd verdoppelt haben und die Masse schaumig-locker aussehen.

9 Erst dann das gesiebte Mehl mit dem Backpulver und die Flüssigkeit zufügen und bei mittlerer Geschwindigkeit kurz untermischen. Zu langes Rühren aktiviert das Klebereiweiß im Mehl und macht den Teig schnell zäh.

10 Für alle Methoden gilt: Schokostücke oder Trockenfrüchte kommen erst zum Schluß in den Teig. Diese geschmacksgebenden Zutaten werden nur kurz mit einem Spatel oder Lochlöffel untergemischt. Leicht mit Mehl bestäubt, können Trockenfrüchte beim Backen nicht so schnell auf den Boden sinken.

RÜHRTEIG

DIE ZUTATEN

■ Der Rührkuchen gelingt am besten, wenn alle Zutaten Zimmertemperatur haben. Dann verbinden sie sich perfekt und der Teig gerät cremig und gleichmäßig. Nehmen Sie Margarine, Eier und Milch deshalb rechtzeitig aus dem Kühlschrank. Sind die Temperaturen der einzelnen Zutaten zu unterschiedlich, kann die Ei-Fett-Mischung beim Anrühren gerinnen und grisselig aussehen. Das führt zwar nicht gerade dazu, daß der Kuchen später zusammenfällt, aber er wird nicht ganz so locker. Der Grund: Die kleinen Löcher im geronnenen Teig lassen die mühsam untergeschlagene Luft schneller wieder entweichen, als es eine gleichmäßige, cremige Fettschicht tun würde. Die Folge: Der Kuchen gerät fester. Wer Eier

Margarine läßt sich im Rührteig gut verarbeiten, wenn sie Zimmertemperatur hat.

aus dem Kühlschrank schnell auf Zimmertemperatur bringen will, legt sie kurz in warmes Wasser. Margarine können Sie in der Mikrowelle in einer Minute (bei 600–700 Watt) anwärmen.

Paßt der Teig in meine Form? Ein einfacher Test bringt Klarheit: Mit Wasser abmessen, wieviel Liter in die Schmuckform hineingehen.

RICHTIGE MENGEN

■ Figuren- und Deko-Formen wie Herzen, Schneemänner, Blumen und Rosetten werden zunehmend beliebter. Doch man weiß nie, ob die Teigmenge des ausgewählten Rezepts hineinpaßt. Mit einem kleinen Trick können Sie die richtige Menge Teig für jede Kuchenform bestimmen. Messen Sie einfach, wieviel Wasser in Ihre spezielle Form hineinpaßt. In unseren Rührteigrezepten finden Sie bei den Angaben zur Backform jeweils eine Literangabe. Stimmt die Wassermenge mit der Angabe überein, ist die Teigmenge genau richtig. Stellt sich heraus, daß zuviel Teig für die gewünschte Form vorhanden ist,

füllen Sie zusätzlich eine kleine Form. Bei zuwenig Teig am besten das Rezept verdoppeln. In nur knapp gefüllten Formen gerät der Kuchen flach und unschön.

FORMEN FETTEN

■ Alle Backformen, auch die beschichteten, sollten mit weicher Margarine gleichmäßig eingefettet werden, damit der Kuchen beim Herauslösen nicht hängen bleibt. Am einfachsten geht es mit einem Pinsel, mit dem man bequem in alle Ecken kommt. Backformen mit vielen Ecken und Kanten sollten Sie nach dem Einfetten für eine Weile kalt stellen. Dann erstarrt der Fettfilm und bildet eine Schutzschicht am Formrand, die das Stürzen später erleichtert. Weiche Margarine könnte sich beim Einfüllen mit dem Teig verbinden, dann ist der Antikleb-Effekt dahin. Achtung: Benutzen Sie kein Öl zum Einfetten der Formen. Es könnte beim Backen an den Formrändern einen gelblichen Film bilden, der später nur schwer wieder zu entfernen ist.

Runde Formen mit dem Pinsel gut einfetten. Kastenformen mit Backpapier auslegen.

GUT GERÜHRT

■ Ein klarer Fall: Rührkuchen wird gerührt. Und je gründlicher Sie zum Beispiel Margarine und Zucker miteinander verrühren, desto besser für das Backergebnis. Die untergeschlagene Luft macht den Kuchen später locker und zart. Wenn aber schließlich das Mehl dazu kommt, heißt es, beim Rühren vorsichtig sein. Sollten Sie mit der Hand rühren, müssen Sie nicht auf die Uhr schauen. Aber in der Küchenmaschine darf der Teig nicht mehr länger als 3 Minuten und mit dem Handrührgerät nicht mehr länger als 5 Minuten bearbeitet werden. Durch zu intensives Schlagen verändert sich nämlich die Struktur des Mehls:

Einmal klitschig, einmal locker. Der linke Kuchen wurde ohne Backpulver angerührt und auch nicht gründlich genug aufgeschlagen.

Der Kleber, ein Eiweißbestandteil, macht den Teig zäh und der Kuchen geht nicht mehr richtig auf. Statt feinporig und zart, gerät ein „überrührter" Kuchen trocken, bröselig und fest.

TREIBENDE KRÄFTE

■ Nur Rührteige mit vielen Eiern, reichlich Zucker, Fett und wenig Mehl gelingen ohne Backpulver. Dann müssen Fett, Zucker und Eier allerdings gründlich aufgeschlagen werden, damit viel Luft hineinkommt. Sehr Backerfahrene trauen sich manchmal auch an leichte Teige ohne Backpulver heran. Doch absolut sicher gelingen leichte Kuchen nur mit Backpulver locker und porös. Das Pulver entwickelt beim Feuchtwerden im Teig Kohlensäure in Form von Millionen winziger Bläschen. Sie treiben den Teig in die Höhe, machen ihn porös und locker. Durch Backpulver wird ein Rührteig einfach und unkompliziert. Der Nachteil: Das weiße Pulver gibt dem Kuchen einen leichten Beigeschmack, der feine Zungen manchmal stört.

KURZ RUHEN LASSEN

■ Lassen Sie den Kuchen nach dem Backen noch etwa 3 Minuten (nicht länger!) in der Form ruhen. In dieser Zeit stabilisiert sich der Teig, und es entsteht eine winzige Luftschicht zwischen Kuchen und Backform, die das Herauslösen vereinfacht. Den Kuchen anschließend auf einem Gitter auskühlen lassen, damit die Feuchtigkeit verdampfen kann und die Kruste nicht aufweicht, sondern schön knusprig bleibt.

Rührkuchen kurz in der Form ruhen lassen, dann auf ein Gitter stürzen.

MOHNKUCHEN MIT KIRSCHGLASUR

**Zutaten für eine flache
Kastenform (2 l Inhalt)**

FÜR DEN TEIG:
250 g frisch gemahlener Mohn
150 g Sanella
200 g Zucker
3 Päckchen Vanillezucker
7 Eigelb
125 g gemahlene Mandeln
1/2 Päckchen Backpulver
7 Eiweiß
FÜR DIE GLASUR:
250 g Kirschkonfitüre
1 1/2 TL klares Tortengußpulver
2 EL Kirschwasser

1 Den Mohn in 200 ml kochendes Wasser geben und bei kleinster Hitze 8–10 Minuten quellen lassen. Auf einem Sieb zum Abkühlen beiseite stellen.

2 Die Form mit Backpapier auslegen, dabei einen etwas erhöhten Rand formen.

3 Margarine, Zucker und Vanillezucker mit einem Schneebesen oder den Quirlen des Handrührers schlagen, bis sich der Zucker gelöst hat. Dann Eigelb nacheinander dazugeben und schaumig schlagen. Die Mandeln mit dem Backpulver mischen und im Wechsel mit dem abgekühlten Mohn unter die Margarine-Ei-Mischung rühren. Eiweiß steif schlagen und unterheben.

4 Teig in die Form füllen und im vorgeheizten Backofen bei 175° (Gas: Stufe 2) 30 bis 35 Minuten backen. Den Kuchen in der Form auskühlen lassen.

5 Für den Guß die Konfitüre mit dem Schneidstab des Handrührgerätes pürieren und bei milder Hitze aufkochen. Tortengußpulver mit Kirschwasser verquirlen und in die Konfitüre rühren. Einmal aufkochen und auf den Kuchen streichen. Den Kuchen aus der Form heben und das Papier entfernen. *Ergibt 12 Stücke.*

SCHOKOLADEN-SAHNETORTE

Zutaten für eine Springform
(26 cm ⌀, 2,5 l Inhalt)
FÜR DEN TEIG:
120 g Sanella
150 g Zucker
3 Eier
100 g Halbbitter-Schokolade
130 g gemahlene Mandeln
1 EL starker Kaffee
40 g Mehl
1 TL Backpulver
FÜR DEN BELAG:
1/8 l Weißwein
3 EL brauner Rum
1/4 l Schlagsahne
1 TL Zucker
100 g Halbbitter-Kuvertüre
1 TL Kakao zum Bestäuben

schnell

1 Margarine und Zucker mit dem Schneebesen oder den Quirlen des Handrührers schlagen, bis sich der Zucker gelöst hat. Dann die Eier nacheinander zufügen und alles schaumig rühren.

2 Die Schokolade im heißen Wasserbad schmelzen. Mit den Mandeln und dem Kaffee unter die Margarine-Ei-Mischung rühren. Das Mehl und Backpulver mischen, in die Schüssel sieben und unterrühren.

3 Den Boden der Springform mit Backpapier auslegen. Den Teig einfüllen und im vorgeheizten Backofen bei 175° (Gas: Stufe 2) etwa 35 Minuten backen.

4 Inzwischen Weißwein mit dem Rum verrühren. Den noch heißen Boden damit tränken. Die Sahne mit Zucker steif schlagen und auf dem Boden verteilen. Die Kuvertüre mit dem Sparschäler in Spänen abschaben oder raspeln und

die Torte damit garnieren. Zum Schluß mit Kakaopulver bestäuben. *Ergibt 12 Stücke.*

ABWANDLUNG: Wer Kinder hat oder aus anderen Gründen auf Alkohol verzichten möchte, kann den Weißwein durch Traubensaft oder evtl. Kirschsaft ersetzen und den Rum ganz weglassen.

MIKROWELLEN-TIP: Im Kombinationsgerät backt man die Schokoladentorte mit Mikrowelle bei 150–180 Watt und mit Heißluft (150–170°) bzw. Ober- und Unterhitze (180–200°) in ca. 20 Minuten.

MANDELTORTE

Zutaten für eine Springform
(24 cm ⌀, 2 l Inhalt)
FÜR DEN TEIG:
250 g Sanella
250 g Zucker
2 Eier
1 Eiweiß
1 Prise Salz
1 gestrichener TL Zimt
1 TL abgeriebene Zitronenschale
250 g gemahlene Mandeln
250 g Mehl
1 TL Backpulver
Sanella zum Einfetten
FÜR DEN BELAG:
250 g Johannisbeerkonfitüre
1 Eigelb
2 EL Mandelblättchen

1 Margarine und Zucker mit dem Schneebesen oder den Quirlen des Handrührers schlagen, bis sich der Zucker gelöst hat. Dann Eier, Eiweiß, Salz und Zimt zufügen und alles schaumig rühren.
2 Die Zitronenschale und die gemahlenen Mandeln dazugeben. Das Mehl und Backpulver mischen, zur Margarine-Ei-Mischung sieben und gut unterrühren.
3 Zwei Drittel des Teiges in die gefettete Form einfüllen, glattstreichen und die Johannisbeerkonfitüre gleichmäßig darauf verteilen.
4 Den restlichen Teig in einen Spritzbeutel mit glatter Tülle geben. Einen Rand und ein gitterförmiges Muster auf die Torte spritzen. Mit verquirltem Eigelb bestreichen, mit Mandelblättchen bestreuen und im vorgeheizten Ofen bei 175–200° (Gas: Stufe 2–3) etwa 75 Minuten backen. *Ergibt 10–12 Stücke.*

TIP: Frisch gemahlene Mandeln haben ein intensiveres Aroma als abgepackt gekaufte. Man kann die Mandeln im Blitzhacker oder in der Küchenmaschine mahlen, doch durch die entstehende Wärme kann leicht das Öl austreten und die Mandeln werden „speckig". Wer keins von beiden Geräten besitzt, aber viel backt, für den lohnt sich die Anschaffung einer Mandelmühle allemal. Notfalls tut es auch eine Kaffeemühle mit Schlagwerk.

GLÜHWEIN-DREISPITZE

Zutaten für ein Backblech

FÜR DEN TEIG:

250 g Sanella

250 g Zucker

1 Päckchen Vanillezucker

4 Eier, 250 g Mehl

1 Päckchen Backpulver

300 ml Rotwein

1 Beutel Glühweingewürz

150 g Raspelschokolade

FÜR DEN GUSS:

250 g Puderzucker

ZUM BESTREUEN:

80 g gehackte Mandeln

2 EL Raspelschokolade

schnell

1 Margarine, Zucker und Vanillezucker schlagen, bis sich der Zucker gelöst hat. Eier nacheinander dazugeben und schaumig rühren. Mehl und Backpulver mischen, zu der Margarine-Ei-Mischung sieben und unterrühren.

2 Rotwein mit dem Gewürz erhitzen. 1/8 l abmessen und mit der Schokolade unter den Teig rühren.

3 Das Blech mit Backpapier auslegen, den Teig daraufstreichen. Im vorgeheizten Backofen bei 175° (Gas: Stufe 2) 25 bis 30 Minuten backen.

4 Restlichen Glühwein und Puderzucker verrühren, auf dem kalten Kuchen verteilen. Mandeln rösten, mit der Schokolade über den Kuchen streuen. *Ergibt 32 Stücke.*

KIRSCH-STREUSELKUCHEN

Zutaten für ein Backblech

FÜR DEN TEIG:

200 g Sanella

200 g Zucker

3 Eier, 1 Prise Salz

1 TL abgeriebene Zitronenschale

375 g Mehl, 4 TL Backpulver

Sanella zum Einfetten

FÜR DEN BELAG:

125 g Sanella

200 g Mehl

150 g Zucker

25 g gehackte Mandeln

1/2 TL abgeriebene Zitronenschale

1/2 TL Zimt

2 Gläser Sauerkirschen ohne Stein

(à 370 g Abtropfgewicht)

1 EL Zucker zum Bestreuen

schnell

1 Margarine und Zucker mit dem Schneebesen oder den Quirlen des Handrührers schlagen, bis sich der Zucker gelöst hat. Die Eier nacheinander dazugeben und schaumig rühren. Salz und Zitronenschale zufügen. Mehl und Backpulver mischen, zur Margarine-Ei-Mischung sieben und gut unterrühren.

2 Den Teig auf das gefettete Backblech streichen.

3 Die Margarine schaumig rühren. Mehl, Zucker, Mandeln, Zitronenschale und Zimt unterrühren. Zu Streuseln zusammendrücken.

4 Die Streusel und abgetropften Sauerkirschen diagonal auf dem Teig verteilen. Im vorgeheizten Backofen bei 200° (Gas: Stufe 3) ca. 30 Minuten backen. Mit Zucker bestreuen. *Ergibt 16 Stücke.*

HUMMELKUCHEN

Zutaten für ein Backblech

FÜR DEN TEIG:

150 g Sanella

6 Eier

250 g Zucker

300 g Mehl

1 Päckchen Backpulver

6 EL Schlagsahne

Sanella zum Einfetten

FÜR DEN BELAG:

250 g Mandeln

200 g Sanella

200 g Zucker

3 EL Schlagsahne

60 g Mehl

1 Die Mandeln in kochendes Wasser geben, kurz kalt abschrecken. Die braunen Häute abziehen und die Mandelkerne blättrig schneiden oder in der Küchenmaschine fein hobeln.

2 Margarine schmelzen und abkühlen lassen. Die Eier und den Zucker schaumig rühren, dann nacheinander die abgekühlte flüssige Margarine, das Mehl, das Backpulver und die Schlagsahne unterrühren.

3 Den Teig auf das gefettete Backblech streichen und im vorgeheizten Backofen bei 200–225° (Gas: Stufe 3–4) 15 Minuten vorbacken.

4 Margarine mit Zucker, Schlagsahne, Mehl und den vorbereiteten Mandelblättchen aufkochen. Den Topf vom Herd nehmen und die noch heiße Margarine-Mandel-Mischung auf dem vorgebackenen Teigboden verstreichen.

5 Das Blech wieder in den Backofen schieben und den Kuchen weitere 10 bis 15 Minuten backen. *Ergibt 16 Stücke.*

RHABARBERTORTE

Zutaten für eine Springform
(26 cm ∅, 2,5 l Inhalt)
FÜR DEN TEIG:
750 g Rhabarber
125 g Sanella
125 g Zucker, 1 Prise Salz
1 Päckchen Vanillezucker, 3 Eier
200 g Mehl, 2 TL Backpulver
3 EL Schlagsahne
Sanella zum Einfetten
1 gehäufter EL Zucker
FÜR DEN BELAG:
3 Eiweiß
150 g Zucker
3 EL Kokosraspel

1 Den Rhabarber waschen, putzen und in fingerlange Stücke schneiden. Die Margarine, Zucker, Salz und Vanillezucker mit dem Schneebesen oder den Quirlen des Handrührers schlagen, bis sich der Zucker gelöst hat. Dann die Eier nacheinander dazugeben und schaumig schlagen. Mehl mit Backpulver mischen, zur Margarine-Ei-Mischung sieben und abwechselnd mit der Schlagsahne unterrühren.

2 Den Teig in die gefettete Form einfüllen und den Rhabarber daraufgeben. Zucker darüberstreuen. Die Torte im vorgeheizten Backofen bei 175° (Gas: Stufe 2) 35 bis 40 Minuten backen.

3 Eiweiß mit dem Zucker zu steifem Schnee schlagen. 2 EL Kokosraspel unterheben. Die Masse in einen Spritzbeutel mit glatter Tülle geben und auf den heißen Kuchen spritzen. Mit den restlichen Kokosraspeln bestreuen und nochmals bei 175° (Gas: Stufe 2) 15 Minuten backen. *Ergibt 12 Stücke.*

HASELNUSSTORTE

Zutaten für eine Springform
(22 cm ∅, 1,5 l Inhalt)
FÜR DEN TEIG:
125 g Sanella, 125 g Zucker
1 Päckchen Vanillezucker
1 Ei, 3 Eigelb, 160 g Mehl
2 gestrichene TL Backpulver
1/2 EL brauner Rum
FÜR DEN BELAG:
3 Eiweiß, 100 g Zucker
150 g gemahlene Haselnüsse
8 Belegkirschen
4 EL Mandelblättchen
3 EL Aprikosenkonfitüre

1 Die Margarine mit dem Schneebesen oder den Quirlen des Handrührers cremig schlagen. Zucker und Vanillezucker, Ei und Eigelb zufügen und so lange schlagen, bis sich der Zucker gelöst hat. Mehl und Backpulver mischen, zu der Margarine-Ei-Mischung sieben und unterrühren. Dann den braunen Rum zufügen.

2 Den Teig in die gefettete oder mit Backpapier ausgelegte Form einfüllen und im vorgeheizten Backofen bei 175° (Gas: Stufe 2) 35 bis 40 Minuten backen.

3 Inzwischen das Eiweiß mit dem Zucker zu Schnee schlagen. Haselnüsse unterziehen. In einen Spritzbeutel mit Sterntülle geben und auf den heißen Boden spritzen.

4 In Spalten geschnittene Kirschen und 1 EL Mandelblättchen darüberstreuen. Weitere 15 Minuten backen.

5 Die restlichen Mandelblättchen ohne Fett goldbraun rösten. Aprikosenkonfitüre mit etwas Wasser bei milder Hitze glattrühren und auf den Kuchenrand streichen. Mit den Mandelblättchen bestreuen. *Ergibt 8–10 Stücke.*

FRÜCHTEKUCHEN

Zutaten für eine Kastenform
(30 cm lang, 2 l Inhalt)
100 g getrocknete Feigen
100 g getrocknete Aprikosen
50 g kandierte Kirschen
50 g kandierte Ananas
50 g Datteln, 1 TL Mehl
100 g gehackte Mandeln
50 g gehackte Haselnüsse
100 g Zitronat, 150 g Rosinen
125 g Sanella
125 g Zucker, 1 Prise Salz
1 TL abgeriebene Zitronenschale
4 Eier, 250 g Mehl, 3 TL Backpulver
3 EL Milch, 1–2 TL Mehl

1 Die Früchte würfeln und mit Mehl bestäuben. Mit gehackten Mandeln, Haselnüssen, Zitronat und den Rosinen mischen.

2 Margarine, Zucker, Salz und Zitronenschale mit einem Schneebesen oder den Quirlen des Handrührers so lange schlagen, bis sich der Zucker gelöst hat. Die Eier nacheinander dazugeben und alles schaumig schlagen.

3 Mehl mit Backpulver mischen, zur Margarine-Ei-Mischung sieben und abwechselnd mit der Milch unterrühren. Die Früchte nochmals leicht mehlen und ebenfalls unterrühren.

4 Die Form mit Backpapier auslegen. Den Teig einfüllen und im vorgeheizten Backofen bei 175° (Gas: Stufe 2) ca. 75 Minuten backen. *Ergibt 20 Stücke.*

Am besten lassen sich die Trockenfrüchte mit einem schweren Kochmesser würfeln. Dann werden sie mit Mehl bestäubt, zum Teig gegeben und untergerührt.

RODONKUCHEN

Zutaten für eine Napfkuchenform
(2 l Inhalt)
200 g Sanella, 200 g Zucker
1 Päckchen Vanillezucker
1 Prise Salz, 4 Eier
500 g Mehl, 1 Päckchen Backpulver
etwa 1/8 l Milch
je 150 g Korinthen und Rosinen
Sanella zum Einfetten
Zwiebackbrösel zum Ausstreuen
200 g Puderzucker
2 EL Zitronensaft, 25 g Kokosfett

1 Die Margarine, Zucker, Vanillezucker und Salz mit einem Schneebesen oder den Quirlen des Handrührers so lange schlagen, bis sich der Zucker gelöst hat. Dann die Eier nacheinander dazugeben und schaumig schlagen.

2 Mehl und Backpulver mischen, zur Margarine-Ei-Mischung sieben und abwechselnd mit der Milch unterrühren.

3 Korinthen und Rosinen unter den Teig mischen. Die Form fetten und mit Zwiebackbrösel ausstreuen. Den Teig einfüllen und glattstreichen.

4 Im vorgeheizten Backofen bei 175–200° (Gas: Stufe 2–3) 50 bis 60 Minuten backen.

5 Puderzucker mit dem Zitronensaft glattrühren. Das Kokosfett bei milder Hitze schmelzen. Gründlich mit der Zucker-Zitronensaft-Mischung verrühren. Den ausgekühlten Kuchen damit überziehen. *Ergibt 16 Stücke.*

MARMORKUCHEN

Zutaten für eine Napfkuchenform
(2 l Inhalt)
200 g Sanella
300 g Zucker
1 Prise Salz
5 Eier, 400 g Mehl
3 TL Backpulver
1/8 l Milch
Sanella zum Einfetten
100 g Bitter-Schokolade
1/2 TL Kakao
1 Päckchen Vanillezucker
FÜR DEN GUSS:
25 g Kokosfett, 1 1/2 EL Kakao
200 g Puderzucker

1 Margarine, Zucker und Salz mit dem Schneebesen oder den Quirlen des Handrührers schlagen, bis sich der Zucker gelöst hat. Dann nacheinander die Eier unterrühren und schaumig schlagen. Mehl und Backpulver mischen, zur Margarine-Ei-Mischung sieben und mit der Milch unterrühren.

2 Die Hälfte des Teiges in die gefettete Form einfüllen. Schokolade im heißen Wasserbad schmelzen, mit Kakao und Vanillezucker unter den restlichen Teig rühren. In die Napfkuchenform geben. Eine Gabel spiralenförmig durch beide Schichten ziehen.

3 Im vorgeheizten Backofen bei 175–200° (Gas: Stufe 2–3) etwa 80 Minuten backen.

4 Inzwischen das Fett zerlassen, mit dem Kakao und Zucker sowie 6 EL Wasser mischen. Den ausgekühlten Kuchen damit überziehen. *Ergibt 16 Stücke.*

ABWANDLUNG: Falls keine Kinder mitessen, den Schokoladenguß statt mit Wasser mit Weinbrand oder Rum anrühren. Für eine Mokka-Glasur starken Kaffee verwenden.

MASCARPONE-TORTE

Zutaten für eine Springform
(26 cm ⌀, 2,5 l Inhalt)
FÜR DEN TEIG:
250 g Sanella, 100 g Zucker
1 Prise Salz, 6 Eigelb
100 g weiße Schokolade
250 g Mehl
2 gestrichene TL Backpulver
50 g Raspelschokolade
6 Eiweiß
FÜR DIE FÜLLUNG:
300 g Mascarpone (ital. Frischkäse)
2 Eigelb, 75 g Zucker
2 EL Kirschwasser
150 g Sauerkirschkonfitüre
1 Glas Sauerkirschen
(370 g Abtropfgewicht)
FÜR DIE GARNITUR:
250 g Schlagsahne
1 Päckchen Vanillezucker
2 EL Raspelschokolade

1 Margarine, Zucker und Salz mit dem Schneebesen oder den Quirlen des Handrührers schlagen, bis sich der Zucker gelöst hat. Dann Eigelb nacheinander dazugeben und schaumig schlagen.
2 Die Schokolade im heißen Wasserbad schmelzen. Mehl und Backpulver mischen, zur Margarine-Ei-Mischung sieben und unterrühren. Geschmolzene Schokolade und die Raspelschokolade ebenfalls gut unterrühren. Eiweiß zu Schnee schlagen und unterziehen.
3 Die Form mit Backpapier auslegen. Den Teig einfüllen und im vorgeheizten Ofen bei 175–200° (Gas: Stufe 2–3) 45 bis 50 Minuten backen. Auf einem Kuchengitter auskühlen lassen.
4 Mascarpone, Eigelb, Zucker und Kirschwasser cremig rühren. Den abgekühlten Tortenboden nun quer halbieren.

5 Die Konfitüre mit etwas Wasser bei milder Hitze glattrühren, wenn nötig mit dem Schneidstab pürieren. Die Hälfte davon auf einen Boden streichen und die Mascarpone-Creme darauf verteilen. Sauerkirschen gut abtropfen lassen. 12 Stück für die Garnitur beiseite stellen. Restliche Kirschen auf der Creme verteilen.
6 Den zweiten Boden darüberlegen, mit der restlichen Konfitüre bestreichen. Sahne mit dem Vanillezucker steif schlagen. In einen Spritzbeutel mit Sterntülle geben und die Torte damit garnieren. Mit den Kirschen und Raspelschokolade verzieren. *Ergibt 12 Stücke.*

NUSS-EISTORTE

Zutaten für eine Springform
(24 cm ⌀, 2 l Inhalt)
FÜR DEN TEIG:
150 g Sanella
100 g Zucker
1 Päckchen Vanillezucker, 4 Eier
200 g gemahlene Haselnüsse
30 g Kakaopulver
1 1/2 TL Backpulver
1/2 TL Nelkenpulver
Sanella zum Einfetten
FÜR DIE FÜLLUNG:
1000 ml Vanilleeis
1 Glas (390 g) Preiselbeeren
200 g Schlagsahne

1 Margarine, Zucker und Vanille-zucker mit einem Schneebesen oder Handrührer schlagen, bis sich der Zucker gelöst hat. Dann die Eier nacheinander dazugeben und schaumig schlagen. Nüsse, Kakao-, Back- und Nelkenpulver mischen und unter die Margarine-Ei-Mischung rühren.

2 Den Teig in die gefettete Form einfüllen und im vorgeheizten Backofen bei 175° (Gas: Stufe 2) 35 bis 40 Minuten backen.

3 Den Kuchen auf einem Kuchen-gitter auskühlen lassen und ein-mal quer halbieren. Einen Boden auf die Tortenplatte legen, den Springformrand darumsetzen. Eis etwas antauen lassen, mit 3/4 der Preiselbeeren schnell und gründ-lich verrühren.

4 Die Masse auf dem Tortenbo-den glattstreichen. Mit dem zwei-ten Boden bedecken und für 1 bis 2 Stunden ins Gefrierfach stellen.

5 Kurz vor dem Servieren die Torte aus der Form lösen. Sahne steif schlagen, in einen Spritzbeu-tel mit Sterntülle geben und die Torte damit rundherum garnieren. Mit den restlichen Preiselbeeren verzieren. *Ergibt 10–12 Stücke.*

SCHOKOTORTE NACH SACHER ART

**Zutaten für eine Springform
(24 cm ⌀, 2 l Inhalt)**

FÜR DEN TEIG:

140 g Sanella

140 g Zucker

6 Eigelb

300 g Halbbitter-Kuvertüre

125 g Mehl

1 TL Backpulver

6 Eiweiß

Sanella zum Einfetten

FÜR DIE FÜLLUNG:

150 g Aprikosenkonfitüre

FÜR DEN GUSS:

50 g Vollmilch-Kuvertüre

1 Margarine und Zucker mit dem Schneebesen oder den Quirlen des Handrührers schlagen, bis sich der Zucker gelöst hat. Dann Eigelb nacheinander dazugeben und schaumig schlagen.

2 Kuvertüre im heißen Wasserbad schmelzen. Die Hälfte davon unter die Margarine-Ei-Mischung rühren. Mehl und Backpulver mischen, zu der Creme sieben und unterrühren. Eiweiß zu Schnee schlagen und unterheben.

3 Die gefettete Springform mit Mehl ausstäuben. Den Teig einfüllen, glattstreichen und im vorgeheizten Backofen bei 175–200°

(Gas: Stufe 2–3) 60 bis 70 Minuten backen. Auskühlen lassen.

4 Die Torte einmal quer halbieren. Mit je 50 g Konfitüre bestreichen und zusammensetzen. Die restliche Konfitüre bei milder Hitze glattrühren und durch ein Sieb streichen. Die Torte damit und mit der restlichen Kuvertüre überziehen.

5 Mit einem Messerrücken in der noch weichen Glasur 12 Stücke markieren. Die Vollmilch-Kuvertüre im heißen Wasserbad schmelzen. In eine kleine Papiertüte füllen, Spitze kappen und auf jedes Tortenstück einen Schriftzug spritzen. *Ergibt 12 Stücke.*

NOUGATKUCHEN

**Zutaten für eine Napfkuchenform
(1,5 l Inhalt)**
FÜR DEN TEIG:
150 g Nougat, 125 g Sanella
200 g brauner Zucker
4 Eigelb
200 g gemahlene Haselnüsse
4 EL Milch
1 TL abgeriebene Zitronenschale
125 g Weizenmehl (Type 1050)
2 TL Backpulver
4 Eiweiß
Sanella zum Einfetten
FÜR DEN GUSS:
50 g Zartbitter-Kuvertüre

1 Nougat würfeln, ca. 30 Minuten ins Gefriergerät legen. Margarine und Zucker mit dem Schneebesen oder den Quirlen des Handrührers schlagen, bis sich der Zucker gelöst hat. Eigelb unterrühren.

2 Nacheinander die Haselnüsse, Milch und Zitronenschale unterrühren. Mehl und Backpulver mischen, zur Margarine-Ei-Mischung sieben und unterrühren. Eiweiß steif schlagen, unterheben. Dann die Nougatwürfel unterziehen.

3 Den Teig in die gefettete Form füllen und im vorgeheizten Ofen bei 175° (Gas: Stufe 2) 60 Minuten backen. Kuvertüre im heißen Wasserbad schmelzen, Kuchen damit überziehen. *Ergibt 16 Stücke.*

SCHOKOLADEN-MANDEL-SCHNITTEN

Zutaten für 8 Stücke
FÜR DEN TEIG:
150 g Sanella
150 g Zucker
1 Prise Salz
4 Eigelb
125 g Halbbitter-Schokolade
50 g gemahlene Mandeln
30 g Mehl
4 Eiweiß
Sanella zum Einfetten
ZUM BESTREICHEN:
125 g Aprikosenkonfitüre
ZUM BESTREUEN:
2 EL Raspelschokolade
1 EL Puderzucker

schnell

1 Margarine, Zucker und Salz mit dem Schneebesen oder den Quirlen des Handrührers schlagen, bis sich der Zucker gelöst hat. Eigelb nacheinander dazugeben und alles schaumig schlagen.

2 Die Schokolade zerbröckeln, mit heißem Wasser übergießen. 5 Minuten stehen lassen, dann abgießen und unter die Margarine-Ei-Mischung rühren. Die Mandeln und das Mehl mischen, dazusieben und ebenfalls unterrühren. Eiweiß zu Schnee schlagen und unterheben.

3 Den Teig auf ein gefettetes Backblech streichen und im vorgeheizten Ofen bei 225° (Gas: Stufe 4) 10 bis 15 Minuten backen. Abkühlen lassen.

4 Die Teigplatte in drei Streifen schneiden. Jedes Drittel mit Aprikosenkonfitüre bestreichen, übereinandersetzen. Mit Raspelschokolade und Puderzucker bestreuen, in 8 Stücke schneiden.

HIMBEER-ANANAS-TORTE

Zutaten für eine Springform
(24 cm ⌀, 2 l Inhalt)

FÜR DEN TEIG:

175 g Sanella

50 g Zucker

1 Päckchen Vanillezucker

5 Eier

1 TL abgeriebene Zitronenschale

300 g Mehl

2 TL Backpulver

FÜR DEN BELAG:

1 1/2 l Schlagsahne (1500 g)

3 Päckchen Vanillezucker

2 Päckchen Sahnefestiger

250 g Himbeeren

2 gestrichene EL Zucker

6 Ananasringe aus der Dose oder

1/2 frische Ananas

1 Margarine, Zucker und Vanillezucker mit einem Schneebesen oder den Quirlen des Handrührers schlagen, bis sich der Zucker gelöst hat. Dann Eier und Zitronenschale nacheinander dazugeben und schaumig schlagen. Mehl mit Backpulver mischen, zur Margarine-Ei-Mischung sieben und unterrühren.

2 Den Boden der Springform mit Backpapier auslegen, etwa 2 cm dick mit Teig bestreichen und im vorgeheizten Backofen bei 200° (Gas: Stufe 3) 8 bis 10 Minuten backen. Abkühlen lassen und auf diese Weise noch fünf weitere Böden backen.

3 Den zuletzt gebackenen Boden noch warm in 12 Tortenstücke schneiden. Die Sahne mit Vanillezucker und dem Sahnefestiger steif schlagen. Einige Himbeeren zum Garnieren aufheben, die restlichen Früchte mit dem Zucker pürieren und unter die Sahne heben.

4 Die Tortenböden mit Himbeersahne bestreichen und zusammensetzen. Zuletzt die vorbereiteten „Tortenstücke" schräg in die obere Sahneschicht setzen. Mit Ananas und den Himbeeren garnieren.
Ergibt 12 Stücke.

BROWNIES

Zutaten für eine quadratische Backform (23×23 cm)

FÜR DEN TEIG:

125 g Sanella

175 g Blockschokolade

225 g Zucker

1 Päckchen Vanillezucker

1 Prise Salz

2 Eier, 125 g Mehl

75 g gehackte Haselnüsse

75 g gehackte Walnüsse

Sanella zum Einfetten

FÜR DEN GUSS:

100 g Nußnougat

Walnußhälften zum Garnieren

schnell

1 Die Margarine bei milder Hitze zerlassen, dann Blockschokolade hineinbröckeln. Unter Rühren bei milder Hitze schmelzen und abkühlen lassen.

2 Zucker, Vanillezucker, Salz und die Eier hinzufügen. Mit dem Schneebesen oder den Quirlen des Handrührers schlagen, bis sich der Zucker gelöst hat. Das Mehl zu der Margarine-Ei-Mischung sieben und mit den Wal- und Haselnüssen unterrühren.

3 Teig in die gefettete Backform einfüllen, glattstreichen und im vorgeheizten Ofen bei 200–225° (Gas: Stufe 3–4) 30 bis 40 Minuten backen.

4 Den Kuchen noch heiß in 12 Quadrate schneiden. Das Nußnougat im Wasserbad schmelzen und je 1 TL auf jedes Teigquadrat geben. Mit den Walnußhälften belegen. *Ergibt 12 Stücke.*

TIP: Wer keine passende Form besitzt, kann den Teig in eine mit Margarine gefettete Fettpfanne füllen und die entsprechende Größe (etwa 23×23 cm) mit Streifen aus Alufolie begrenzen.

Ganz frisch gegessen, wie es die Amerikaner tun, schmecken die Brownies am besten – sie sollten innen noch feucht sein.

GEWÜRZKUCHEN

Zutaten für eine Margarethen- oder Springform
(26 cm ∅, 2,5 l Inhalt)
FÜR DEN TEIG:
300 g Sanella, 275 g Zucker
1 Prise Salz, 6 Eier
4 TL Pfefferkuchengewürz
1 gehäufter TL Kardamom
je 1 TL Macisblüte, Nelkenpulver und Zimt
3 eingelegte Ingwerknollen (in Sirup aus dem Glas)
375 g Mehl, 2 TL Backpulver
2 EL Schlagsahne
4 EL Rum
Sanella zum Einfetten
FÜR DIE GLASUR:
6 EL Ingwergelee
1 eingelegte Ingwerknolle (in Sirup aus dem Glas)

1 Margarine, Zucker und Salz mit dem Schneebesen oder den Quirlen des Handrührers schlagen, bis sich der Zucker gelöst hat. Dann die Eier nacheinander dazugeben und schaumig schlagen. Gewürze dazugeben. Ingwerknollen reiben und zusammen mit 1 EL des Ingwersirups aus dem Glas unterrühren. Das Mehl mit Backpulver mischen, durchsieben und abwechselnd mit Sahne und Rum unter die Margarine-Ei-Mischung rühren.

2 Den Teig in die gefettete Form einfüllen und im vorgeheizten Backofen bei 175° (Gas: Stufe 2) ca. 55 Minuten backen.

3 Das Ingwergelee bei milder Hitze glattrühren und den Kuchen damit bestreichen. Ingwerknolle in dünne Scheiben schneiden. Den Gewürzkuchen damit garnieren.
Ergibt 12 Stücke.

TIP: Diesen Kuchen kann man auch in einer Kasten- oder Napfkuchenform backen. Voraussetzung allerdings ist ein ausreichendes Fassungsvermögen: etwa 2 1/2 l sollten hineingehen, sonst läuft der Teig über. Die Backzeit kann sich in anderen Backformen geringfügig verändern – am besten mit einem Holzstäbchen die Garprobe machen.

ZITRONENKUCHEN

Zutaten für eine Kastenform
(30 cm lang, 2 l Inhalt)
FÜR DEN TEIG:
250 g Sanella, 250 g Zucker
5 Eier, 250 g Mehl
2 TL Backpulver
Sanella zum Einfetten
1/8 l Zitronensaft
100 g Puderzucker
FÜR DIE GARNITUR:
4 EL Zucker
1 unbehandelte Zitrone

1 Margarine und Zucker mit dem Schneebesen oder den Quirlen des Handrührers schlagen, bis sich der Zucker gelöst hat. Die Eier nacheinander dazugeben und schaumig schlagen. Mehl und Backpulver mischen, zur Margarine-Ei-Mischung sieben und unterrühren.

2 Den Teig in die gefettete Form einfüllen. Im vorgeheizten Ofen bei 175–200° (Gas: Stufe 2–3) ca. 75 Minuten backen.

3 Den Kuchen etwas abkühlen lassen. Dann mit einer Stricknadel oder einem Schaschlikspieß mehrmals einstechen. Zitronensaft und Puderzucker verrühren und den Kuchen damit beträufeln. In der Form auskühlen lassen.

4 Zucker mit 3 EL Wasser einkochen, bis er gelöst ist. Zitrone in Scheiben hineingeben, einmal aufkochen und abkühlen lassen. Den Zitronenkuchen damit garnieren. *Ergibt 20 Stücke.*

HASELNUSSKUCHEN

Zutaten für eine Napfkuchenform
(2 l Inhalt)
Sanella zum Einfetten
3 EL Haselnußblättchen
FÜR DEN TEIG:
185 g Sanella, 300 g Zucker
1 Prise Salz, 6 Eigelb
300 g gemahlene Haselnüsse
75 g gehackte Haselnüsse
6 EL Milch, 185 g Mehl
3 TL Backpulver
225 g Nougat, 6 Eiweiß
2 EL Puderzucker zum Bestäuben

1 Form einfetten, mit Haselnußblättchen ausstreuen. Kalt stellen.

2 Margarine und Zucker mit einem Schneebesen oder Handrührer schlagen, bis sich der Zucker gelöst hat. Salz und Eigelb unterrühren. Haselnüsse sowie Milch zufügen. Mehl und Backpulver mischen, zur Margarine-Ei-Mischung sieben und unterrühren.

3 Nougat in kleine Würfel schneiden und unter den Teig rühren. Eiweiß zu steifem Schnee schlagen und unterheben.

4 Teig in die gefettete Form einfüllen. Im vorgeheizten Ofen bei 175–200° (Gas: Stufe 2–3) 50 bis 60 Minuten backen. Den Kuchen auf einem Kuchengitter auskühlen lassen und mit Puderzucker bestäuben. *Ergibt 16 Stücke.*

MIKROWELLEN-TIP: Im Kombinationsgerät backt man den Haselnußkuchen bei 150–180 Watt und Heißluft (150–170°) bzw. Ober- und Unterhitze (180–200°) in 25 bis 30 Minuten.

GEFÜLLTE NUSSKUCHEN

Zutaten für 1 Muffinform
(mit etwa 5 cm tiefen Förmchen)
FÜR DIE FÜLLUNG:
200 g Schlagsahne
150 g Bitter-Schokolade
FÜR DEN TEIG:
150 g Sanella
125 g Zucker
3 Päckchen Vanillezucker
3 Eier, 150 g Mehl
2 TL Backpulver
150 g gemahlene Haselnußkerne
1 EL brauner Rum
Sanella zum Einfetten
FÜR DIE GARNITUR:
etwa 20 ganze Haselnußkerne

1 Am Vortag oder mindestens 5 Stunden vor der Zubereitung die Sahne in einem Topf erhitzen, die Schokolade darin schmelzen. Die Mischung verrühren und zugedeckt in den Kühlschrank stellen.

2 Für den Teig Margarine, Zucker und Vanillezucker mit dem Schneebesen oder den Quirlen des Handrührers schlagen, bis sich der Zucker gelöst hat. Die Eier nach und nach unterrühren.

3 Mehl, Backpulver und gemahlene Nüsse vermischen und unter den Teig rühren. Zuletzt den Rum untermischen.

4 Den Teig in die Vertiefungen der gefetteten Muffinform füllen. Die ganzen Haselnußkerne blättrig schneiden oder grob hacken und auf dem Teig verteilen. In den vorgeheizten Backofen schieben und bei 175–200° (Gas: Stufe 2–3) ca. 25 Minuten backen.

5 Die fertigen Nußkuchen aus den Formen lösen und auf einem Gitter abkühlen lassen. Die gut gekühlte Schokoladensahne – sie muß so fest sein, daß sich beim Durchrühren Streifen zeigen – mit den Quirlen des Handrührers schaumig aufschlagen.

6 Jeden Kuchen zweimal durchschneiden. Mit der Schokoladensahne füllen und zusammensetzen. *Ergibt 8 Stück.*

QUARKKUCHEN

Zutaten für eine Kastenform
(30 cm lang, 2 l Inhalt)
FÜR DEN TEIG:
100 g Sanella
200 g Zucker, 1 Prise Salz
1 Päckchen Vanillezucker
4 Eier, 250 g Magerquark
300 g Mehl
1 Päckchen Backpulver
knapp 1/8 l Milch
150 g Sultaninen
Sanella zum Einfetten
Zwiebackbrösel zum Ausstreuen
1 EL Puderzucker zum Bestäuben

1 Margarine, Zucker, Salz und Vanillezucker mit dem Schneebesen oder den Quirlen des Handrührers schlagen, bis sich der Zucker gelöst hat. Dann die Eier nacheinander dazugeben und schaumig schlagen.

2 Magerquark gut ausdrücken, dazugeben. Mehl und Backpulver mischen und zur Margarine-Ei-Mischung sieben. Abwechselnd mit der Milch unter den Teig rühren. Die Sultaninen unterheben.

3 Die gefettete Kastenform mit Zwiebackbrösel ausstreuen. Den Teig einfüllen und im vorgeheizten Backofen bei 175–200° (Gas: Stufe 2–3) ca. 70 Minuten backen.

4 Den Kuchen auf einem Kuchengitter gut auskühlen lassen, dann mit dem Puderzucker bestäuben. *Ergibt 20 Stücke.*

TIP: Für das Gelingen des Quarkkuchens ist es wichtig, daß der Quark möglichst wenig Wasser enthält. Wer Zeit hat, kann den Quark in ein Haarsieb geben, mit einem Küchentuch abgedeckt über eine Schüssel hängen und über Nacht abtropfen lassen.

SANDKUCHEN

Zutaten für eine Kastenform
(30 cm lang, 2 l Inhalt)
FÜR DEN TEIG:
3 Eier
225 g Zucker
1 Prise Salz
1 TL abgeriebene Zitronenschale
1–2 EL Rum oder Weinbrand
225 g Speisestärke
225 g Sanella
1 gehäufter TL Backpulver
2–3 EL Puderzucker zum Bestäuben

1 Eier, Zucker, Salz und Zitronenschale mit dem Schneebesen oder den Quirlen eines Handrührers schlagen, bis sich der Zucker gelöst hat. Rum oder Weinbrand sowie nach und nach die Speisestärke unter Rühren zufügen.

2 Margarine in einem Topf zerlassen und heiß unter die Ei-Zucker-Creme rühren. Zum Schluß das Backpulver unterrühren.

3 Die Form mit Backpapier auslegen. Teig einfüllen und im vorgeheizten Backofen bei 175° (Gas: Stufe 2) 50 bis 60 Minuten backen. Nach ca. 15 Minuten Backzeit die Oberfläche der Länge nach mit einem Messer einritzen.

4 Den Kuchen auf einem Kuchengitter gut auskühlen lassen, dann mit dem Puderzucker bestäuben. *Ergibt 20 Stücke.*

ABWANDLUNG: Den Sandkuchen mit Puderzucker zu bestäuben, ist die ganz klassische Methode. Wer möchte, kann ihn aber auch mit einem Schokoladenguß überziehen – er bleibt dann länger frisch und saftig. Dafür 100 Gramm Vollmilch- oder Halbbitter-Schokolade in Stücke brechen und mit 1/2 Würfel (12,5 g) Kokosfett im heißen Wasserbad schmelzen. Auf dem Kuchen verteilen und abkühlen lassen.

TIP: Seine besonders feine, „sandige" Konsistenz bekommt dieser Kuchen-Klassiker durch die Zubereitung mit Speisestärke. Es gibt verschiedene Rezepte, aber meistens werden Stärke und Mehl in gleicher Menge verwandt!

APRIKOSENKUCHEN

Zutaten für eine Springform
(24 cm ⌀, 2 l Inhalt)
100 g Sanella, 100 g Zucker
1 Prise Salz, 2 Eier
1 TL abgeriebene Zitronenschale
200 g Mehl, 2 TL Backpulver
Sanella zum Einfetten
750 g Aprikosen
30 g Mandelstifte
1 EL Hagelzucker zum Bestreuen

1 Margarine, Zucker und Salz mit dem Schneebesen oder den Quirlen des Handrührers schlagen, bis sich der Zucker gelöst hat. Dann die Eier nacheinander dazugeben und schaumig schlagen. Zitronenschale zufügen. Das Mehl und Backpulver mischen, zur Margarine-Ei-Mischung sieben und unterrühren.

2 Den Teig in die gefettete Form einfüllen. Aprikosen waschen, halbieren und entsteinen. In Viertel schneiden und dicht nebeneinander in den Teig stecken. Die Mandelstifte darüberstreuen.

3 Den Kuchen im vorgeheizten Ofen bei 175–200° (Gas: Stufe 2–3) ca. 60 bis 75 Minuten backen.

4 Den noch warmen Kuchen mit Hagelzucker bestreuen. *Ergibt 12 Stücke.*

ABWANDLUNG: Statt der Aprikosen kann man diesen Kuchen auch mit der gleichen Menge Pfirsiche, Nektarinen, Zwetschgen oder Pflaumen belegen.
Außerhalb der Saison lassen sich die frischen Früchte durch tiefgefrorenes oder eingemachtes Obst ersetzen.

MIKROWELLEN-TIP: In einem Kombinationsgerät backt man den Obstkuchen mit Mikrowelle bei 150–180 Watt und Heißluft (160–180°) bzw. Ober- und Unterhitze (180–200°) in 25 bis 30 Minuten.

BAUMKUCHENTORTE

Zutaten für eine Springform
(24 cm ⌀, 2 l Inhalt)
250 g Sanella, 250 g Zucker
5 Eier
1 TL abgeriebene Zitronenschale
1 Prise Salz
1/2 EL brauner Rum
80 g Mandelblättchen
125 g Speisestärke, 125 g Mehl
Sanella zum Einfetten
200 g Halbbitter-Kuvertüre

1 Margarine und Zucker mit dem Schneebesen oder den Quirlen des Handrührers schlagen, bis sich der Zucker gelöst hat. Die Eier nacheinander dazugeben und schaumig schlagen. Zitronenschale, Salz, Rum und Mandelblättchen zufügen.

2 Stärke und Mehl mischen, zur Margarine-Ei-Mischung sieben und unterrühren.

3 2 EL Teig in die gefettete Form geben und glattstreichen. Unter dem Grill in 1 bis 2 Minuten hellbraun backen, dann wieder 2 EL Teig daraufstreichen und backen. So fortfahren, bis der Teig verbraucht ist.

4 Die Kuvertüre im heißen Wasserbad schmelzen und den abgekühlten Kuchen damit überziehen. *Ergibt 12 Stücke.*

Die flüssige Kuvertüre auf den Baumkuchen gießen und mit einem langen Pfannenmesser (Palette) glattstreichen. Wie man die Schokoladenspäne macht, zeigen wir auf Seite 213.

Das lockere Treiben in der Backstube

Weil sie sich so emsig vermehren, geht der Teig hoch: Vom Wirken der Hefezellen, unserer kleinsten Helfer, künden nur die Bläschen. Stuten und Zopf verleiht Hefe Statur. Berliner, Brötchen und auch Pizza verdanken ihr die Figur. Ein Hefeteig ist lebendige Natur voller Aroma. Kraft und Gefühl braucht er beim Kneten, wohlige Wärme und sehr viel Ruhe beim Gehen.

Rosinenzopf. Rezept auf Seite 54

SO GELINGT DER TEIG

Viele Wege führen zu lockerem, duftendem Hefegebäck. Doch immer gilt: Der Teig muß „gehen"! Auf Trab bringt ihn die Hefe, denn in den hellbraunen Würfeln der Frischhefe und in den Krümeln der Trockenhefe stecken Pilze, die – behandelt man sie fürsorglich – den Teig lockern und in die Höhe treiben. Damit der Prozeß in Gang kommt, benötigen die Hefepilze Zucker oder Mehl als „Futter", ein bißchen Feuchtigkeit und etwas Zeit. Für ein Weißbrot reichen als Grundzutaten 500 g Mehl, 1 TL Salz, 1/4 l Wasser und 20 g Hefe. Ein Kuchenteig braucht zusätzlich Zucker, flüssige Margarine und eventuell Eier, damit er feinporig und locker wird. Ein verläßliches, vielseitig verwendbares GRUNDREZEPT für Hefekuchen: 20 g Hefe (etwa 1/2 Würfel) oder 1 Päckchen Trockenhefe, gut 1/4 l lauwarme Milch, 500 g Mehl, 40 g Zucker, 1 Prise Salz, 60 g Margarine.

Wer zusätzlich ein Ei nehmen möchte, gibt es beim Abmessen der Milch mit in den Meßbecher. So bleibt das richtige Verhältnis von Mehl und Flüssigkeit erhalten.

1   Der Vorteig, in Süddeutschland Dampferl genannt: In das Mehl eine Mulde drücken. Zerbröckelte Frischhefe mit einer Prise Zucker und etwas lauwarmer Milch darin vermischen. 15 Minuten warm stellen oder bei Zimmertemperatur warten, bis der Vorteig sein Volumen verdoppelt hat.

2   So machen es die Profis bei Teigen ohne Zucker: Die Hefe in der gesamten Flüssigkeitsmenge auflösen. Dieses sogenannte „Hefestück" ist praktisch, wenn Sie mit der Küchenmaschine arbeiten. Oder wenn der Teig kalt angesetzt wird und über Nacht im Kühlschrank geht.

6   Mit den Knethaken des Handrührgeräts und mit der Küchenmaschine gelingen Hefeteige in fünf bis zehn Minuten. Wer mit dem Rührlöffel arbeitet, braucht doppelt soviel Zeit und viel Kraft. Der Teig ist fertig, wenn er glatt und seidig aussieht, von selbst einen Ball formt und sich vom Schüsselboden löst.

7   Den Teig aus der Schüssel nehmen und auf der bemehlten Arbeitsfläche mit den Händen gut durchkneten. Das geht am besten, wenn Sie den Teig mit einer gleitenden Bewegung vom Körper wegdrücken und dann wieder zusammennehmen.

3 Trockenhefe ist bequem. Sie kann mit Mehl vermischt gleich in den Teig gerührt werden. Doch besser und verläßlicher ist es, auch die getrockneten Krümel mit Milch oder Wasser erst einmal anzufeuchten und mit einem Löffel Zucker als Vorteig anzusetzen.

4 Ganz gleich, ob Frisch- oder Trockenhefe, man sieht an den Luftblasen, ob der Vorteig gut geraten ist. Wie lange es dauert, bis sich die Hefe so entwickelt, hängt von der Temperatur ab. Am schnellsten geht es bei lauer Wärme. Bei Zimmertemperatur oder kühler, dauert es länger.

5 Den fertigen Vorteig zusammen mit den restlichen Zutaten zu einem glatten Teig verkneten. Falls Sie es eilig haben, verzichten Sie einfach auf den Vorteig. Geben Sie Trockenhefe oder die in Flüssigkeit aufgelöste Frischhefe einfach zum Mehl und kneten Sie gründlicher. Fürs Gehen etwas mehr Zeit einplanen.

8 Jetzt muß der Teig gehen und sich dabei verdoppeln. Bei Zimmertemperatur entwickelt er sich gleichmäßig und verläßlich. Schneller funktioniert es in der Nähe der Heizung. Locker in Folie verpackt geht der Teig auch im Kühlschrank – allerdings dauert es dann einige Stunden.

9 Wenn sich das Volumen des Teigs etwa verdoppelt hat, muß der Teig noch einmal gründlich durchgeknetet und geschlagen werden. Das ist wichtig, weil nur so die großen Luftblasen ausgetrieben werden und das Gebäck gleichmäßig feinporig gerät.

10 Kurz nach dem Kneten ist der Teig elastisch wie ein Gummiband. Bevor Sie ihn ausrollen oder formen, lassen Sie ihn am besten einige Minuten abgedeckt ruhen, damit er sich entspannt. Sonst schnurrt er immer wieder in die alte Form zurück.

HEFETEIG

PANNENHILFE

■ Mancher hat einen Heidenrespekt vor Hefeteig. Hier eine kleine Checkliste, damit beim Vorbereiten und Kneten garantiert nichts schiefgeht.

Wenn der Teig nicht aufgeht…
… kann es daran liegen, daß das Salz direkt auf die Hefe gekommen ist. Salz entzieht den Hefezellen schnell Feuchtigkeit, sie trocknen ein und können den Kuchen nicht mehr lockern.
… könnte auch flüssiges Fett auf die Hefe geraten sein. Fett umhüllt die Hefezellen, sie können sich dann nicht mehr vermehren.
… ist es dem Teig vielleicht zu heiß geworden. Gegen Hitze sind die fleißigen Hefepilze viel empfindlicher als gegen Kälte, sie vertragen höchstens 38°C. Milch und Fett könnten beim Anwärmen zum Beispiel versehentlich zu heiß geraten sein. Oder: Die Hefe stirbt beim Aufgehen ab, weil die Temperatur direkt auf der Heizung oder im heißen Wasserbad auf 40°C und mehr angestiegen ist.
… ist es der Hefe vielleicht zu kalt. Die Zellen arbeiten dann nur im Zeitlupentempo. Ideal für gutes Aufgehen sind Temperaturen zwischen 25 und 28°C. Stellen Sie die Schüssel deshalb in die Nähe einer Wärmequelle – aber nicht direkt darauf.
… ist der Teig vielleicht zu fest geraten und die Hefe benötigt etwas mehr Flüssigkeit, um den Teig zu lockern.

… könnte der Teig zu lange in einer Küchenmaschine geschlagen worden sein. Man spricht dann von einem „maschinentoten" Teig. Bleiben Sie beim Kneten in der Nähe und schalten Sie das Rührwerk nach ca. 5 Minuten ab. Sehr große Teigmengen sind in einer Küchenmaschine spätestens nach 10 Minuten fertig.

ABWANDLUNGEN

■ Sie können aus einem neutralen Hefeteig (Grundrezept Seite 50) ohne Aufwand höchst unterschiedliche Brötchen backen! Kneten Sie beispielsweise getrocknete Provence-Kräuter, Thymian oder Oregano in den fertigen Teig. Oder würzen Sie ihn mit Koriander, Kümmel oder Anis. Gehackte Sonnenblumenkerne, Leinsamen oder Rosinen passen ebenfalls.

WIEVIEL HEFE?

■ 1 Würfel Hefe (42 g) reicht für 500 g Mehl. Aber schon 20 bis 30 g Hefe genügen zum Lockern, wenn der Teig wenig oder kein Fett enthält. Gehaltvolle Teige mit viel Fett, Rosinen und Nüssen benötigen bis zu 50 g Frischhefe. Ein Beutel mit 7 g Trockenhefe entspricht 25 g Frischhefe.

Für schöne Hefebrötchen den Teig mit Milch bestreichen und mit Mehl bestäuben (oben). Oder mit Salzwasser bestreichen und mit Sesam, Mohn oder Kümmel bestreuen (Mitte). Wer mag, schlitzt den Teig kreuzweise ein, bestreicht ihn mit verquirltem Ei und streut Flocken, Hagelzucker oder Mandelstifte obenauf (unten).

Ein Hefeteig kann auch zu sehr aufgehen. Steht er nämlich zu lange in der Wärme, entwickelt er später im Backofen keine richtige Treibkraft mehr.

KALT GEHEN LASSEN

■ Auch im Kühlschrank „arbeitet" die Hefe, allerdings nur im Schneckentempo. Das können Sie jedoch zur Arbeitserleichterung nutzen, wenn Sie zum Beispiel am Sonntagmorgen Frischgebackenes essen wollen. Setzen Sie den Hefeteig am Vorabend mit kalten Zutaten an: Nehmen Sie Milch und Eier und erwärmen Sie die Margarine nur soweit, daß sie gerade schmilzt. Stellen Sie den fertigen Teig ohne Aufgeh-Zeit mit Folie zugedeckt kalt. Dann müssen Sie ihn am nächsten Morgen nur einmal durchwalken und formen. Lassen Sie den geformten Teig dann wie gewohnt noch einmal gehen, bevor Sie ihn in den vorgeheizten Backofen schieben.

OFEN MIT UMLUFT

■ Wer einen Backofen besitzt, der mit Umluft arbeitet, kann mehrere Bleche mit Hefekuchen auf einmal backen. Dann den geformten Hefeteig ohne die letzte Geh-Zeit in den kalten Umluft-Backofen schieben. Ungefähr 5 Minuten länger backen als angegeben.

FÜR KREATIVE

■ Nur ein Hefeteig läßt sich mit der Schere schön in Form bringen. Dabei entstehen glatte Schnittkanten, die auch nach dem Bakken noch perfekt aussehen. Die Methode eignet sich besonders gut für frei geformtes Gebäck. Rollen Sie einen einfachen Hefeteig (Grundrezept auf Seite 50) etwa zwei Zentimeter dick aus. Legen Sie eine Papier-Schablone auf oder schneiden Sie die Form freihändig aus. Ein Stutenkerl, wie er den Kindern in einigen Gegenden zu Nikolaus in den Stiefel gesteckt wird, ist – man sieht es auf dem Foto rechts – schnell und einfach zuzuschneiden. Bestreichen Sie die Figur vor dem Backen mit verquirltem Ei und verzieren Sie sie mit aufgesetzten Teigstücken, Hagelzucker, Rosinen und Mandeln.

Den Teig mit der Schere schneiden: Gebackene Figuren zum Verschenken lassen sich auf diese Weise formen.

OBSTKUCHEN

■ Der Inbegriff von saftigem Obstkuchen ist für viele von uns ein frisch gebackener Hefekuchen vom Blech, dick belegt mit den Früchten der Saison. Apfel- und Zwetschgenkuchen gehören zu den beliebtesten Kuchen überhaupt. Säuerliche und mürbe Apfelsorten sind am besten. Nehmen Sie Boskop, Cox Orange, Alkmene, Herbstprinz oder Reinetten. Jonathan, Golden Delicious und Gloster eignen sich weniger. Den besten Zwetschgenkuchen bekommen Sie, wenn Sie die festfleischigen späten Sorten nehmen.

Saftige Früchte eignen sich für einen Hefekuchen. Backen Sie den Kuchen am besten in einer tiefen Fettpfanne. So läuft der Saft nicht in den Ofen.

ROSINENZOPF

Zutaten für 1 Zopf (ca. 24 Scheiben)

30 g Hefe
1 TL Zucker
1/4 l lauwarme Milch
500 g Mehl, 50 g Zucker
1 Päckchen Vanillezucker
1 Prise Salz
1 TL abgeriebene Zitronenschale
100 g Sanella, 1 Eigelb
100 g gewürfelte Sukkade
100 g Rosinen
50 g gewürfelte kandierte Kirschen
25 g gehackte Pistazien
Sanella zum Einfetten
Mehl zum Formen
1 Eigelb zum Bestreichen

1 Für den Vorteig zerbröckelte Hefe und Zucker in der Milch auflösen. Zugedeckt an einem warmen Ort 10 Minuten gehen lassen.
2 Mehl, Zucker, Vanillezucker, Salz und Zitronenschale in eine Schüssel geben. Margarine zerlassen. Eigelb, Vorteig und Margarine zum Mehl-Zucker-Gemisch geben. Mit der Küchenmaschine oder den Knethaken des Handrührers zu einem glatten Teigball kneten. Zugedeckt an einem warmen Ort zur doppelten Größe aufgehen lassen. Die restlichen Zutaten unterkneten.

3 Ein Backblech fetten. Aus dem Teig mit bemehlten Händen erst 3 lange Rollen formen, dann einen Zopf daraus flechten. Auf das Blech legen, noch 15 Minuten gehen lassen. Eigelb mit 1 EL Wasser verrühren, den Kuchen damit bestreichen. Im vorgeheizten Ofen bei 200–225° (Gas: Stufe 3–4) 35 bis 40 Minuten goldbraun backen.

PANETTONE

Zutaten für eine hohe, runde Form (ca. 2,5 l Inhalt)

600 g Mehl
150 g Zucker
1/4 l Milch
1 Würfel Hefe
200 g Sanella
3 Eier, 2 Eigelb
1 TL Salz, 1 Prise Muskat
1 TL abgeriebene Zitronenschale
100 g Zitronat
100 g Orangeat
50 g gewürfelte Belegkirschen
150 g Rosinen
Sanella zum Einfetten
2 EL Puderzucker zum Bestreuen

1 Für den Vorteig Mehl und Zucker in einer Schüssel mischen. In die Mitte eine Mulde drücken. Die Milch erwärmen. 4 bis 5 EL davon abnehmen. Zerbröckelte Hefe darin auflösen, in die Mulde gießen und an einem warmen Ort zugedeckt 15 Minuten gehen lassen.
2 Margarine in der restlichen lauwarmen Milch schmelzen. Eier, Eigelb und Gewürze mit dem Schneebesen oder Handrührer unterquirlen und zum Vorteig geben. Alles mit der Küchenmaschine oder den Knethaken des Handrührers zu einem glatten Teigball kneten. Zugedeckt an einem warmen Ort zur doppelten Größe aufgehen lassen.

3 Zitronat, Orangeat, Belegkirschen und Rosinen unter den Teig kneten. Die Form (z.B. einen Topf oder eine Schüssel mit geraden hohen Wänden) gut fetten. Den Teig einfüllen, nochmals ca. 25 Minuten gehen lassen.
4 Die Teigoberfläche mit einem Messer kreuzweise einschneiden. Im vorgeheizten Backofen bei 175° (Gas: Stufe 2) ca. 1 1/2 Stunden backen. Den Kuchen aus der Form stürzen, abkühlen lassen und mit Puderzucker bestäuben.
Ergibt ca. 16 Stücke.

GEFÜLLTER MOHNKRANZ

FÜR DEN TEIG:
1/2 Würfel Hefe
1 TL Zucker
1/8 l lauwarme Milch
60 g Sanella
375 g Mehl
80 g Zucker
1 Prise Salz, 1 Ei
FÜR DIE FÜLLUNG:
gut 1/8 l Milch
80 g Sanella
250 g frisch gemahlener Mohn
150 g Zucker
1/2 TL abgeriebene Zitronenschale
50 g Korinthen
Sanella zum Einfetten
1 Eigelb zum Bestreichen

1 Für den Vorteig zerbröckelte Hefe und Zucker in der Milch auflösen. Zugedeckt an einem warmen Ort 10 Minuten gehen lassen.

2 Margarine zerlassen, mit Mehl, Zucker, Salz und Ei in eine Schüssel geben. Den Vorteig zufügen. Mit der Küchenmaschine oder den Knethaken des Handrührers zu einem glatten Teigball kneten. Zugedeckt an einem warmen Ort zur doppelten Größe aufgehen lassen.

3 Milch und Margarine aufkochen, den Mohn damit überbrühen. Zucker, Zitronenschale und Korinthen unterrühren.

4 Den Teig zu einem Rechteck (ca. 35×50 cm) ausrollen, die Mohnmasse in 2 langen Streifen daraufstreichen und die Teigplatte der Länge nach halbieren. Die Teigstücke von der langen Seite her aufrollen und kordelartig miteinander verschlingen.

5 Backblech fetten, den Teig daraufsetzen und zu einem engen Kranz legen. Mit einer Küchenschere die Oberfläche zickzackförmig einschneiden.

6 Im vorgeheizten Backofen bei 200–225° (Gas: Stufe 3–4) 30 Minuten backen. Eigelb mit 1 EL Wasser verrühren. Nach 15 Minuten Backzeit den Kranz damit bestreichen. *Ergibt ca. 16 Stücke.*

Die Mohnmasse in zwei langen Streifen auf den Teig streichen. Dann die Teigplatte halbieren und aufrollen.

HEFESTRIEZEL

FÜR DEN TEIG:
1/2 Würfel Hefe
60 g Zucker
knapp 1/8 l lauwarme Milch
50 g Sanella
375 g Mehl
1/2 TL Salz
2 Eier
FÜR DIE FÜLLUNG:
100 g helle Konfitüre
50 g Sultaninen
40 g gehackte Mandeln
ZUM BESTREICHEN:
1 Eigelb
1 EL Zucker
ZUM BESTREUEN:
3 EL gehackte Mandeln

1 Für den Vorteig zerbröckelte Hefe mit 1 TL Zucker in der Milch auflösen. Zugedeckt an einem warmen Ort 10 Minuten gehen lassen.
2 Margarine zerlassen. Mit Mehl, restlichem Zucker, Salz und Eiern in eine Schüssel geben und den Vorteig zufügen. Mit der Küchenmaschine oder den Knethaken des Handrührers zu einem glatten Teigball kneten. Zugedeckt an einem warmen Ort zur doppelten Größe aufgehen lassen.
3 Den Teig etwa 1 cm dick zu einem Rechteck ausrollen. Der Länge nach 3 gleich große Felder markieren. Das mittlere Feld mit der Konfitüre bestreichen, nacheinander Sultaninen und die gehackten Mandeln darüberstreuen.

4 Die äußeren Felder quer in 2 cm breite Streifen schneiden und nach innen klappen. Ein Backblech mit Backpapier auslegen. Den Striezel darauflegen und nochmals 20 bis 30 Minuten gehen lassen.
5 Eigelb mit 1 EL Wasser verquirlen, den Striezel damit bestreichen. Im vorgeheizten Backofen bei 200–225° (Gas: Stufe 3–4) 30 bis 40 Minuten backen.
6 Zucker mit 1 EL Wasser aufkochen und 10 Minuten vor Ende der Backzeit auf den Striezel streichen. Zum Schluß die gehackten Mandeln darüberstreuen.
Ergibt 24 Scheiben.

APRIKOSENWÄHE

Zutaten für eine Wähen- oder Pizzaform (28 cm ⌀)
FÜR DEN TEIG:
1/2 Würfel Hefe
2 EL Zucker
1/8 l lauwarme Milch
250 g Mehl
1 Prise Salz, 30 g Sanella
Sanella zum Einfetten
FÜR DEN BELAG:
50 g Zwieback
2 EL Sanella
2 Eier, 5–6 EL Schlagsahne
1 kg entsteinte Aprikosen
1 EL Puderzucker zum Bestäuben

1 Hefe und Zucker in der Milch auflösen. Zugedeckt an einem warmen Ort gehen lassen.

2 Mehl und Salz in eine Schüssel geben. Margarine zerlassen und mit dem Vorteig zufügen. Zu einem glatten Teigball kneten. An einem warmen Ort bis zur doppelten Größe gehen lassen. Zwieback in einem Gefrierbeutel zerdrücken.

3 Die Form fetten. Teig ausrollen und hineinlegen, dabei einen Rand hochziehen. Den Teig mit Zwiebackbröseln bestreuen, Margarine in Flöckchen darauf verteilen. Eier und Sahne verquirlen und darübergießen. Mit Aprikosenhälften belegen. Im vorgeheizten Backofen bei 200–225° (Gas: Stufe 3–4) ca. 30 Minuten backen. Mit Puderzucker bestäuben. *Ergibt 12 Stücke.*

SAVARIN MIT FRÜCHTEN

Zutaten für eine Savarin- oder Kranzform (2,5 l Inhalt)
FÜR DEN TEIG:
1 Würfel Hefe
500 g Mehl, 60 g Zucker
1/4 l lauwarme Milch
150 g Sanella
5 Eier
1 Prise Salz
Sanella zum Einfetten
150 g Zucker
3/8 l Rum
5–6 EL Aprikosenkonfitüre zum Bestreichen
FÜR DIE FÜLLUNG:
400 g Erdbeeren
je 150 g Himbeeren, Brombeeren und Heidelbeeren

1 Zerbröckelte Hefe mit 2 EL Mehl und Zucker in der Milch auflösen. Zugedeckt an einem warmen Ort 10 Minuten gehen lassen.

2 Margarine zerlassen, mit Eiern und Salz in eine Schüssel geben. Vorteig zufügen, Mehl darübersieben. Zugedeckt an einem warmen Ort ca. 30 Minuten gehen lassen.

3 Alle Zutaten zu einem glatten Teigball kneten. Die Form fetten, den Teig einfüllen und nochmals 30 Minuten gehen lassen. Im vorgeheizten Backofen bei 175° (Gas: Stufe 2) 50 bis 60 Minuten backen.

4 Zucker mit 3/8 l Wasser aufkochen, abkühlen lassen, den Rum unterrühren. Savarin auf eine tiefe Platte stürzen. Mit der Rum-Zukker-Mischung begießen.

5 Konfitüre bei milder Hitze glattrühren, den Kuchen damit bestreichen und mit Obst füllen. *Ergibt 10–12 Portionen.*

MANDELZOPF

Zutaten für 1 Zopf (ca. 16 Scheiben)

FÜR DEN TEIG:

1/2 Würfel Hefe

1 TL Zucker

1/8 l lauwarme Milch

80 g Sanella, 375 g Mehl

75 g Zucker, 1 Prise Salz, 1 Ei

FÜR DIE FÜLLUNG:

250 g ungeschälte Mandeln

100 g Zucker, 1 Ei

knapp 1/8 l Schlagsahne

1 kleiner Apfel

1 Eigelb zum Bestreichen

Sanella zum Einfetten

1 EL Aprikosenkonfitüre

1 Für den Vorteig zerbröckelte Hefe mit Zucker in der Milch auflösen. Zugedeckt an einem warmen Ort 10 Minuten gehen lassen.

2 Margarine zerlassen, mit Mehl, Zucker, Salz und Ei in eine Schüssel geben. Vorteig zufügen und alles mit der Küchenmaschine oder den Knethaken des Handrührers zu einem glatten Teigball kneten. Zugedeckt an einem warmen Ort zur doppelten Größe aufgehen lassen.

3 Inzwischen die ungeschälten Mandeln mahlen. Mit Zucker, Ei und Schlagsahne verrühren. Den Apfel schälen, fein raspeln und untermischen.

4 Teig kräftig kneten, zu einem Rechteck (ca. 40×50 cm) ausrollen und mit der Füllung bestreichen.

5 Den Teig von der breiten Seite her aufrollen. Den Rand mit Eigelb bestreichen und festdrücken. Die Rolle mit einem scharfen Messer der Länge nach halbieren und die beiden Stränge zu einer Kordel schlingen. Auf ein gefettetes Blech legen und gehen lassen.

6 Die Aprikosenkonfitüre erwärmen und den Zopf damit bestreichen. In den vorgeheizten Backofen schieben und bei 175–200° (Gas: Stufe 2–3) ca. 25 bis 30 Minuten backen.

APFELKUCHEN MIT RAHMGUSS

Zutaten für eine Fettpfanne oder
2 Springformen (à 26 cm ⌀)

FÜR DEN TEIG:

1/2 Würfel Hefe

1 TL Zucker

200 ml lauwarme Milch

50 g Sanella

375 g Mehl

30 g Zucker, Salz

Sanella zum Einfetten

FÜR DEN BELAG:

1,5 kg Äpfel (z.B. Cox Orange)

1 unbehandelte Zitrone

100 g Zucker

50 g Korinthen, 3 Eier

375 g Schmand oder Crème fraîche

1 EL Puderzucker zum Bestäuben

1 Für den Vorteig zerbröckelte Hefe mit Zucker in der Milch auflösen. Zugedeckt an einem warmen Ort gehen lassen.

2 Margarine zerlassen. Mit Mehl, Zucker und Salz in eine Schüssel geben. Vorteig zufügen und zu einem glatten Teigball kneten. Zugedeckt bis zur doppelten Größe aufgehen lassen. Form fetten, den Teig darin ausrollen. Dabei einen Rand hochziehen.

3 Die Äpfel evtl. schälen, vierteln, das Kerngehäuse entfernen. Zitronenschale dünn abreiben, Zitrone auspressen. Alles mit 50 g Zucker und den Korinthen mischen. Auf dem Teig verteilen und im vorgeheizten Backofen bei 200° (Gas: Stufe 3) 20 Minuten backen.

4 Eier mit Schmand und restlichem Zucker verquirlen, auf den Kuchen gießen. Weitere 30 Minuten backen. Mit Puderzucker bestäuben.

In der Fettpfanne gebacken.

61

STREUSELKUCHEN

Zutaten für ein Backblech
1/2 Würfel Hefe
1 TL Zucker
gut 1/4 l lauwarme Milch
60 g Sanella
500 g Mehl
40 g Zucker, Salz
Sanella zum Einfetten
FÜR DIE STREUSEL:
250 g Mehl
250 g gehackte Mandeln
150 g Zucker
250 g Sanella

1 Für den Vorteig zerbröckelte Hefe und Zucker in der Milch auflösen. Zugedeckt an einem warmen Ort 10 Minuten gehen lassen.

2 Margarine zerlassen, mit Mehl, Zucker und etwas Salz in eine Schüssel geben. Den Vorteig zufügen und mit der Küchenmaschine oder den Knethaken des Handrührers zu einem glatten Teigball kneten. Zugedeckt an einem warmen Ort zur doppelten Größe aufgehen lassen, dann nochmals gut kneten.

3 Das Backblech fetten. Den Teig ausrollen, darauflegen und weitere 30 bis 40 Minuten gehen lassen.

4 Für die Streusel Mehl, Mandeln, Zucker und die Margarine in Flöckchen mit den Händen zu Streuseln zusammendrücken. Auf dem Teig verteilen.

5 Im vorgeheizten Backofen bei 200–225° (Gas: Stufe 3–4) 25 bis 30 Minuten backen.
Ergibt 16 Stücke.

ZUCKERKUCHEN

Zutaten für ein Backblech
FÜR DEN TEIG:
1/2 Würfel Hefe
1 TL Zucker
gut 1/4 l lauwarme Milch
60 g Sanella
500 g Mehl
80 g Zucker
Salz
FÜR DEN BELAG:
200 g Sanella
150 g Haselnußblättchen
150 g Zucker, 1 TL Zimt

1 Für den Vorteig zerbröckelte Hefe und Zucker in der Milch auflösen. Zugedeckt an einem warmen Ort 10 Minuten gehen lassen.

2 Margarine zerlassen. Mit Mehl, Zucker und Salz in eine Schüssel geben und den Vorteig zufügen. Mit der Küchenmaschine oder den Knethaken des Handrührers zu einem glatten Teigball kneten. Zugedeckt an einem warmen Ort zur doppelten Größe aufgehen lassen. Nochmals kneten und auf einem Blech ausrollen.

3 In den Teig mit Zeige- und Mittelfinger Vertiefungen bis zum Blechboden drücken.

4 Für den Belag die Margarine in Flöckchen in die Vertiefungen verteilen. Die Haselnußblättchen darüberstreuen. Zucker mit dem Zimt mischen, in ein feines Sieb geben und gleichmäßig auf dem Zuckerkuchen verteilen.

5 Im vorgeheizten Backofen bei 200° (Gas: Stufe 3) in 15 bis 20 Minuten goldbraun backen.
Ergibt 16 Stücke.

ZWETSCHGENKUCHEN

Zutaten für ein Backblech

FÜR DEN TEIG:

1/2 Würfel Hefe

1 TL Zucker

1/8 l lauwarme Milch

60 g Sanella

375 g Mehl, 75 g Zucker

1 Prise Salz

1/2 TL abgeriebene Zitronenschale

1 Ei

FÜR DEN BELAG:

2 kg Zwetschgen

Sanella zum Einfetten

ZUM BESTREUEN:

2–3 EL Zucker

1–2 TL Zimt

1 Für den Vorteig zerbröckelte Hefe und Zucker in der Milch auflösen. Zugedeckt an einem warmen Ort 10 Minuten gehen lassen.

2 Margarine zerlassen. Mit Mehl, Zucker, Salz, Zitronenschale und Ei in eine Schüssel geben. Den Vorteig zufügen und mit der Küchenmaschine oder den Knethaken des Handrührers zu einem glatten Teigball kneten. Zugedeckt an einem warmen Ort zur doppelten Größe aufgehen lassen.

3 Inzwischen die Zwetschgen waschen, halbieren und entsteinen. Backblech fetten. Den Teig ausrollen, auf das Blech legen und dabei einen Rand hochziehen. Zwetsch-genhälften darauf verteilen. Im vorgeheizten Backofen bei 225° (Gas: Stufe 4) ca. 30 Minuten backen.

4 Zucker und Zimt mischen und in ein feines Sieb geben. 10 Minuten vor Ende der Backzeit über den Kuchen streuen.
Ergibt 16 Stücke.

TIP: Auf dem Kuchen schmecken späte Zwetschgensorten am besten. Sie haben mehr Aroma, sind süßer und verlieren beim Backen nicht soviel Saft wie frühe Sorten.

BIENENSTICH

Zutaten für ein Backblech

FÜR DEN TEIG:

1/2 Würfel Hefe

1 TL Zucker

gut 1/4 l lauwarme Milch

60 g Sanella

500 g Mehl

40 g Zucker, Salz

Sanella zum Einfetten

FÜR DEN BELAG:

50 g Sanella

5 EL Zucker

100 g Schlagsahne

4 EL Bienenhonig

300 g Mandelblättchen

1 Für den Vorteig zerbröckelte Hefe und Zucker in der Milch auflösen. Zugedeckt an einem warmen Ort 10 Minuten gehen lassen.

2 Margarine zerlassen. Mit Mehl, Zucker und Salz in eine Schüssel geben. Vorteig zufügen und zu einem glatten Teigball kneten. Zugedeckt zur doppelten Größe aufgehen lassen. Nochmals kneten.

3 Blech fetten, Teig ausrollen und darauflegen. Mit einer Gabel mehrmals einstechen. Gehen lassen.

4 Margarine mit Zucker, Sahne und Honig einmal kräftig aufkochen. Mandelblättchen unterrühren und abkühlen lassen. Auf dem Teig verteilen. Im vorgeheizten Backofen bei 200° (Gas: Stufe 3) ca. 25 Minuten backen. *Ergibt 16 Stücke.*

ROSENKUCHEN

Zutaten für eine Springform

(26 cm ⌀)

FÜR DEN TEIG:

15 g Hefe, 1 TL Zucker

gut 1/8 l lauwarme Milch

30 g Sanella, 250 g Mehl

20 g Zucker, Salz

1 Eigelb

FÜR DIE FÜLLUNG:

200 g Marzipan-Rohmasse

200 g Schlagsahne

2 Päckchen Vanillezucker

1 TL abgeriebene Zitronenschale

je 75 g Korinthen und Rosinen

100 g gehackte Mandeln

Sanella zum Einfetten

2 EL Milch zum Bestreichen

3 EL Aprikosenkonfitüre

1 Für den Vorteig zerbröckelte Hefe und Zucker in der Milch auflösen. Zugedeckt an einem warmen Ort 10 Minuten gehen lassen.

2 Die Margarine zerlassen, mit den restlichen Teigzutaten zu einem glatten Teigball verkneten und zur doppelten Größe aufgehen lassen.

3 Den Teig zu einem Rechteck von 40 × 50 cm ausrollen. Marzipan und Sahne verrühren, auf den Teig streichen. Die restlichen Zutaten bis auf Milch und Konfitüre mischen und darüber verteilen. Nun den Teig von der Längsseite aufrollen und in 12 gleich große Stücke teilen.

4 Die Form fetten. Teigrollen mit der Schnittfläche nach oben hineinsetzen, mit Milch bestreichen. 20 Minuten gehen lassen. Im vorgeheizten Backofen bei 200° (Gas: Stufe 3) ca. 30 Minuten backen. Konfitüre bei milder Hitze glattrühren und auf den noch warmen Kuchen streichen.

GUGELHUPF

Zutaten für eine Gugelhupfform
(2 l Inhalt)
30 g Hefe
1 TL Zucker
knapp 1/8 l lauwarme Milch
250 g Sanella
500 g Mehl
250 g Zucker
1 Prise Salz
1 TL abgeriebene Zitronenschale
4 EL Zitronensaft
4 Eier
25 g Sukkade oder Orangeat
125 g gehackte Mandeln
150 g Rosinen
50 g Korinthen
Sanella zum Einfetten
1 EL Puderzucker zum Bestäuben

1 Für den Vorteig zerbröckelte Hefe und Zucker in der Milch auflösen. Zugedeckt an einem warmen Ort 10 Minuten gehen lassen.

2 Margarine zerlassen. Mit Mehl, Zucker, Salz, Zitronenschale und -saft sowie den Eiern in eine Schüssel geben. Vorteig zufügen und mit der Küchenmaschine oder den Knethaken des Handrührers zu einem glatten Teigball kneten.

3 Sukkade bzw. Orangeat hacken. Zusammen mit 100 g gehackten Mandeln, den Rosinen und Korinthen unterkneten. Zugedeckt an einem warmen Ort zur doppelten Größe aufgehen lassen.

4 Form fetten und mit den restlichen Mandeln ausstreuen. Den Teig einfüllen, nochmals 30 Minuten gehen lassen und im vorgeheizten Backofen bei 175–200° (Gas: Stufe 2–3) ca. 60 Minuten backen. Nach dem Stürzen mit Puderzucker bestäuben. *Ergibt 16 Stücke*.

ABWANDLUNG: Den Gugelhupf mit einem Guß aus 250 g Puderzucker und 3–4 EL Zitronensaft überziehen und mit Mandelstiften bestreuen.

FRÜCHTEBROT

Zutaten für 1 Brot (ca. 20 Scheiben)
750 g getrocknete Birnen
100 g getrocknete Aprikosen
100 g entsteinte Trockenpflaumen
75 g Orangeat
100 g getrocknete Feigen
150 g Walnußkerne
30 g Hefe, 1 TL Zucker
30 g Sanella
1 kg Mehl, 1 gehäufter TL Salz
100 g Rosinen, 100 g Zucker
1/2 TL abgeriebene Zitronenschale
je 1/2 TL Nelken- und
Ingwerpulver, 1 TL Zimt
1 TL Kardamom
2 EL Kirschwasser
1 Eigelb zum Bestreichen

1 Birnen, Aprikosen, Pflaumen, Orangeat und die Feigen würfeln, Walnußkerne hacken.

2 Für den Vorteig zerbröckelte Hefe und Zucker in gut 1/8 l lauwarmem Wasser auflösen. Zugedeckt an einem warmen Ort 10 Minuten gehen lassen.

3 Margarine zerlassen. Mehl mit Salz mischen, alles mit dem Vorteig in eine Schüssel geben und mit der Küchenmaschine oder den Knethaken des Handrührers zu einem glatten Teigball kneten. Zugedeckt an einem warmen Ort zur doppelten Größe aufgehen lassen.

4 1/3 des Teigs abnehmen und beiseite stellen. Sultaninen, Zucker, Zitronenschale, Gewürze und Kirschwasser mischen. Mit den Fruchtwürfeln und Nüssen unter 2/3 des Teigs kneten. Den Früchteteig wie einen Brotlaib formen.

5 Beiseite gelegtes Teigdrittel ausrollen und das Brot darin einhüllen. Ein Backblech mit Backpapier auslegen. Das Brot mit der Nahtstelle nach unten darauflegen. Eigelb mit 1 EL Wasser verrühren, das Brot damit bestreichen. Die Oberseite mit einer Gabel mehrmals einstechen. Nochmals 30 Minuten gehen lassen.

6 Im vorgeheizten Backofen bei 175–200° (Gas: Stufe 2–3) ca. 75 Minuten backen.

MIKROWELLEN-TIP: Besonders saftig wird das Früchtebrot, wenn Sie das Trockenobst mit 1 Tasse Wasser oder Wein in eine große Schüssel geben und bei 600–700 Watt 8 bis 10 Minuten zugedeckt quellen lassen, dann einmal kurz umrühren und wie im Rezept beschrieben weiterarbeiten.

CHRISTSTOLLEN

Zutaten für 2 Stollen
1 Würfel Hefe
1 TL Zucker
1/4 l lauwarme Milch
375 g Sanella
1 kg Mehl, 150 g Zucker
1/2 TL Salz
100 g gehackte Mandeln
100 g gewürfeltes Zitronat
50 g gewürfeltes Orangeat
375 g Sultaninen
125 g Korinthen
1/2 TL abgeriebene Zitronenschale
Sanella zum Einfetten
125 g Sanella zum Bestreichen
Puderzucker zum Bestäuben

1 Für den Vorteig zerbröckelte Hefe und Zucker in der Milch auflösen. Zugedeckt an einem warmen Ort 10 Minuten gehen lassen.
2 Margarine zerlassen. Mit Mehl, Zucker und Salz in eine Schüssel geben. Den Vorteig zufügen und mit der Küchenmaschine oder den Knethaken des Handrührers zu einem glatten Teigball kneten. Zugedeckt bei Zimmertemperatur 1 Stunde gehen lassen.
3 Mandeln, Zitronat, Orangeat, Sultaninen, Korinthen und Zitronenschale unterkneten. Zugedeckt an einem warmen Ort zur doppelten Größe aufgehen lassen.
4 Aus dem Teig zwei Stollen formen. Backblech fetten, einen Stollen darauflegen. Im vorgeheizten Backofen bei 175–200° (Gas: Stufe 2–3) ca. 60 Minuten backen. Die

Hälfte der Margarine zerlassen, auf den warmen Stollen streichen. Mit Puderzucker bestäuben. Den zweiten Stollen ebenso backen.
Ergibt ca. 20 Scheiben pro Stollen.

Stollen formen: Den Teig zu einem ovalen Laib formen, mit dem Rollholz eine Vertiefung eindrücken. Eine Teighälfte überschlagen.

APFELKRAPFEN

Zutaten für 16 Stück
500 g Mehl, 100 g Zucker
1/8 l lauwarme Milch
1 Würfel Hefe
75 g Sanella, 2 Eier
300 g säuerliche Äpfel
75 g Orangeat, 50 g Sultaninen
50 g Korinthen
Pflanzenfett zum Ausbacken
Zucker zum Wälzen

1 Für den Vorteig Mehl und Zucker in eine Schüssel geben. In die Mitte eine Mulde drücken. Die Hälfte der Milch mit zerbröckelter Hefe verrühren und in die Vertiefung geben. Zugedeckt an einem warmen Ort 15 Minuten gehen lassen.

2 Die Margarine in restlicher Milch schmelzen, verquirlte Eier zufügen und zum Vorteig geben. Mit der Küchenmaschine oder den Knethaken des Handrührers zu einem glatten Teigball kneten. Zugedeckt an einem warmen Ort zur doppelten Größe aufgehen lassen.

3 Die Äpfel schälen und würfeln. Orangeat fein hacken, mit Apfelwürfeln, Sultaninen und Korinthen unter den Teig kneten. Nochmals 15 Minuten gehen lassen.

4 Das Fett in der Friteuse auf 175° erhitzen. Mit 2 Eßlöffeln kleine Krapfen vom Teig abstechen und portionsweise im heißen Fett jeweils ca. 4 Minuten goldbraun ausbacken. Dabei 1× wenden. Herausnehmen, abtropfen lassen und in Zucker wälzen.

BERLINER

Zutaten für 16 Stück
30 g Hefe, 1 TL Zucker
knapp 1/4 l lauwarme Milch
60 g Sanella
500 g Mehl, 40 g Zucker
1 Prise Salz, 1 Ei
Pflanzenfett zum Ausbacken
1/2 Glas Pflaumenmus oder
200 g Sauerkirschkonfitüre
Zucker zum Wälzen

1 Zerbröckelte Hefe und Zucker in der Milch auflösen. Zugedeckt an einem warmen Ort 10 Minuten gehen lassen.

2 Margarine zerlassen. Mit Mehl, Zucker, Salz und Ei in eine Schüssel geben. Den Vorteig zufügen und mit der Küchenmaschine oder den Knethaken des Handrührers zu einem glatten Teigball kneten. Zugedeckt zur doppelten Größe aufgehen lassen.

3 Den Teig nochmals gut kneten und zu einer Rolle formen. Zugedeckt weitere 5 Minuten gehen lassen. Die Teigrolle in 16 gleich große Scheiben schneiden, jede zu einer Kugel formen. Teigkugeln auf einer bemehlten Fläche ca. 15 Minuten gehen lassen.

4 Fett in der Friteuse auf 175° erhitzen. Je 2–4 Teigkugeln hineingeben und zugedeckt 3 Minuten ausbacken. Die Berliner wenden und noch 3 Minuten ohne Deckel fertigbacken. Auf Küchenkrepp abtropfen lassen.

5 Pflaumenmus in einen Spritzbeutel mit extralanger Tülle füllen. Ein Loch in die Berliner stechen und mit Mus füllen. In Zucker wälzen.

NUSSHÖRNCHEN

Zutaten für 16 Stück

FÜR DEN TEIG:

1 Würfel Hefe

50 g Zucker

500 g Mehl

1/4 l lauwarme Milch

60 g Sanella

1 Ei, 1 Prise Salz

FÜR DIE FÜLLUNG:

50 g Haselnußkerne

50 g Walnußkerne

1 EL Sonnenblumenkerne

100 g Zucker

100 g Schlagsahne

75 g Rosinen in Rum

Sanella zum Einfetten

1 Eigelb und 1 EL Milch

zum Bestreichen

1 Zerbröckelte Hefe mit einer Prise Zucker und 3 EL Mehl in der Milch auflösen. Zugedeckt an einem warmen Ort gehen lassen.

2 Margarine zerlassen, mit restlichem Mehl, Ei, Salz und dem Vorteig in eine Schüssel geben. Zu einem glatten Teig kneten und zugedeckt zur doppelten Größe aufgehen lassen.

3 Nußkerne fein hacken. Zucker in einem Topf bei milder Hitze schmelzen, bei mittlerer Hitze karamelisieren und vom Herd nehmen. Sahne zufügen und dicklich einkochen lassen. Nüsse und Rosinen unterrühren.

4 Den Teig zum Rechteck ausrollen, erst in 3 Streifen, dann in Dreiecke schneiden. Die Nußmasse verteilen und den Teig zu Hörnchen

aufrollen. Ein Backblech fetten, die Hörnchen darauflegen und noch 10 Minuten gehen lassen.

5 Eigelb mit Milch verrühren und die Hörnchen damit bestreichen. Im vorgeheizten Backofen bei 225° (Gas: Stufe 4) 15 Minuten backen.

Erst 3 Teigstreifen, dann 16 Dreiecke mit einem Teigrädchen ausradeln. Auf jedes Dreieck etwas Nußmasse geben. Hörnchen aufrollen.

APFELKUCHEN MIT MANDELBLÄTTCHEN

Zutaten für eine Tarte- oder Springform (28 cm ⌀)

FÜR DEN TEIG:

300 g Mehl
50 g Zucker
1 Päckchen Vanillezucker
1 Prise Salz
1/2 Würfel Hefe
150 ml lauwarme Milch
1 Eigelb
40 g Sanella
Sanella zum Einfetten

FÜR DEN BELAG:

2 EL Aprikosenkonfitüre
700 g säuerliche Äpfel
60 g Zucker
2 EL Mandelblättchen
30 g Sanella

1 Mehl, Zucker, Vanillezucker, Salz, zerbröckelte Hefe, Milch, Eigelb und Margarine mit der Küchenmaschine oder den Knethaken des Handrührers zu einem glatten Teig kneten. Zugedeckt zur doppelten Größe aufgehen lassen.

2 Form fetten. Den Teig nochmals durchkneten, ausrollen und in die Form drücken.

3 1 EL Konfitüre bei milder Hitze glattrühren, auf dem Teigboden verstreichen. Äpfel schälen, vierteln, das Kerngehäuse entfernen und die Äpfel in Spalten schneiden. Rosettenartig vom Rand zur Mitte hin auf dem Teig anordnen.

4 Zucker und Mandeln darüberstreuen und Margarineflöckchen auf dem Kuchen verteilen. Im vorgeheizten Backofen bei 225° (Gas: Stufe 4) 25 bis 30 Minuten backen.

5 Restliche Konfitüre mit 1/2 EL heißem Wasser verrühren und den Rand des Kuchens damit bestreichen. *Ergibt 16 Stücke.*

TIP: Man kann den Apfelkuchen auch auf dem Backblech backen: die Teig- und Apfelmenge einfach verdoppeln. Konfitüre und Mandelblättchen verdreifachen.

SCHWÄBISCHE KARTOFFELTORTE

Zutaten für eine Springform
(28 cm ⌀)

750 g Kartoffeln, Salz
80 g Sanella
150 g Weizenmehl (Type 550)
150 g Weizenmehl (Type 1050)
1/2 Würfel Hefe
1/8 l lauwarme Milch
2 TL Kümmel
1/2 TL Salz
100 ml Buttermilch
200 g saure Sahne
4 Eigelb
Pfeffer, Muskat
4 Eiweiß
Sanella zum Einfetten
3 EL gemahlene Mandeln
50 g Sanella in Flöckchen
3 EL gehackte Kräuter

1 Kartoffeln in Salzwasser kochen, abgießen und abdampfen lassen.

2 Margarine zerlassen. Mit Mehl, zerbröckelter Hefe, Milch, Kümmel und 1/2 TL Salz in eine Schüssel geben und zu einem glatten Teigball kneten. Zugedeckt zur doppelten Größe aufgehen lassen.

3 Kartoffeln durchpressen. Mit Buttermilch, Sahne und Eigelb verrühren und abschmecken. Eiweiß steif schlagen und unterheben.

4 Form fetten. Teig dünn ausrollen und die Form damit auslegen. Mit Mandeln bestreuen und mit Kartoffelmasse bestreichen.

5 Fettflöckchen auf der Torte verteilen und im vorgeheizten Backofen bei 200° (Gas: Stufe 3) 50 bis 60 Minuten backen. Mit Kräutern bestreuen. *Ergibt 16 Stücke.*

ZWIEBELKUCHEN

Zutaten für eine Springform
(26 cm ⌀)

FÜR DEN TEIG:
1/2 Würfel Hefe
1 TL Zucker
60 g Sanella
250 g Mehl
1 TL Salz
FÜR DEN BELAG:
1,5 kg Zwiebeln
20 g Sanella
3 Eier
Kümmel, Salz, Pfeffer
150 g Schmand
Sanella zum Einfetten
150 g durchwachsener Speck

1 Zerbröckelte Hefe und Zucker in 1/8 l lauwarmem Wasser auflösen. Zugedeckt an einem warmen Ort gehen lassen.

2 Margarine zerlassen, mit Mehl und Salz in eine Schüssel geben, Vorteig zufügen und zu einem glatten Teigball kneten. Zugedeckt zur doppelten Größe aufgehen lassen.

3 Die Zwiebeln schälen, in Ringe schneiden und in der Margarine glasig dünsten, mit Kümmel, Salz und Pfeffer würzen.

4 Eier und saure Sahne unterrühren, würzen. Masse gut abkühlen lassen. Form fetten. Teig ausrollen und hineinlegen, dabei einen hohen Rand formen.

5 Zwiebelmasse einfüllen. Speck fein würfeln und darüberstreuen. Im vorgeheizten Backofen bei 200° (Gas: Stufe 3) 60 Minuten backen. *Ergibt 12 Stücke.*

GUGELHUPF SALÉ

Zutaten für eine Gugelhupfform
(2 l Inhalt)
400 g durchwachsener Speck
60 g Hefe
1 TL Zucker
150 g Sanella
600 g Mehl
1 TL Salz
2 Eier
125 g gehackte Haselnüsse
2 TL gehackter Rosmarin
Sanella zum Einfetten

1 Speck fein würfeln und ohne Fett in einer Pfanne ausbraten. Auf Küchenkrepp abtropfen lassen.

2 Zerbröckelte Hefe und Zucker in 400 ml lauwarmem Wasser auflösen. Zugedeckt an einem warmen Ort gehen lassen.

3 Margarine zerlassen. Mit Mehl, Salz und Eiern in eine Schüssel geben. Vorteig zufügen, mit der Küchenmaschine oder den Knethaken des Handrührers zu einem glatten Teigball kneten. Zum Schluß 100 g Nüsse, Rosmarin und den Speck unterkneten.

4 Zugedeckt an einem warmen Ort zur doppelten Größe aufgehen lassen. Form fetten, mit den restlichen Nüssen ausstreuen. Teig einfüllen, und nochmals 15 Minuten gehen lassen. Im vorgeheizten Backofen bei 200° (Gas: Stufe 3) 50 bis 60 Minuten backen. *Ergibt 16 Stücke.*

TIP: Dieser Kuchen steht und fällt mit der Qualität des verwendeten Specks. Am besten nimmt man besonders trocken gepökelten Speck. Man erkennt den Speck an seiner festen, kernigen Konsistenz!

KÄSESTANGEN

Zutaten für 35 Stück
350 g Mehl
25 g Hefe
1 TL Zucker
1 TL Salz, 125 g Sanella
1/8 l lauwarme Milch
2 Eigelb
100 g Emmentaler Käse
Kümmel
Paprika oder Salz

1 Mehl, zerbröckelte Hefe, Zucker, Salz, Margarine und die Milch mit der Küchenmaschine oder den Knethaken des Handrührers zu einem glatten Teigball kneten. Zugedeckt an einem warmen Ort zur doppelten Größe aufgehen lassen.
2 Den Teig ca. 4 mm dick zu einem Rechteck ausrollen. Eigelb mit 2 EL Wasser verrühren, eine Hälfte der Teigplatte damit bestreichen, etwas Eigelb zurücklassen.

3 Käse fein reiben und auf die mit Eigelb bestrichene Teigplatte streuen. Dabei 2 EL zum Bestreuen zurückbehalten. Die zweite Teigplatte darüberschlagen und wieder 4 mm dünn ausrollen. In ca. 2 1/2 cm breite und ca. 15 cm lange Streifen schneiden.
4 Die Streifen mit dem restlichen Eigelb einpinseln, mit restlichem Käse, Kümmel, Paprika oder Salz bestreuen und zu Spiralen drehen.
5 Ein Blech fetten, Spiralen darauflegen und im vorgeheizten Backofen bei 225° (Gas: Stufe 4) 15 bis 20 Minuten backen.

TIP: Die Käsestangen schmecken am besten ganz frisch aus dem Ofen. Sie eignen sich auch sehr gut zum Einfrieren.

METT-PIROGGEN

Zutaten für 20 Stück
1 Würfel Hefe
1 TL Zucker, 1/4 l Milch
100 g Sanella, 500 g Mehl
1/2 TL Salz, 1 Ei
200 g durchwachsener Speck
200 g Porree, 1 Knoblauchzehe
100 g Champignons, 2 Eier
2 kleine Zwiebeln
200 g Gewürzgurken, 2 Bund Dill
500 g Schweinemett
Salz, Pfeffer, 1 Eigelb, 2 EL Milch

1 Für den Vorteig zerbröckelte Hefe und Zucker in der Milch auflösen. Zugedeckt an einem warmen Ort gehen lassen.
2 Margarine zerlassen. Mit Mehl, Salz und Ei in eine Schüssel geben. Vorteig zufügen und zu einem glatten Teig kneten. Zugedeckt zur doppelten Größe aufgehen lassen.
3 Speck würfeln und auslassen. Porree waschen, in feine Ringe schneiden und im Speckfett an-

dünsten. Knoblauch pressen, Pilze putzen und blättrig schneiden. Alles zum Porree geben.
4 Die Eier hartkochen und pellen, Zwiebeln schälen, Gurken abtropfen lassen. Jeweils fein würfeln, den Dill fein hacken. Alles mit dem Mett mischen, mit Salz und Pfeffer würzen und zum Porree geben.
5 Teig nochmals gut kneten, zu einem großen Rechteck ausrollen und Kreise von 10 cm ⌀ ausstechen. Auf jeden Kreis 2 EL der Füllung geben. Die Ränder mit Wasser bestreichen. Zusammenklappen und Ränder festdrücken. Nochmals ca. 10 Minuten gehen lassen.
6 Eigelb mit der Milch verrühren, die Piroggen damit bestreichen. Ein Backblech fetten, Piroggen darauflegen und bei 200° (Gas: Stufe 3) 40 bis 45 Minuten backen.

SPECKPOTIZEN

Zutaten für 2 Stück
1/2 Würfel Hefe
1 TL Zucker
gut 1/4 l lauwarme Milch
50 g Sanella
500 g Mehl
2 TL Salz
400 g Frühstücksspeck
2 Bund Petersilie
Sanella zum Einfetten
1 Eigelb zum Bestreichen

1 Für den Vorteig zerbröckelte Hefe und Zucker in der Milch auflösen. Zugedeckt an einem warmen Ort 10 Minuten gehen lassen.

2 Margarine zerlassen. Mit Mehl und Salz in eine Schüssel geben. Vorteig zufügen und zu einem glatten Teig kneten. Zugedeckt an einem warmen Ort zur doppelten Größe aufgehen lassen.

3 Inzwischen den Frühstücksspeck fein würfeln, in einer beschichteten Pfanne ohne Fett glasig dünsten. Die Petersilie hacken und kurz mitdünsten. Abkühlen lassen.

4 Den Teig zu einem Rechteck (30×50 cm) ausrollen, den Speck darauf verteilen. Den Teig quer durchschneiden, jede Hälfte von der Schnittfläche her aufrollen. Ein Backblech fetten, Potizen daraufflegen, 15 Minuten gehen lassen.

5 Eigelb mit 1 El Wasser verrühren, die Potizen damit bestreichen. Mit einer Gabel mehrmals einstechen. Im vorgeheizten Backofen bei 200–225° (Gas: Stufe 3–4) ca. 20 Minuten backen.

MIKROWELLEN-TIP: Auch in der Mikrowelle können Sie den Speck knusprig ausbraten. Geben Sie die Speckwürfel in ein halbhohes offenes Gefäß. Bei 600–700 Watt 8–10 Minuten erhitzen. Zwischendurch einmal umrühren.

PETERLING

Zutaten für ein Backblech

FÜR DEN TEIG:
375 g Mehl
30 g Hefe
1 TL Zucker
1 TL Salz
100 g Sanella
FÜR DEN BELAG:
4 Bund glatte Petersilie
150 g Frühstücksspeck
400 g Schlagsahne
2 Eier
Salz, Pfeffer
Sanella zum Einfetten

1 Mehl, zerbröckelte Hefe, Zucker, 150 ml lauwarmes Wasser, Salz und Margarine in eine Schüssel geben. Mit der Küchenmaschine oder den Knethaken des Handrührers zu einem glatten Teigball kneten. Zugedeckt an einem warmen Ort zur doppelten Größe aufgehen lassen.

2 Die Petersilie grob hacken, Frühstücksspeck fein würfeln. Schlagsahne und Eier verquirlen, mit Salz und Pfeffer würzen.

3 Den Teig nochmals kneten. Ein Backblech fetten, Teig ausrollen und darauflegen. Mit 2/3 der Petersilie bestreuen, die Eier-Sahne darübergießen. Den Speck gleichmäßig darauf verteilen. Im vorgeheizten Backofen bei 200° (Gas: Stufe 3) 25 bis 30 Minuten backen. Mit Petersilie garnieren. *Ergibt 16 Stücke.*

TIP: Die Petersilie nicht zu lange vor Gebrauch hacken. Schon nach 5 Minuten beginnt das Aroma zu verfliegen und das reichlich enthaltene Vitamin C verschwindet.

HEFE-PORREE-WAFFELN

Zutaten für 12 Waffeln

FÜR DEN TEIG:
1/2 Würfel Hefe, 1 TL Zucker
1/4 l lauwarme Milch
100 g Sanella, 300 g Mehl
1 TL Salz, 3 Eigelb
100 g Porree (Lauch)
3 Eiweiß
Sanella zum Einfetten
ALS BEILAGE:
200 g Räucherlachs
200 g Forellenkaviar
400 g Crème fraîche
1 Bund Dill

1 Für den Vorteig zerbröckelte Hefe und Zucker in der Milch auflösen. Zugedeckt an einem warmen Ort 10 bis 15 Minuten gehen lassen.

2 Margarine zerlassen, mit Mehl, Salz und Eigelb in eine Schüssel geben. Vorteig zufügen und mit der Küchenmaschine oder den Knethaken des Handrührgerätes zu einem glatten Teig kneten. Zugedeckt an einem warmen Ort zur doppelten Größe aufgehen lassen.

3 Porree in feine Ringe schneiden, Eiweiß steif schlagen. Beides unter den Teig heben. Waffeleisen vorheizen, mit Margarine fetten. 2–3 EL Teig einfüllen und eine Waffel backen. Aus dem Teig auf diese Weise nacheinander noch 11 weitere Waffeln backen.

4 Die Waffeln mit Räucherlachs, Forellenkaviar, Crème fraîche und Dill servieren.

TIP: Falls Sie viele Gäste erwarten, können Sie die Waffeln schon ein, zwei Stunden vorher backen und mit Folie bedeckt aufheben. Bei 200° im vorgeheizten Backofen 5 Minuten aufbacken. Sie schmecken dann fast wie frisch.

FRÜHLINGSPIZZA

Zutaten für ein Backblech

FÜR DEN TEIG:

1/2 Würfel Hefe

1 TL Zucker

100 g Sanella

375 g Mehl, 1 TL Salz

FÜR DEN BELAG:

400 g körniger Frischkäse

100 g Magerquark

1 Bund Schnittlauch

3 Knoblauchzehen

Salz, Pfeffer

1 Bund Frühlingszwiebeln

1 kg Tomaten

Sanella zum Einfetten

3 EL Kapern

3 EL Olivenöl

5–8 Basilikumblättchen

1 Für den Vorteig zerbröckelte Hefe und Zucker in 200 ml lauwarmem Wasser auflösen. Zugedeckt an einem warmen Ort gehen lassen.

2 Margarine zerlassen. Mit Mehl und Salz in eine Schüssel geben. Vorteig zufügen und zu einem glatten Teig kneten. Zugedeckt an einem warmen Ort zur doppelten Größe aufgehen lassen.

3 Den Frischkäse und den Magerquark verrühren. Schnittlauch in Röllchen schneiden. Knoblauchzehen durch die Presse drücken und zusammen mit dem Schnittlauch unterrühren. Mit Salz und Pfeffer abschmecken. Frühlingszwiebeln putzen und in Ringe schneiden. Tomaten waschen und in Scheiben schneiden.

4 Backblech fetten. Teig ausrollen und hineinlegen, dabei einen Rand hochziehen. Die Käse-Quark-Masse daraufstreichen, Zwiebeln und Tomaten darüber verteilen.

5 Die Pizza noch einmal ca. 15 Minuten gehen lassen. Mit Kapern bestreuen, Olivenöl darüberträufeln und im vorgeheizten Backofen bei 225° (Gas: Stufe 4) 30 bis 40 Minuten backen.

6 Basilikum in Streifen schneiden und auf der Pizza verteilen.
Ergibt 16 Stücke.

PIZZA NAPOLI

Zutaten für eine Springform
(26 cm ⌀)
FÜR DEN TEIG:
10 g Hefe, 1 TL Zucker
125 g Mehl, 1 Prise Salz
30 g Sanella
FÜR DEN BELAG:
1 kleine Dose geschälte Tomaten
(250 g Abtropfgewicht)
1 Zwiebel, 1 Knoblauchzehe
je 1 TL Oregano und Thymian
Salz, Pfeffer
Sanella zum Einfetten
2 Tomaten
150 g Mozzarella-Käse
12 schwarze Oliven
1 Glas Sardellen (25 g)
Thymian zum Bestreuen

1 Für den Vorteig zerbröckelte Hefe und Zucker in 4 EL lauwarmem Wasser auflösen. Zugedeckt an einem warmen Ort gehen lassen.

2 Mehl, Salz und Margarine in eine Schüssel geben. Vorteig zufügen und mit der Küchenmaschine oder den Knethaken des Handrührers zu einem glatten Teigball kneten. Zugedeckt an einem warmen Ort zur doppelten Größe aufgehen lassen.

3 Inzwischen geschälte Tomaten mit der Flüssigkeit bei starker Hitze dick einkochen. Zwiebel schälen, fein würfeln. Knoblauch durchpressen. Mit Oregano und Thymian zu den Tomaten geben. Kurz mitkochen. Mit Salz und Pfeffer abschmecken und beiseite stellen.

4 Die Form fetten. Den Teig nochmals durchkneten, ausrollen und in die Form drücken. Mit der Tomatenmasse bestreichen.

5 Tomaten und Mozzarella in Scheiben schneiden, mit Oliven und Sardellen auf der Pizza verteilen. Den Thymian überstreuen und im vorgeheizten Backofen bei 200–225° (Gas: Stufe 3–4) 30 bis 40 Minuten backen.

TIP: Wenn es möglich ist, verwenden Sie frischen Thymian – er ist wesentlich aromatischer als der getrocknete.

KRÄUTERBROT

**Zutaten für eine Kastenform
(30 cm lang, 2 l Inhalt)**
FÜR DEN TEIG:
1 Würfel Hefe, 1 TL Zucker
50 g Sanella, 500 g Mehl
Salz, 1 Ei
FÜR DIE FÜLLUNG:
1 Knoblauchzehe, 1 EL Öl
Sanella zum Einfetten
100 g gemischte Kräuter
(z.B. Schnittlauch, Petersilie,
Thymian, Liebstöckel, Basilikum)
Kondensmilch zum Bestreichen

1 Zerbröckelte Hefe und Zucker in 1/4 l lauwarmem Wasser auflösen. Zugedeckt gehen lassen.

2 Margarine zerlassen. Mit Mehl, 1 TL Salz und Ei in eine Schüssel geben. Hefewasser zufügen und zu einem glatten Teig kneten. Zugedeckt zur doppelten Größe aufgehen lassen. Nochmal gut kneten.
3 Den Teig zu einem Rechteck (ca. 30×40 cm) ausrollen. 15 Minuten gehen lassen. Knoblauch zerdrücken, mit Öl und 1 Prise Salz mischen. Teig damit bestreichen.
4 Form fetten. Kräuter hacken und auf dem Teig verteilen. Teig zu einer Rolle formen und in die Form legen. Mit einem Messer der Länge nach tief einschneiden, mit Milch bestreichen. Im vorgeheizten Ofen bei 200° (Gas: Stufe 3) 50 bis 60 Minuten backen.

ITALIENISCHES PIZZABROT

Zutaten für 12 Fladen
FÜR DEN TEIG:
1/2 Würfel Hefe
1 TL Zucker
500 g Mehl (Type 550)
1/2 TL Salz
30 g Sanella
FÜR DEN BELAG:
2 Knoblauchzehen
6 EL kaltgepreßtes Olivenöl
1 Zweig frischer oder
2 TL getrockneter Rosmarin

schnell

1 Hefe und Zucker in 300 ml lauwarmem Wasser auflösen. Mehl und Salz mischen. Mit dem Hefewasser und der zerlassenen Margarine zu einem glatten Teig verkneten. Zugedeckt 15 Minuten gehen lassen, bis sich der Teig verdoppelt hat.
2 Den Teig kneten, zu einer Rolle formen, dann in 12 Stücke teilen und zu ovalen Fladen ausrollen. Auf ein mit Backpapier ausgelegtes Backblech geben und mit einem Löffelstiel Vertiefungen hineindrücken.
3 Knoblauch zerdrücken und mit dem Öl mischen. Die Teigstücke damit bestreichen und mit Rosmarin bestreuen. Noch einmal 15 Minuten gehen lassen und im vorgeheizten Backofen bei 200–225° (Gas: Stufe 3–4) in 15 bis 20 Minuten goldbraun backen.

PIZZA PROSCIUTTO

Zutaten für 1 Pizza (28 cm ⌀)
400 g Weizenmehl (Type 550)
1 TL Salz, 1/2 TL Zucker
30 g Hefe, 30 g Sanella
500 g Tomaten, 2 Knoblauchzehen
4 Zwiebeln, 50 g Sanella
Salz, Pfeffer
Sanella zum Einfetten
50 g Tomatenmark
je 1/2 TL Oregano, Thymian,
Rosmarin
4 Scheiben Parmaschinken
4 Scheiben Salami
200 g eingelegte Artischockenherzen
8–10 schwarze Oliven
300 g Mozzarella
4 EL Olivenöl, Rosmarinnadeln

1 Mehl, Salz, Zucker, zerbröckelte Hefe, 200 ml lauwarmes Wasser und Margarine mit der Küchenmaschine oder den Knethaken des Handrührers zu einem glatten Teig kneten. Zugedeckt zur doppelten Größe aufgehen lassen.

2 Tomaten überbrühen und häuten. Knoblauchzehen zerdrücken, die Zwiebeln schälen und würfeln. Zusammen in der Margarine glasig dünsten. Abkühlen lassen, mit Salz und Pfeffer würzen. Den Teig noch einmal kneten.

3 Ein Backblech fetten, Teig darauf rund ausrollen. Tomatenmark daraufstreichen. Mit Oregano, Thymian, Rosmarin bestreuen. Zwiebelwürfel darauf verteilen.

4 Mit Tomatenscheiben, Schinken, Salami, halbierten Artischockenherzen und Oliven belegen. Mozzarella in Scheiben schneiden, auf der Pizza verteilen und mit Olivenöl beträufeln. Im vorgeheizten Backofen bei 200° (Gas: Stufe 3) ca. 30 Minuten backen. Mit Rosmarinnadeln bestreuen. *Ergibt 12 Stücke.*

BRÖTCHEN

Zutaten für 10 Stück
200 ml Milch
4 EL Sanella
500 g Mehl
1 Würfel Hefe
1/2 TL Salz, 2 Eigelb
2 TL Zucker, Kondensmilch
Sesamsamen, Mohn und
grobe Haferflocken zum Bestreuen

1 Milch, 3 EL Wasser und Margarine erwärmen. Mehl, zerbröckelte Hefe, Salz, Eigelb und Zucker in eine Schüssel geben. Die Milch-Margarine-Mischung zufügen und mit der Küchenmaschine oder den Knethaken des Handrührers zu einem glatten Teig kneten. Zugedeckt an einem warmen Ort 30 Minuten gehen lassen.

2 Aus dem Teig 10 runde Brötchen formen und nochmals 15 Minuten gehen lassen.
3 Mit der Kondensmilch bestreichen und abwechselnd mit Sesam, Mohn und Haferflocken bestreuen. Im vorgeheizten Backofen bei 200° (Gas: Stufe 3) 15 Minuten backen.

ABWANDLUNG: Geben Sie zusätzlich fein gehackte Kräuter oder sehr fein gewürfelte, gedünstete Zwiebeln in den Brötchenteig.
TIP: Für Partybrötchen teilt man den Teig in 20 Portionen und formt entsprechend kleinere Brötchen. Die Backzeit verringert sich dann um ca. 5 Minuten.

LAUGENBREZEL

Zutaten für 14 Stück
1 Würfel Hefe
1 TL Zucker
500 g Mehl (Type 550)
1 EL Salz
2 EL Natron (Natriumcarbonat)
2 EL grobes Salz zum Bestreuen

1 Für den Vorteig zerbröckelte Hefe mit dem Zucker in 3/8 l lauwarmem Wasser auflösen. Zugedeckt an einem warmen Ort 10 Minuten gehen lassen.

2 Mehl und Salz in einer Schüssel mischen. Vorteig unter Rühren zufügen. Alles zu einem glatten Teig kneten. Zugedeckt zur doppelten Größe aufgehen lassen.
3 1 1/2 l Wasser in einem Topf aus Emaille oder Glas zum Kochen bringen. Natron zufügen und 10 Minuten sprudelnd kochen lassen.
4 Teig nochmals kneten, zu einer Rolle formen und in 14 Portionen teilen. Jedes Stück ausrollen und zu einer Brezel schlingen.

5 Die Brezeln einzeln mit einem Schaumlöffel für je 20 Sekunden in die Natronlauge tauchen. Abtropfen lassen und mit Salz bestreuen.
6 Backblech mit Backpapier auslegen. Die Brezeln daraufgeben und im vorgeheizten Backofen bei 200° (Gas: Stufe 3) 20 Minuten backen.

Jede Teigportion zu einem 40 cm langen Strang formen, dabei die Mitte dicker rollen. Zu Brezeln schlingen und nacheinander in die kochende Natronlauge tauchen.

So zart wie möglich, so fest wie nötig

Vielschichtigen Torten dient er als knuspriges Fundament, pikanten Pasteten als leckere Hülle, als Keks und Plätzchen erleben wir ihn pur: den Mürbeteig. Er liebt die Kühle und flinke, geschickte Finger, die Fett und Mehl zusammenkneten, bis das rechte Maß an Bindung erreicht ist. Rasch gebacken wird er schließlich zum großen Star der feinen Patisserie.

Obsttorteletts. Rezept auf Seite 96

SO GELINGT DER TEIG

Überall in der westlichen Welt gehört ein Mürbeteig zur guten Hausbäckerei. Kein Wunder, denn er ist schnell und problemlos geknetet und dabei ausgesprochen vielseitig zu verwenden. Methoden und Rezepte sind allerding so variabel, daß ganz unterschiedliche Teige entstehen können. Aufgrund ihrer knusprig-zarten und etwas bröckeligen Beschaffenheit sind dennoch alle echte Mürbeteige. Ein typischer Mürbeteig enthält im Schnitt etwa doppelt soviel Mehl wie Fett und gelingt mit der Maschine ebenso gut wie nach den traditionellen Methoden für gehackten und geriebenen Teig (Arbeitsschritte 1 bis 3 und 4 bis 6). Ein erprobtes GRUNDREZEPT für Mürbeteig: 250 g Mehl, 125 g Margarine, 60 g Zucker, 1 Prise Salz und 1 Ei. Für herzhaftes Gebäck lassen Sie den Zucker einfach weg. TARTE-TEIGE sind himmlisch mürbe, enthalten jedoch recht viel Fett und wenig oder gar keinen Zucker. Nehmen Sie 200 g Mehl, 150 g Margarine, 1 Prise Salz und 1 Eigelb und verarbeiten Sie die Zutaten mit dem Messer oder den Knethaken des Handrührgeräts. PASTETENTEIG ist viel fester und kommt ganz ohne Ei aus. Sie benötigen 250 g Mehl, 100 g Margarine, je 1 TL Salz und Essig und knapp 1/8 l Wasser (etwa 100 ml). Am besten kneten Sie die Zutaten nach der Anleitung 7 bis 9.

Jede Mürbeteig-Variante muß etwa eine halbe Stunde gekühlt ruhen, bevor Sie den Teig formen und backen können.

1 GEHACKTER TEIG: Häufen Sie das Mehl in eine große Schüssel oder schütten Sie es einfach auf die Arbeitsfläche. Verteilen Sie die gut gekühlte Margarine in kleinen Stücken darüber. Den feinen Zucker an den Rand und das Ei in die Mitte geben.

2 Sind die Zutaten wie abgebildet in einer Schüssel, schneiden Sie mit zwei Messern kreuzweise durch die Zutaten, bis etwa erbsengroße Krümel entstanden sind. Falls Sie direkt auf der Arbeitsfläche arbeiten, nehmen Sie statt der Messer eine große Palette – auch Pfannenmesser genannt.

6 Jetzt kommen wieder die Hände ins Spiel: Schieben Sie die krümeligen Zutaten zu einem Teig zusammen und formen Sie eine Kugel daraus. Aber bitte dabei nicht stark kneten.

7 PASTETENTEIG: Geben Sie das Mehl in eine Schüssel und die gut gekühlten Fettstückchen ringsherum. Dann gießen Sie sehr kaltes Wasser (Eiswasser) in die Mitte.

3 Die entstandenen Krümel mit den Händen schnell zu einem Teig zusammendrücken. Besser nicht mehr kneten, sonst schmilzt das Fett – der Teig wird zäh.

4 GERIEBENER TEIG: Bei dieser Methode werden die Zutaten nicht mit dem Messer gehackt, sondern Sie „zerreiben" Mehl und gut gekühlte Margarine mit den Fingerspitzen zu gleichmäßigen Bröseln. Nehmen Sie jeweils nur eine kleine Menge zwischen die Finger und arbeiten Sie zügig, damit das Fett nicht schmilzt.

5 Gießen Sie das zuvor gut verquirlte Ei in die Mitte auf die Teigbrösel und vermischen Sie alle Zutaten ganz kurz mit einer Gabel. Es dürfen noch einzelne Bestandteile der Zutaten sichtbar sein.

8 Mischen Sie die Zutaten mit einer Gabel oder mit den Fingern. Es sollte möglichst schnell gehen und nicht zu ebenmäßig geraten. Die unregelmäßigen Fettstückchen machen den Teig porös.

9 Pastetenteige und andere Mürbeteige mit hohem Fettanteil können Sie zu einem luftig-blättrigen Blitzblätterteig weiterverarbeiten. Rollen Sie dafür den Teig zu einem Rechteck aus, falten ihn zweifach übereinander und rollen ihn wiederum zu einem Rechteck aus. Den Vorgang zwei- bis dreimal wiederholen.

10 Mit dem Handrührgerät geraten Mürbeteige besonders gut, wenn die Margarine ungekühlt verwendet wird. Geben Sie alle Zutaten gleichzeitig in die Schüssel. Mit den Knethaken so kurz wie möglich mischen. Dann geben Sie den Teig auf die Arbeitsfläche und schieben ihn mit den Händen zu einer Kugel zusammen.

MÜRBETEIG

TEIG KNETEN

■ Eigentlich kann beim Mürbeteig kaum etwas schiefgehen. Es sei denn, Sie arbeiten mit einer überheizten Küche, verwenden ungekühlte Zutaten oder Sie kneten allzu kräftig und ausdauernd. Das sind nämlich die häufigsten Fehler überhaupt. Wärme und zu intensives Kneten machen den Teig „brandig", das heißt brüchig und bröselig. Falls Sie mit den Knethaken des Handrührgerätes oder in der Küchenmaschine arbeiten und nach einem Rezept mit relativ wenig Fett backen, ist das Risiko besonders groß. Deshalb: Alle Zutaten stets gekühlt verwenden und – egal nach welcher Methode Sie arbeiten – nur so lange kneten, bis der Teig gerade eben zusammenhält. Erste Hilfe, falls das Mißgeschick trotz-

Zum Vergleich: Der Mürbeteig links wurde zu lange geknetet. Er ist brandig. Rechts ein perfekter Mürbeteig.

dem geschehen ist: Geben Sie einen oder zwei Eßlöffel eiskaltes Wasser dazu und kneten Sie nur noch ganz kurz. Leider schnurrt der Teig in solchen Fällen beim Backen oft etwas zusammen.

FORM AUSLEGEN

■ Die Basis für gefüllte Torten ist häufig ein Mürbeteigboden mit hohem Rand. Damit er gleichmäßig dünn gerät und der Teig dabei nicht allzu sehr strapaziert wird, rollen Sie den Teig am besten zuerst einmal dünn aus, wickeln ihn um eine Kuchenrolle und legen ihn auf den herausgelösten Boden der Springform. Setzen Sie den geschlossenen Rand darauf, dann können Sie die überstehenden Teigränder leicht abschneiden. Die Form schließen. Eine dicke Teigrolle formen, rundherum innen in die Form legen und mit den Händen einen etwa gleichmäßig hohen Rand formen.

WAS TUT DAS EI?

■ Nicht nur das Fett macht Mürbeteig zart und läßt ihn auf der Zunge zergehen. Auch die Eier spielen eine Rolle. Das Eigelb gibt dem Teig seine appetitliche Farbe und wirkt durch das enthaltene Lecithin als Emulgator. Der Teig wird dadurch mürber und gleichmäßiger. Dagegen macht das Eiweiß (Eiklar) den Teig fester – und auch etwas zäher. Dieser Effekt ist aber zum Beispiel bei Mürbeteig-Tortenböden durchaus

Für den Boden den Mürbeteig dünn ausrollen, den Rand mit den Händen formen.

erwünscht! Denn Mürbeteige mit ganzen Eiern halten ihre Form besser als die superzarten bröseligen, die ganz ohne Ei oder nur mit Eigelb gemacht sind.

FÜR DEN VORRAT

■ Sowohl fertig gekneteter als auch bereits gebackener Mürbeteig hält sich in Folie verpackt im Kühlschrank auf jeden Fall bis zu 2 Wochen frisch.

MEHL SPAREN

■ Beim Ausrollen kommt Mehl auf die Arbeitsfläche, damit der Teig nicht festklebt. Je häufiger allerdings ausgerollt wird – vor allem beim Plätzchenbacken –, desto mehr Mehl nimmt der Teig auf und desto derber wird er. Doch es geht auch ohne Mehl: Rollen Sie den Teig auf Backpapier oder Küchenfolie aus. Dann klebt nichts an und – das letzte Plätzchen schmeckt noch so gut wie das erste.

BLINDBACKEN

■ Dünnwandige Mürbeteigböden eignen sich vorzüglich zum Füllen mit Sahne, Cremes und Früchten. Damit ein schöner großer Hohlraum entsteht und die Ränder nicht abrutschen, gibt man als Ersatz für die spätere Füllung vor dem Backen Hülsenfrüchte oder Reis in die Form. Nach dem Backen oder besser bereits nach gut der Hälfte der Backzeit, wenn der Teig genug Festigkeit hat, kann die „blinde" Füllung entfernt werden und der Boden bräunt in der verbleibenden Backzeit. In kleinen hohen Formen gerät der Mürbeteigboden gleichmäßiger, wenn Sie ohne Papier arbeiten. Geben Sie beim Blindbacken statt Reiskörner große Bohnenkerne direkt auf den Teig und schütten Sie sie nach gut der Hälfte der Backzeit wieder heraus.

STABILER BODEN

■ Weil ein Mürbeteigboden glatt und stabil ist, nimmt man ihn gern als „Fundament" für zarte Biskuittorten, die sich dann viel besser schneiden lassen. Den Mürbeteig dafür etwa 0,5 cm dick ausrollen. Einen Springformrand in der Größe des Biskuitbodens auf den Mürbeteig setzen und eine Teigplatte in der richtigen Größe ausschneiden. Stechen Sie den Boden mehrfach mit einer Gabel ein, damit er beim Backen keine Blasen wirft. Nach dem Backen mit erwärmter Konfitüre oder aufgelöster Kuvertüre bestreichen. Den Biskuitboden auf den Mürbeteigboden setzen und mit der Hand leicht festdrücken.

Tortelettformen sind schnell ausgelegt: Stellen Sie die Formen dicht nebeneinander. Wickeln Sie den ausgerollten Teig um die Kuchenrolle und rollen Sie ihn auf die Formen wieder ab. Den Teig mit einem Pinsel in die Ecken drücken. Dann darüberrollen, damit der Teig an den Förmchenrändern zerschnitten wird.

Beim Blindbacken mit Reis am besten Pergament- oder Backpapier unterlegen. Große Bohnenkerne können Sie direkt auf den Teig geben. Festklebende Exemplare lassen sich leicht entfernen.

DUNKLE PUNKTE

■ Ein eher optisches Problem: Ihr Mürbeteig ließ sich gut kneten, leicht ausrollen und ohne Schwierigkeiten backen. Er schmeckt gut, aber das fertige Gebäck ist mit winzigen dunkelbraunen Punkten übersät. Was ist passiert? Sie haben höchstwahrscheinlich eine zu grobkörnige Zuckersorte verwendet! Kaufen Sie zum Backen möglichst feine Raffinade oder – falls Sie ganz sicher gehen wollen – kneten Sie den Mürbeteig mit Puderzucker. Dann gibt es keine Punkte.

KÄSETORTE MIT KIRSCHEN

Zutaten für eine Springform
(24 cm ∅)
250 g Mehl
1 Msp. Backpulver
125 g Sanella
65 g Zucker, 1 Ei
2 Gläser Sauerkirschen
(Abtropfgewicht je 740 g)
50 g Speisestärke
2–3 EL gemahlene Mandeln
75 g Sanella, 750 g Magerquark
200 g Zucker
1 Päckchen Vanillezucker
1 TL abgeriebene Zitronenschale
2 EL Zitronensaft, 5 Eier
1 EL Mehl, 1 Eigelb
2 EL Aprikosenkonfitüre
3 EL Mandelblättchen
3 EL Puderzucker zum Bestäuben

1 Mehl mit Backpulver, Margarine, Zucker und dem Ei zu einem glatten Teig verkneten. Mit den Händen zu einer Kugel formen, in Folie wickeln und 30 Minuten kalt stellen.
2 Kirschen abtropfen lassen. Stärke mit 3 EL von dem aufgefangenen Saft glattrühren. Restlichen Saft aufkochen, angerührte Stärke zugeben und unter Rühren ca. 1/2 Minute kochen. Kirschen untermischen.
3 Teig ausrollen und die Form damit auslegen. Kirschen und Mandeln darauf verteilen. Die Margarine zerlassen und abkühlen lassen. Mit Quark, Zucker, Vanillezucker, Zitronenschale und Zitronensaft, den Eiern und Mehl verrühren.

4 Quarkmasse auf den Kirschen verteilen. Im vorgeheizten Ofen bei 175° (Gas: Stufe 2) 50 Minuten backen. Eigelb mit etwas Wasser verquirlen und auf den Kuchen pinseln. Weitere 10 Minuten backen, in der Form erkalten lassen, dann herausnehmen.
5 Den Tortenrand mit Konfitüre bestreichen. Mandelblättchen ohne Fett in einer Pfanne goldbraun rösten und an den Rand drücken. Zum Schluß die Torte mit Puderzucker bestäuben.
Ergibt 10–12 Stücke.

GEFÜLLTE MANDELTORTE

300 g Mehl
200 g Puderzucker
200 g gemahlene Mandeln
einige Tropfen Bittermandelöl
2 TL Kakao
200 g Sanella
1 Ei
5 Blatt weiße Gelatine
600 g Schlagsahne
3 EL Orangenlikör
2 Päckchen Vanillezucker
5 EL Mandelblättchen
1 EL Puderzucker zum Bestäuben

1 Mehl mit Puderzucker, Mandeln, Mandelöl, 1 1/2 TL Kakao, Margarine und dem Ei zu einem glatten Teig verkneten. Mit den Händen zu einer Kugel formen, in Folie wickeln und 1 Stunde kalt stellen.
2 Ein Backblech mit Backpapier auslegen. Teig in 4 Portionen teilen und jeweils auf dem Blech zu einem Rechteck ausrollen. Jeden Boden im vorgeheizten Backofen bei 200° (Gas: Stufe 3) 12 bis 15 Minuten backen.

3 Etwas abkühlen lassen, vorsichtig vom Papier lösen und noch warm die Ränder glattschneiden. Auf einem Kuchengitter auskühlen lassen.
4 Gelatine in kaltem Wasser einweichen und abgetropft bei kleiner Hitze auflösen. Die Sahne mit Likör und Vanillezucker steif schlagen. Gelatine unterheben und halbfest werden lassen. 2 EL Mandelblättchen unterziehen.
5 Creme auf die Böden und Ränder streichen und zusammensetzen. Die Torte ca. 2 bis 3 Stunden kalt stellen. Die restlichen Mandelblättchen ohne Fett goldbraun rösten und überstreuen. Restlichen Kakao mit dem Puderzucker mischen und überstäuben. *Ergibt 6–8 Stücke.*

ENGADINER NUSSTORTE

Zutaten für eine Springform
(28 cm ⌀)

FÜR DIE FÜLLUNG:
350 g Zucker
300 g Walnußkerne
100 g Schlagsahne

FÜR DEN TEIG:
350 g Mehl
200 g Sanella
150 g Zucker
1 Prise Salz
1 Ei

1 Für die Füllung Zucker in einer Pfanne auf kleiner Hitze flüssig und hellgelb werden lassen. Die Walnußkerne grob hacken, zufügen und die Masse vom Herd nehmen. Sie soll nicht braun werden! 1 EL Wasser und die Sahne zufügen. Gut unterrühren und kalt stellen.

2 In der Zwischenzeit Mehl, Margarine, Zucker, Salz und Ei zu einem glatten Teig verkneten. Mit den Händen zu einer Kugel formen, in Folie wickeln und 30 Minuten kalt stellen.

3 Den Teig in drei Portionen teilen. Eine Portion rund ausrollen und den Boden der Springform damit belegen. Aus der zweiten Portion eine Rolle formen, ausrollen und als Rand in die Form drücken. Die Nuß-Sahne-Masse auf den Teigboden streichen.

4 Restlichen Teig ebenfalls rund ausrollen und als Deckel auf die Nußfüllung legen. Den Rand gut festdrücken.

5 Im vorgeheizten Backofen bei 200–225° (Gas: Stufe 3–4) 45 Minuten backen. Mit einem Messer die Torte sofort vom Springformrand lösen, damit evtl. ausgetretene Füllung nicht festklebt. In der Form abkühlen lassen. *Ergibt 16 Stücke.*

HOLLÄNDERTORTE

Zutaten für eine Springform

(24 cm ⌀)

FÜR DEN TEIG:

300 g Mehl

125 g Sanella

75 g Zucker, 1 Prise Salz

1 Ei, 1 EL Milch

FÜR DIE FÜLLUNG:

75 g Sanella, 100 g Zucker

1 Päckchen Vanillezucker

3 Eier

1 TL abgeriebene Zitronenschale

150 g gemahlene Mandeln

30 g Mehl

1 Msp. Backpulver

50 g Aprikosenkonfitüre

3 EL Mandelblättchen zum Bestreuen

1 Mehl, Margarine, Zucker, Salz, Ei und Milch zu einem glatten Teig verkneten. Mit den Händen zu einer Kugel formen, in Folie wickeln und 30 Minuten kalt stellen.

2 4/5 des Teigs ausrollen und die Springform damit auslegen, dabei einen Rand hochziehen. Den Boden mehrmals mit einer Gabel einstechen und im vorgeheizten Backofen bei 225° (Gas: Stufe 4) 15 Minuten vorbacken.

3 Inzwischen Margarine, Zucker, Vanillezucker und Eier schaumig rühren. Zitronenschale und Mandeln zufügen. Mehl und Backpulver mischen, unter die Margarine-Ei-Masse rühren.

4 Vorgebackenen Tortenboden mit der Aprikosenkonfitüre bestreichen und die Masse darauf verteilen. Den restlichen Teig dünn ausrollen, in Streifen radeln und rosettenförmig auf die Torte legen.

5 Mandelblättchen darüberstreuen und im vorgeheizten Backofen bei 175–200° (Gas: Stufe 2–3) 40 bis 45 Minuten backen. *Ergibt 12 Stücke.*

Mürbeteig läßt sich mit einem Teigrädchen leicht „schneiden". Für die Holländertorte die ausgeradelten Streifen rosettenförmig auf die Füllung legen.

OBSTTORTELETTES

Zutaten für 6 Briocheformen
(ca. 12 cm ⌀)
FÜR DEN TEIG:
300 g Mehl, 200 g Sanella
100 g Zucker, 3 Eigelb
Backpapier und getrocknete
Hülsenfrüchte zum Blindbacken
FÜR DIE FÜLLUNG:
750 g Beeren oder
1 kg Steinobst der Saison
3 EL Zucker
1/4 l Weißwein oder Traubensaft
1 Päckchen klarer Tortenguß

1 Mehl, Margarine, Zucker und Eigelb zu einem glatten Teig verkneten. Mit den Händen zu einer Kugel formen, in Folie wickeln und 30 Minuten kalt stellen.

2 Den Teig 1/2 cm dick ausrollen. Briocheförmchen einfetten und mit Teig auslegen. Hülsenfrüchte in die Formen schütten. Im vorgeheizten Backofen bei 200° (Gas: Stufe 3) 10 Minuten backen.

3 Die Hülsenfrüchte aus den Formen schütten, anhaftende Körner am Teig lassen. Wieder in den Ofen schieben und weitere 10 bis 15 Minuten backen. Die restlichen Körner entfernen und die Kuchen aus den Formen lösen.

4 Früchte putzen, kleinschneiden, mit 1 EL Zucker bestreuen und 10 Minuten Saft ziehen lassen. Früchte abtropfen lassen und den Saft mit Wein oder Saft auf 1/4 l Flüssigkeit auffüllen.

5 Die Kuchen mit den Früchten füllen. Tortenguß nach Anweisung zubereiten und die Törtchen damit beträufeln.

BEERENTORTE MIT MANDELSAHNE

Zutaten für eine Springform
(26 cm ⌀)
FÜR DEN TEIG:
300 g Mehl, 125 g Sanella
75 g Zucker, 1 Prise Salz
1 Ei, 2 EL Rum
Sanella zum Einfetten
FÜR DEN BELAG:
750 g Beeren (z.B. Brombeeren)
3/4 l Johannisbeer- oder Traubensaft
3 Päckchen Tortenguß
75 g Zucker
200 g Schlagsahne
3 EL Mandellikör

1 Mehl, Margarine, Zucker, Salz, Ei und Rum zu einem glatten Teig verkneten und zugedeckt für 30 Minuten kalt stellen.

2 Den Teig ausrollen und den Boden der gefetteten Springform damit auslegen. Mehrmals mit einer Gabel einstechen und im vorgeheizten Backofen bei 225° (Gas: Stufe 4) ca. 15 Minuten backen. Auf einem Kuchengitter auskühlen lassen.

3 Beeren waschen und abtropfen lassen. Fruchtsaft mit Tortengußpulver und 50 g Zucker aufkochen.

4 Einen Tortenring aus Plastik oder Metall auf den Tortenboden legen. Die Früchte hineinfüllen, mit dem heißen Tortenguß übergießen und kühl stellen, bis der Tortenguß fest geworden ist.

5 Die Sahne mit dem restlichen Zucker steif schlagen und den Mandellikör unterziehen. Den Tortenrand mit einem Messer rundherum vom Kuchen lösen und entfernen. Die Mandelsahne zum Kuchen servieren. *Ergibt 12 Stücke.*

APFEL-PREISELBEER-ROLLE

Zutaten für ca. 10 Scheiben

FÜR DEN TEIG:

200 g Mehl

80 g Sanella

1/2 TL Salz

FÜR DIE FÜLLUNG:

6 Äpfel (ca. 750 g)

4 Scheiben Zwieback

1 Glas Preiselbeerkompott (375 g)

1 Eiweiß

1 Eigelb

Hagelzucker zum Bestreuen

1 Mehl, Margarine, Salz und 5 EL kaltes Wasser zu einem glatten Teig verkneten. Mit den Händen zu einer Kugel formen, in Folie wickeln und 30 Minuten kalt stellen.

2 Inzwischen die Äpfel schälen, halbieren, entkernen und in dünne Scheiben schneiden. Die Zwiebackscheiben in einen Gefrierbeutel geben und mit dem Rollholz fein zerbröseln. Mit Apfelscheiben und dem Kompott mischen.

3 Den Teig zu einem Rechteck von 30 × 40 cm ausrollen. Die Füllung als langen Mittelstreifen auf den Teig häufen, die beiden Seiten darüberschlagen, so daß eine Rolle entsteht. Die Teigränder mit Eiweiß bestreichen und festdrücken. Eigelb verquirlen und die gefüllte Teigrolle damit einstreichen.

4 Im vorgeheizten Backofen bei 225–250° (Gas: Stufe 4–5) 40 Minuten backen und noch heiß mit Hagelzucker bestreuen.

Perfekte Rolle: Eine Seite des Backpapiers so weit anheben, daß der Teig über die Füllung klappt. Das Papier vorsichtig noch weiter heben, bis sich ganz von allein eine Rolle formt.

MIGNON-TORTE

Zutaten für eine Springform
(24 cm ∅)
FÜR DEN TEIG:
375 g Mehl, 225 g Sanella
180 g Zucker, 3 Eigelb
1 Prise Salz
FÜR DIE FÜLLUNG:
1/4 l Zitronensaft
1/4 l Weißwein, 100 g Zucker
2 Päckchen Vanille-Puddingpulver
5 Eigelb
100 g Marzipan-Rohmasse
85 g Puderzucker
1 EL leicht verschlagenes Eiweiß
2 EL Aprikosenkonfitüre
3 EL Mandelblättchen

1 Mehl, Margarine, Zucker, Eigelb und Salz zu einem glatten Teig verkneten. Mit den Händen zu einer Kugel formen, in Folie wickeln und 1 Stunde kalt stellen.

2 Den Teig in 6 Portionen teilen und jede zwischen Folie in Größe des Springformbodens ausrollen, Ränder glattschneiden. Teigböden im vorgeheizten Backofen bei 200° (Gas: Stufe 3) 10 bis 12 Minuten backen.

3 Zitronensaft, Weißwein und Zucker mit 1/4 l Wasser aufkochen. Puddingpulver mit 7 EL Wasser verrühren und zufügen. Bei mittlerer Hitze 3 Minuten kochen. Pudding vom Herd nehmen. Eigelb verquirlen und unterrühren. Durch ein Sieb in eine Schüssel gießen und abkühlen lassen.

4 Teigböden und Zitronencreme abwechselnd in den Springformring schichten. 2 bis 3 Stunden kalt stellen.

5 Marzipan zwischen Folie dünn ausrollen, in Größe der Torte ausschneiden und zum Abschluß auf die Torte legen.

6 Den Puderzucker mit dem Eiweiß verrühren und gleichmäßig auf der Torte verteilen. Tortenrand mit erwärmter Konfitüre bestreichen. Die Mandelblättchen ohne Fett goldbraun rösten und den Rand damit verzieren. *Ergibt 10–12 Stücke.*

GEDECKTE APFELTORTE

Zutaten für eine Springform
(24 cm ∅)
FÜR DEN TEIG:
375 g Mehl, 2 TL Backpulver
125 g Zucker, 1 Prise Salz
1 TL abgeriebene Zitronenschale
200 g Sanella, 2 Eier
FÜR DIE FÜLLUNG:
1,5 kg Äpfel
5 EL Weißwein oder Wasser
75 g Zucker
1 TL abgeriebene Zitronenschale
2 Päckchen Vanillezucker
75 g Rosinen
2 EL gemahlene Mandeln
1 EL Mandelblättchen
125 g Puderzucker zum Bestäuben

1 Mehl, Backpulver, Zucker, Salz, Zitronenschale, Margarine und Eier zu einem glatten Teig verkneten. Mit den Händen zu einer Kugel formen, in Folie wickeln und 30 Minuten kalt stellen.

2 Inzwischen die Äpfel schälen, halbieren, entkernen und achteln. Mit Weißwein oder Wasser, Zucker, Zitronenschale und Vanillezucker 10 Minuten dünsten. Die Rosinen untermischen. Zum Abkühlen auf ein Sieb geben.

3 2/3 des Teiges auf Folie ausrollen. Boden und Rand der Springform damit auslegen. Den Teigboden mit Mandeln bestreuen, die Äpfel darauf verteilen. Restlichen Teig in Größe der Form kreisförmig ausrollen. Als Deckel auf die Äpfel legen, an den Teigrändern gut festdrücken. Aus den Teigresten Verzierungen ausschneiden.

4 Im vorgeheizten Backofen bei 175–200° (Gas: Stufe 2–3) 45 bis 50 Minuten backen. Die noch warme Torte mit Puderzucker bestäuben. *Ergibt 10–12 Stücke.*

MIKROWELLEN-TIP: Das Apfelkompott kann man bei 600–700 Watt in der Mikrowelle in ca. 5 Minuten dünsten.

BIRNEN-PIE

Zutaten für eine Pieform
(26 cm ∅)
FÜR DEN TEIG:
125 g Mehl
1 Prise Salz
25 g Puderzucker
60 g Sanella
1 Ei (Gew.-Kl. 4)
FÜR DIE FÜLLUNG:
5 sehr reife Birnen
(z.B. Williams Christ)
2 EL Aprikosenkonfitüre
3 EL Williams Birnenbrand
oder Kirschwasser
1/2 TL Zimt
25 g gehackte Pistazien
1 Eigelb

1 Mehl, Salz, Puderzucker, Margarine und Ei zu einem glatten Teig verkneten. Mit den Händen zu einer Kugel formen, in Folie wickeln und 30 Minuten kalt stellen.

2 Inzwischen die Birnen schälen, halbieren und das Kerngehäuse entfernen. Birnenhälften in die Form legen. Aprikosenkonfitüre, Birnenbrand und Zimt verrühren und über die Birnen gießen. Pistazien darüberstreuen.

3 Den Teig dünn ausrollen, die Form daraufstellen und den Teig rundherum mit 15 cm „Zugabe" ausschneiden. Die Form mit der Teigplatte bedecken, den Rand mit einer Gabel rundherum festdrücken, so daß ein Muster entsteht.

4 Restlichen Teig verkneten, zu einer Rolle formen und an den Rand drücken. Eigelb mit etwas Wasser verquirlen und den Teig damit bestreichen.

5 Die Pie im vorgeheizten Ofen bei 200–225° (Gas: Stufe 3–4) 45 bis 50 Minuten backen. Noch warm servieren. *Ergibt 12 Stücke.*

Bei der englischen Pie – gesprochen Pai – kommt ein Teigdeckel über das Obst. Damit sich der Teig beim Bakken dehnen kann, muß er großzügig zugeschnitten werden. Stellen Sie die Form als Maß auf den Teig und schneiden Sie im Abstand von 15 cm darum herum.

RHABARBERKUCHEN MIT GUSS

Zutaten für eine quadratische Backform (ca. 26×26 cm)

FÜR DEN TEIG:

200 g Mehl, 1 TL Backpulver

100 g Zucker, 1 Ei

125 g Sanella

FÜR DEN BELAG:

1 kg Rhabarber

150 g Schlagsahne

1 Päckchen Vanille-Puddingpulver

3 EL Weißwein, 100 g Zucker

1 Päckchen Vanillezucker, 2 Eier

100 g Haselnußblättchen

1 Mehl, Backpulver, Zucker, Ei und Margarine zu einem glatten Teig verkneten. Mit den Händen zu einer Kugel formen, in Folie wickeln und 30 Minuten kalt stellen.

2 Inzwischen den Rhabarber putzen und in Stücke schneiden. Mit 1 EL Wasser bei milder Hitze 2 Minuten dünsten, abkühlen lassen.

3 Sahne steif schlagen. Puddingpulver mit Wein glattrühren. Mit Zucker, Vanillezucker und Eiern unter die Sahne rühren.

4 Form mit Backpapier auslegen, dabei einen Rand hochziehen. Den Boden mehrmals mit einer Gabel einstechen und mit Haselnußblättchen bestreuen. 3 EL für den Belag zurückbehalten.

5 Rhabarberstücke auf den Teig geben und die Eiersahne darüber verteilen. Mit den restlichen Haselnußblättchen bestreuen. Kuchen im vorgeheizten Backofen bei 225° (Gas: Stufe 4) 30 bis 35 Minuten backen. *Ergibt 12 Stücke.*

TIP: Falls keine passende Form zur Hand ist, den Kuchen auf der Fettpfanne des Backofens backen.

Rhabarberkuchen schmeckt frisch am besten, wenn der Mürbeteigboden noch knusprig und der Belag saftig ist.

REISKUCHEN

Zutaten für ein Backblech

FÜR DEN TEIG:

500 g Mehl

1 Prise Backpulver

125 g Puderzucker

1 Prise Salz

250 g Sanella

2 Eier

FÜR DIE FÜLLUNG:

3/4 l Milch, 1 Prise Salz

200 g Langkornreis

50 g Aprikosenkonfitüre

125 g Schlagsahne

4 Eiweiß

100 g Sanella

125 g Zucker

4 Eigelb

100 g gemahlene Mandeln

1/2 TL abgeriebene Zitronenschale

2 EL Puderzucker zum Bestäuben

1 Mehl, Backpulver, Puderzucker, Salz, Margarine und Eier verkneten. Teig zu einer Kugel formen, in Folie wickeln. 30 Minuten kalt stellen.

2 Milch mit Salz aufkochen, Reis zufügen. Bei kleiner Hitze im geschlossenen Topf 20 Minuten ausquellen lassen.

3 Teig auf dem Backblech ausrollen. Mit einer Gabel mehrmals einstechen. Im vorgeheizten Backofen bei 175–200° (Gas: Stufe 2–3) 15 Minuten vorbacken. Mit Konfitüre bestreichen.

4 Sahne und Eiweiß getrennt steif schlagen. Margarine, Zucker und Eigelb schaumig rühren. Milchreis, Mandeln und Zitronenschale unterrühren. Sahne zufügen, Eiweiß unterheben. Die Masse auf den Boden streichen. Bei 175–200° (Gas: Stufe 2–3) 40 Minuten backen. Mit Puderzucker bestäuben. *Ergibt 16 Stücke.*

BROTTORTE MIT MIRABELLEN

Zutaten für ein kleines Backblech

(ca. 35 × 25 cm)

FÜR DEN TEIG:

250 g Mehl

125 g Sanella

65 g Zucker

1 Prise Salz

1 Eigelb

1 EL Milch

FÜR DEN BELAG:

100 g Preiselbeerkonfitüre

1 Glas Mirabellen

(370 g Abtropfgewicht)

5 Eier

1 Eiweiß

180 g Zucker

160 g trockenes Weißbrot

160 g Kokosraspel

1 Msp. Zimt

1 TL abgeriebene Zitronenschale

1 Msp. Backpulver

1 TL Puderzucker zum Bestäuben

1 Mehl, Margarine, Zucker, Salz, Eigelb und Milch zu einem glatten Teig verkneten. Mit den Händen zu einer Kugel formen, in Folie wickeln und 30 Minuten kalt stellen.

2 Den Teig ausrollen und auf das Backblech legen, dabei einen Rand von ca. 1 cm hochziehen. Im vorgeheizten Backofen bei 225° (Gas: Stufe 4) 10 Minuten vorbacken. Mit der Preiselbeerkonfitüre bestreichen. Die Mirabellen abtropfen lassen und daraufgeben.

3 Die Eier, das Eiweiß und den Zucker dickschaumig schlagen. Das Weißbrot fein reiben. Mit Kokosraspel, Zimt, Zitronenschale und Backpulver mischen. Langsam unter die Ei-Zucker-Masse rühren. Auf den Teigboden geben und im vorgeheizten Backofen bei 175° (Gas: Stufe 2) 40 Minuten fertigbacken. Mit Puderzucker bestäuben. *Ergibt 16 Stücke.*

NUSS-BLÄTTER-TORTE

Zutaten für eine Torte von
20–22 cm ⌀
FÜR DEN TEIG:
300 g Mehl
200 g Puderzucker
100 g gemahlene Walnüsse
100 g gemahlene Haselnußkerne
1 EL Weinbrand
200 g Sanella
Mehl zum Ausrollen
FÜR DIE FÜLLUNG:
1 Päckchen Vanillezucker
700 g Schlagsahne
FÜR DIE GARNITUR:
2–3 EL Puderzucker
3 EL Haselnußblättchen

1 Mehl, Puderzucker, Nüsse, Weinbrand und Margarine zu einem glatten Teig verkneten. Mit den Händen 5 Kugeln daraus formen. Die Teigkugeln in Folie wickeln und ca. 30 Minuten kalt stellen.

2 Jede Teigkugel auf Backpapier mit etwas Mehl zu einem Kreis ausrollen. Dafür mit einem Dessertteller (20–22 cm ⌀) jeweils einen Kreis markieren und diesen mit einem Messer ausschneiden. Teigreste verkneten, nochmals kurz kalt stellen und daraus ebenso eine sechste Teigplatte herstellen.

3 Backblech mit Backpapier auslegen. 1–2 Teigplatten darauf stürzen und das Papier abziehen.

4 Die Teigplatten im vorgeheizten Backofen bei 175° (Gas: Stufe 2) in 10 bis 12 Minuten goldbraun backen. Mit dem Backpapier vom Blech ziehen und zum vollständigen Erkalten auf ein Kuchengitter legen. Nacheinander alle 6 Teigplatten auf diese Weise backen.

5 Für die Füllung Vanillezucker zur Sahne geben und steif schlagen. In einen Spritzbeutel mit großer Tülle füllen und die Tortenböden damit einspritzen.

6 Tortenböden aufeinanderstapeln und 2 bis 3 Stunden kalt stellen. Mit Puderzucker und gerösteten Haselnußblättchen garnieren.
Ergibt 12 Stücke.

LINZER TÖRTCHEN

Zutaten für 8 Tarte- oder
Tortelettförmchen (je 250 ml Inhalt)
FÜR DEN TEIG:
350 g ungeschälte Mandeln
350 g Mehl
1/2 TL abgeriebene Zitronenschale
1/2 TL Zimt
1 Prise gemahlene Nelken
200 g Zucker, 2 Eigelb
250 g Sanella
Sanella zum Einfetten
Paniermehl zum Ausstreuen
FÜR DIE FÜLLUNG:
200 g Himbeerkonfitüre
1 Eigelb
2 EL Puderzucker zum Bestäuben

1 Die Mandeln mahlen, mit Mehl, Zitronenschale, Zimt, Nelken und Zucker vermischen. Eigelb und Margarine zufügen und zu einem glatten Teig verkneten. Mit den Händen zu einer Kugel formen, in Folie wickeln und 2 Stunden kalt stellen.
2 Die Förmchen fetten und mit Paniermehl ausstreuen. 2/3 des Teigs ausrollen und Förmchen damit auslegen. Dabei jeweils einen Rand hochziehen. Die Böden mit Himbeerkonfitüre bestreichen.
3 Aus dem restlichen Teig dünne Röllchen formen, flachdrücken und gitterförmig auf die Törtchen legen. Das Eigelb verquirlen und die Teiggitter damit bestreichen.
4 Im vorgeheizten Backofen bei 175° (Gas: Stufe 2) 45 bis 50 Minuten backen. In der Form etwas abkühlen lassen, dann herausnehmen und auf einem Kuchengitter ganz abkühlen lassen. Mit Puderzucker bestäuben.

ZÜRCHER PFARRHAUSTORTE

Zutaten für eine Springform
(26 cm ⌀)
FÜR DEN TEIG:
250 g Mehl, 125 g Sanella
60 g Zucker, 1 Ei
FÜR DIE FÜLLUNG:
3 Eigelb, 150 g Zucker
1 EL Zitronensaft, 1 EL Rum
5 Äpfel (ca. 750 g), 3 Eiweiß
30 g Mehl, 1 Msp. Backpulver
200 g gemahlene Mandeln
Sanella zum Bestreichen
1 EL Puderzucker zum Bestäuben

1 Mehl, Margarine, Zucker und Ei verkneten. Mit den Händen zu einer Kugel formen, in Folie wickeln und 30 Minuten kalt stellen.
2 Den Teig ausrollen. Boden und Rand der Form damit auslegen. Im vorgeheizten Backofen bei 225° (Gas: Stufe 4) 15 Minuten vorbakken. Inzwischen Eigelb und Zucker dickschaumig schlagen. Zitronensaft und Rum zufügen. 1 Apfel schälen, halbieren, entkernen und in die Eimasse raspeln.
3 Eiweiß steif schlagen. Mit Mehl, Backpulver und Mandeln unter die Ei-Zucker-Masse heben und auf den Teigboden streichen. Die restlichen Äpfel schälen, halbieren, entkernen, fächerförmig einschneiden und in die Mandelmasse setzen. Margarine zerlassen, Torte damit bestreichen. Im vorgeheizten Backofen bei 175–200° (Gas: Stufe 2–3) 50 bis 60 Minuten backen. Noch heiß mit dem Puderzucker bestäuben.
Ergibt 12 Stücke.

JOGHURTCREME-SCHNITTEN

Zutaten für eine quadratische
Backform (ca. 26×26 cm)
150 g Mehl, 80 g gemahlene Mandeln
1/2 TL Backpulver
150 g Sanella, 80 g Zucker
1 Prise Salz, 1 Ei
300 g TK-Himbeeren
450 g Joghurt
150 g Zucker, 1 Prise Salz
1 TL abgeriebene Zitronenschale
75 ml Zitronensaft
2 EL Himbeergeist
6 Blatt weiße Gelatine
250 g Schlagsahne
1/8 l Himbeersaft
1/2 Päckchen heller Tortenguß

1 Mehl, Mandeln, Backpulver, Margarine, Zucker, Salz und Ei mit den Knethaken des Handrührers oder in der Küchenmaschine zu einem glatten Teig verkneten. Mit den Händen zu einer Kugel formen, in Folie wickeln und 1 Stunde kalt stellen.
2 Teig zwischen Folie in Größe der Form ausrollen, Form damit ausle-

gen, dabei einen Rand hochziehen. Im vorgeheizten Backofen bei 200° (Gas: Stufe 3) 25 Minuten backen.
3 Himbeeren auftauen. Joghurt, Zucker, Salz, Zitronenschale, Zitronensaft und den Himbeergeist verrühren. Gelatine in kaltem Wasser einweichen, abgetropft bei kleiner Hitze auflösen und unter den Joghurt rühren. Sahne steif schlagen und unterziehen. 2/3 der Himbeeren auf dem Tortenboden verteilen, Creme daraufstreichen. Die Torte mit den restlichen Himbeeren garnieren. Aus dem Saft und Tortenguß einen Guß zubereiten und die Torte damit verzieren. *Ergibt 16 Stücke.*

SOMMER-TORTE

Zutaten für eine Springform
(24 cm ⌀)
50 g Haselnüsse
150 g Mehl, 100 g Speisestärke
1 Prise Salz, 50 g Puderzucker
150 g Sanella, 2 Eigelb
65 g Zucker, 2 Eiweiß
50 g Mehl, 25 g Speisestärke
4 EL Johannisbeergelee
750 g Beeren der Saison
50 g Zucker
1 Beutel Instant Himbeer-
Götterspeise, 150 ml Weißwein
50 g Zucker, 150 g Crème fraîche
250 g Schlagsahne
1 Päckchen Vanillezucker
1 Päckchen Sahnefestiger
4 EL Mandelblättchen

1 Haselnüsse rösten und mahlen, mit Mehl und Stärke mischen. Salz, Puderzucker und Margarine zufügen und zu einem glatten Teig verkneten. Mit den Händen zu einer Kugel formen, in Folie wickeln und 30 Minuten kalt stellen.
2 Teig ausrollen und den Boden der Form damit auslegen. Im vorgeheizten Backofen bei 200° (Gas: Stufe 3) 10 bis 12 Minuten vorbakken. Inzwischen Eigelb, 2 EL lauwarmes Wasser und Zucker dickschaumig schlagen. Eiweiß steif schlagen und auf die Eigelbmasse geben. Mehl mit Stärke mischen, darübersieben. Alles unterheben.

3 Johannisbeergelee mit 1 TL heißem Wasser glattrühren und den noch heißen Boden damit bestreichen. Die Eimasse daraufgeben und weitere 12–15 Minuten bei 200° (Gas: Stufe 3) backen.
4 Beeren mit Zucker bestreuen. Götterspeise mit Weißwein, 150 ml Wasser und Zucker nach Packungsanweisung zubereiten, leicht andikken lassen. Von der Masse 150 ml abnehmen und mit Crème fraîche verrühren. Auf dem Boden verteilen und fest werden lassen. Beeren unter die restliche Götterspeise rühren und auf die Torte geben.
5 Sahne mit Vanillezucker und Festiger steif schlagen und den Rand der Torte damit bestreichen. Mandelblättchen ohne Fett goldbraun rösten und auf den Tortenrand streuen.
Ergibt 10–12 Stücke.

QUARK-SAHNE-TORTE

Zutaten für eine Springform
(24 cm ⌀)
FÜR DEN TEIG:
150 g Mehl, 75 g Sanella
30 g Zucker, 1 Prise Salz
1 Eigelb, 1 EL Milch
FÜR DIE FÜLLUNG:
3 Eigelb, 150 g Zucker
1 Päckchen Vanillezucker
500 g Quark (20 %)
8 Blatt weiße Gelatine
4 Eiweiß
250 g Schlagsahne
200 g Beeren (z.B. Blaubeeren
und weiße Johannisbeeren)
1 EL gemahlene Pistazien

1 Mehl, Margarine, Zucker, Salz, 1 Eigelb und Milch zu einem glatten Teig verkneten. Mit den Händen zu einer Kugel formen, in Folie wickeln. 30 Minuten kalt stellen.

2 Den Teig ausrollen und auf den Springformboden legen. Rundherum den Rand glattschneiden. Im vorgeheizten Backofen bei 200–225° (Gas: Stufe 3–4) 20 Minuten backen. Abkühlen lassen, auf eine Tortenplatte legen und mit dem Springformrand umstellen.

3 Eigelb, Zucker und Vanillezukker schaumig rühren, Quark unterrühren. Gelatine in kaltem Wasser einweichen, abgetropft bei kleiner Hitze auflösen und unter die Quark-

masse rühren. Eiweiß und Sahne getrennt steif schlagen und unterheben.

4 Die Masse auf den Tortenboden gießen und im Kühlschrank fest werden lassen. Vor dem Servieren die Torte mit einem Messer vom Formrand lösen. Mit den Früchten belegen und den Rand mit Pistazien garnieren.

Ergibt 10–12 Stücke.

ZIMTKUCHEN

Zutaten für eine Springform (26 cm ⌀)

FÜR DEN TEIG:
250 g Mehl, 65 g Zucker
1 Prise Salz, 125 g Sanella

FÜR DIE FÜLLUNG:
3 Eier, 125 g Schlagsahne
1/8 l Milch, 4 Scheiben Zwieback
50 g Zitronat, 150 g Zucker
1 Prise Salz
200 g gemahlene Mandeln
oder Haselnußkerne
1 1/2 EL Zimt
1/2 TL Backpulver

ZUM BESTREUEN:
je 1 EL Zimt und Puderzucker
2 EL Haselnußblättchen

1 Mehl, Zucker, Salz und Margarine zu einem glatten Teig verkneten. Zu einer Kugel formen, in Folie wickeln. 30 Minuten kalt stellen.

2 Den Teig ausrollen und den Boden der Form damit auslegen. Mit einer Gabel mehrmals einstechen und im vorgeheizten Backofen bei 175–200° (Gas: Stufe 2–3) 10 Minuten vorbacken.

3 Eier, Sahne und Milch verquirlen. Zwiebackscheiben in einen Gefrierbeutel geben und mit dem Rollholz zerbröseln. Zitronat fein hacken und mit den restlichen Zutaten unter die Eiersahne rühren.

4 Die Füllung auf den Boden gießen. Im vorgeheizten Backofen bei 175–200° (Gas: Stufe 2–3) noch 40 Minuten backen. Mit Zimt, Puderzucker und den Nußblättchen bestreuen. *Ergibt 12 Stücke.*

GEBACKENER KÄSEKUCHEN

Zutaten für eine Pie- oder Springform (26 cm ⌀)

FÜR DEN TEIG:
250 g Mehl, 1 Prise Salz
50 g Puderzucker
125 g Sanella, 1 Ei
150 g Hülsenfrüchte zum Blindbacken

FÜR DIE FÜLLUNG:
50 g Sanella
750 g Quark (20 % Fett)
200 g Zucker
1/2 TL abgeriebene Zitronenschale
2 EL Zitronensaft
3 Eigelb
75 g getrocknete Aprikosen
40 g Speisestärke
3 Eiweiß

1 Mehl, Salz, Puderzucker, Margarine und Ei verkneten und zu einer Kugel formen. Teig in Folie wickeln und 30 Minuten kalt stellen.

2 Teig ausrollen und die Form damit auskleiden. Backpapier auf den Teig legen, die Hülsenfrüchte darauf verteilen. Im vorgeheizten Ofen bei 200–225° (Gas: Stufe 3–4) 10 Minuten blindbacken. Hülsenfrüchte entfernen, noch 5 Minuten backen.

3 Margarine zerlassen. Mit Quark, Zucker, Zitronenschale, -saft und Eigelb verrühren. Aprikosen kleinschneiden, mit Stärke mischen und unterrühren. Eiweiß steif schlagen und unterheben.

4 Auf den Teig geben und im vorgeheizten Backofen bei 175° (Gas: Stufe 2) 55 Minuten backen. Im abgeschalteten Backofen bei geöffneter Tür ca. 10 Minuten stehen, dann in der Form abkühlen lassen.
Ergibt 12 Stücke.

FRANZÖSISCHE APFEL-TARTE

**Zutaten für eine Tarte-
oder Springform (26 cm ∅)**
FÜR DEN TEIG:
200 g Mehl
1 TL Zucker
1 Prise Salz
150 g Sanella
1 Eigelb
FÜR DEN BELAG:
500 g säuerliche Äpfel
Sanella zum Einfetten
1 Eigelb
3 EL Aprikosenkonfitüre

1 Mehl mit Zucker, Salz, Margarine und dem Eigelb zu einem glatten Teig verkneten. Mit den Händen zu einer Kugel formen, in Folie wickeln und 30 Minuten kalt stellen.

2 Inzwischen Äpfel schälen, halbieren, entkernen und in dünne Spalten schneiden. Tarte- oder Springform mit Margarine fetten. Den Teig ausrollen und Boden und Rand der Form damit auslegen.

3 Apfelspalten schuppenförmig auf dem Teig verteilen. Kuchen mit Eigelb bestreichen und im vorgeheizten Backofen bei 200° (Gas: Stufe 3) 50 bis 60 Minuten backen.

4 Aprikosenkonfitüre mit 1 EL Wasser glattrühren und erwärmen. Die Apfel-Tarte 10 Minuten vor Ende der Backzeit damit bestreichen und weiterbacken. *Ergibt 12 Stücke.*

MIKROWELLEN-TIP: Die Aprikosenkonfitüre ist in der Mikrowelle bei 600–700 Watt in 30 Sekunden erwärmt.

TIP: Tarte-Teig ist so mürbe, daß er auf der Zunge zergeht – aber beim Aus-der-Form-lösen leicht zerbrechen kann. Spezielle Tarte-Formen haben deshalb einen herausnehmbaren Boden.

MÜRBE MANDELPLÄTZCHEN

Zutaten für ca. 60 Plätzchen
100 g Mandeln
200 g Mehl
1 Prise Salz
100 g Puderzucker
125 g Sanella
2 Eigelb
1 Tropfen Bittermandelöl
Mehl zum Ausrollen

schnell

1 Mandeln mit kochendem Wasser übergießen, einige Minuten stehen lassen, auf einem Sieb abgießen und mit kaltem Wasser abbrausen. Die Kerne aus den Schalen drücken und ausgebreitet trocknen lassen. Anschließend in der Mandelmühle oder mit der Küchenmaschine sehr fein mahlen.

2 Mandeln, Mehl, Salz, Puderzucker und Margarine in eine Schüssel geben. Eigelb mit Mandelöl verrühren, zufügen und alles zu einem glatten Teig verkneten. Mit den Händen zu einer Kugel formen, in Folie wickeln. 30 Minuten kalt stellen.

3 Ein Backblech mit Backpapier auslegen. Den Teig portionsweise auf einer leicht bemehlten Arbeitsfläche messerrückendick ausrollen. Plätzchen ausstechen und auf das Blech legen.

4 Im vorgeheizten Backofen bei 200° (Gas: Stufe 3) 10 bis 12 Minuten backen. Auf einem Kuchengitter abkühlen lassen. Zum Aufbewahren in eine Blechdose füllen.

ABWANDLUNG: Mit etwas abgeriebener Orangen- oder Zitronenschale läßt sich der Teig schnell aromatisieren.

ORANGENPLÄTZCHEN

Zutaten für ca. 40 Stück

FÜR DEN TEIG:

125 g Sanella

75 g Zucker

2 Eigelb

2 TL abgeriebene Orangenschale

1 EL Orangensaft

1 Prise Salz

250 g Mehl

1 Msp. Backpulver

Sanella zum Einfetten

FÜR DIE GLASUR:

100 g Puderzucker

1 TL abgeriebene Orangenschale

1–2 EL Orangensaft

schnell

1 Die Margarine, den Zucker und das Eigelb schaumig rühren. Orangenschale, Orangensaft und Salz zufügen. Mehl mit dem Backpulver mischen und dazusieben. Alles zu einem glatten Teig verkneten. Mit den Händen zu einer Kugel formen, in Folie wickeln und 30 Minuten kalt stellen.

2 Ein Backblech mit Margarine fetten. Den Teig ca. 3 mm dick ausrollen. Plätzchen ausstechen, auf das Blech legen und im vorgeheizten Backofen bei 200° (Gas: Stufe 3) 10 bis 12 Minuten backen.

3 Für die Glasur den Puderzucker mit Orangenschale und Orangensaft verrühren. Die warmen Plätzchen damit bestreichen.

ABWANDLUNG: Nach diesem Rezept können auch Zitronenplätzchen zubereitet werden: Orangenschale und Orangensaft werden einfach durch Zitronenschale und Zitronensaft ersetzt.

TIP: Beim Kneten und Verarbeiten des Teigs sollte es sehr schnell gehen. Die dünnen Plätzchen reißen leicht beim Ausstechen, wenn der Teig zu weich bzw. zu warm wird.

NOUGAT-TALER

Zutaten für 10 Stück

FÜR DEN TEIG:
200 g Mehl
50 g gemahlene Haselnüsse
1/2 TL gemahlener Ingwer
1/2 TL abgeriebene Zitronenschale
60 g Zucker
1 Prise Salz
125 g Sanella
1 Ei

FÜR DIE FÜLLUNG:
400 g Nußnougatcreme
1 EL gehackte Pistazien
10 Haselnußkerne

1 Mehl mit gemahlenen Haselnüssen, Ingwer, Zitronenschale, Zucker, Salz, Margarine und dem Ei zu einem glatten Teig verkneten. Mit den Händen zu einer Kugel formen, in Folie wickeln und 1 Stunde kalt stellen.

2 Inzwischen das Nougat im heißen Wasserbad geschmeidig werden lassen. Vom Herd nehmen und abkühlen lassen.

3 Den Teig auf Backpapier knapp 1/2 cm dick ausrollen und 20 Kreise von etwa 8 cm Ø ausstechen. Das geht am besten mit einem Metallausstecher, aber auch mit einem Glas oder einer Tasse.

4 Ein Backblech mit Backpapier auslegen. Die Teigkreise daraufliegen. Im vorgeheizten Backofen bei 225° (Gas: Stufe 4) 10 bis 12 Minuten goldgelb backen. Auf einem Kuchengitter abkühlen lassen.

5 Nougat in einen Spritzbeutel mit Sterntülle geben. Die Hälfte der Taler damit bespritzen (dabei etwas Nougat zum Garnieren beiseite stellen) und jeweils mit einem zweiten Taler bedecken. Auf jeden Doppel-Taler einen Tupfer Nougat spritzen. Mit Pistazien bestreuen und mit je einer Haselnuß garnieren.

TIP: Kinder lieben Kuchen, die man aus der Hand essen kann. Sie können den Teig für die Taler auch mit Mehl der Type 1050 zubereiten und das Gebäck statt mit Nußnougatcreme mit Konfitüre, Gelee, Apfelkraut oder Nußmus füllen. Je nach Füllung hält sich das Gebäck in Folie verpackt und kühl gelagert bis zu drei Wochen.

SANDGEBÄCK

Zutaten für ca. 60 Stück
350 g Sanella
150 g Zucker
1 Prise Salz
1 Päckchen Vanillezucker
500 g Mehl
Sanella zum Einfetten
1 Eigelb
5 EL Zucker

schnell

1 Margarine, Zucker, Salz und Vanillezucker schaumig rühren. Mehl zufügen und alles zu einem glatten Teig verkneten. Aus dem Teig 4 cm dicke Rollen formen, in Folie wickeln. 30 Minuten kalt stellen.
2 Die Teigrollen in ca. 4 mm dicke Scheiben schneiden. Ein Backblech fetten, Teigscheiben darauflegen und im vorgeheizten Backofen bei 200° (Gas: Stufe 3) 10 bis 15 Minuten backen. Plätzchen etwas abkühlen lassen.
3 Eigelb verquirlen. Die Plätzchen erst darin, dann im Zucker wälzen. Auf einem Kuchengitter ganz abkühlen lassen. Zum Aufbewahren in Blechdosen füllen.

ITALIENISCHE MANDELKEKSE

Zutaten für ca. 100 Stück
500 g Mehl
3 Eier
100 g Sanella
400 g Zucker
1 Päckchen Vanillezucker
2 EL abgeriebene Zitronenschale
200 g gehackte Mandeln
100 g Mandelkerne

schnell

1 Mehl, Eier, Margarine, Zucker, Vanillezucker, Zitronenschale und gehackte Mandeln zu einem glatten Teig verkneten. Zum Schluß Mandelkerne unterkneten. Teig in 3 Portionen teilen und jeweils zu einer Rolle von ca. 3 cm Ø formen. In Folie wickeln und 30 Minuten kalt stellen.
2 Ein Backblech mit Backpapier auslegen oder gut einfetten. Die Teigrollen ohne Folie darauflegen und im vorgeheizten Backofen bei 175° (Gas: Stufe 2) 15 bis 20 Minuten backen.
3 Abkühlen lassen und in ca. 1 cm dicke Scheiben schneiden. Mandelkekse wieder auf das Blech legen und im vorgeheizten Backofen bei 175° (Gas: Stufe 2) weitere 15 bis 20 Minuten goldbraun backen. Die Mandelkekse sind richtig, wenn sie sehr hart sind.

SHORTBREAD

Zutaten für ein großes Shortbread
(ca. 28 cm ⌀)
50 g Mandeln
150 g Sanella
150 g Zucker
1 Prise Salz
25 g Speisestärke
200 g Mehl
1–2 Päckchen Vanillezucker

1 Mandeln mit kochendem Wasser überbrühen, kurz stehen lassen, kalt abspülen und aus der Schale drücken. In der Mandelmühle mahlen.
2 Margarine und Zucker schaumig rühren. Gemahlene Mandeln mit Salz, Stärke und Mehl mischen und zufügen. Alle Zutaten zu einem glatten Teig verkneten. Mit den Händen zu einer Kugel formen, in Folie wickeln und 30 Minuten kalt stellen.
3 Ein Backblech mit Backpapier auslegen. Teig darauf zu einem Kreis von etwa 28 cm ⌀ ausrollen. Mit dem Messerrücken 16 Tortenstücke markieren und den Rand mit Einkerbungen verzieren.

4 Mehrmals mit einer Gabel einstechen und im vorgeheizten Backofen bei 175° (Gas: Stufe 2) etwa 35 Minuten hellgelb backen. Herausnehmen und sofort mit Vanillezucker bestreuen. *Ergibt 16 Stücke.*

TIP: Diese englische Mürbeteig-Spezialität ist ideal als Vorrat für unverhoffte Gäste und schmeckt besonders gut zum Tee. Verpacken Sie das Gebäck in Folie oder eine gut schließende Blechdose und lagern Sie es kühl. So hält es sich mindestens drei Wochen frisch.

GEMÜSE-TARTES

Zutaten für 8 Tarteförmchen
(8 cm ∅)
FÜR DEN TEIG:
250 g Mehl
100 g Sanella
1 TL Salz, 1 TL Essig
FÜR DEN BELAG:
150 g Porree, 150 g rote Paprika
150 g Möhren, 2 EL Olivenöl
1 Knoblauchzehe
Salz, Pfeffer, Paprikapulver
Sanella zum Einfetten
1/2 Bund Thymian

1 Mehl, Margarine, Salz, Essig und 100 ml Wasser zu einem glatten Teig verkneten. Mit den Händen zu einer Kugel formen, in Folie wickeln und 30 Minuten kalt stellen.

2 Inzwischen Porree und Paprika waschen und putzen, in Ringe bzw. Würfel schneiden. Möhren putzen, waschen und fein würfeln. Gemüse im Öl 5 Minuten dünsten. Knoblauch schälen, zerdrücken und zufügen. Mit Salz, Pfeffer und Paprika würzen.

3 Teig ausrollen. Förmchen fetten und damit auslegen, dabei jeweils einen Rand hochziehen. Im vorgeheizten Ofen bei 225° (Gas: Stufe 4) 8 bis 10 Minuten backen.

4 Gemüse auf den Tartes verteilen, Thymianblättchen überstreuen und im vorgeheizten Backofen bei 225° (Gas: Stufe 4) noch 10 bis 15 Minuten backen.

ABWANDLUNG: Man kann statt mehrerer kleiner Tartes auch eine große backen. Dafür braucht man eine Tarte- oder Springform mit 28 cm ∅; die Backzeit mit Belag verlängert sich auf ca. 25 Minuten.

TOSKANISCHER FLEISCHKUCHEN

Zutaten für eine Kastenform
(30 cm lang, 2 l Inhalt)
FÜR DEN TEIG:
250 g Mehl, 2 TL Backpulver
75 g Sanella, 1/2 TL Salz
100 ml Milch
Sanella zum Einfetten
FÜR DIE FÜLLUNG:
100 g roher Schinken in Scheiben
1 große Zwiebel
1 TL Sanella
2 EL Pinienkerne
2 Knoblauchzehen
1 Apfel (ca. 100 g)
500 g gemischtes Hackfleisch
1 EL Tomatenketchup
2 EL Sultaninen
1/2 TL abgeriebene Zitronenschale
Salz, Pfeffer
1 EL frischer Rosmarin, 1 Eigelb

1 Mehl mit Backpulver, Margarine, Salz und Milch verkneten. Teig zu einer Kugel formen, in Folie wickeln. 30 Minuten kalt stellen.

2 Die Form fetten. 3/4 des Teigs ausrollen und die Form so damit auslegen, daß auch der Rand bedeckt ist. Teigboden mit Schinkenscheiben belegen. Zwiebel schälen, hacken, in Margarine andünsten und auf den Schinken geben.

3 Pinienkerne hacken, Knoblauch schälen und zerdrücken. Den Apfel schälen, entkernen und raspeln. Alles mit den restlichen Zutaten (bis auf das Eigelb) gut vermischen und in die Form füllen.

4 Eigelb verquirlen und den Teigrand mit der Hälfte davon bestreichen. Restlichen Teig ausrollen, einen Deckel ausschneiden, auf das Fleisch legen und die Ränder überklappen. Mit einer Gabel mehrmals einstechen und mit restlichem Eigelb bestreichen. Im vorgeheizten Ofen bei 200–225° (Gas: Stufe 3–4) 45 bis 55 Minuten backen.
Ergibt 18–20 Scheiben.

BAUERNPASTETE

Zutaten für eine Kranzkuchenform
(ca. 24 cm ⌀, 2,5 l Inhalt)
250 g Mehl
1 EL Kräuter der Provence
250 g Magerquark, 1/2 TL Salz
200 g Sanella, 1 Zwiebel (50 g)
1 Zucchini (100 g), 2 Tomaten (150 g)
100 g Champignons, 1 EL Sanella
Salz, Pfeffer aus der Mühle
100 g Leberpastete, 1 Brötchen
500 g Kalbfleisch, 1 Ei
1/2 TL getrockneter Majoran
2 EL süßer Senf, 1 Bund Schnittlauch

1 Mehl, Kräuter, Quark, Salz und Margarine zu einem glatten Teig verkneten. Mit den Händen zu einer Kugel formen, in Folie wickeln und 1 Stunde kalt stellen.

2 Zwiebel schälen, Zucchini und Tomaten waschen und putzen, Tomaten entkernen. Alles fein würfeln. Champignons putzen und blättrig schneiden. Gemüse in Margarine 5 Minuten dünsten, mit Salz und Pfeffer würzen, abkühlen lassen.

3 Leberpastete würfeln, mit dem Gemüse mischen. Die Brötchen einweichen. Fleisch fein hacken oder durch den Fleischwolf drehen. Die Brötchen ausdrücken und mit dem Fleisch und der Gemüsemischung verkneten.

4 Teig zwischen Folie ausrollen. Die Form fetten und so mit dem Teig auslegen, daß er über den Rand hängt. Den Hackteig in der Form verteilen. Überstehenden Teig über die Füllung schlagen und gut festdrücken. Mit einer Gabel mehrmals einstechen. Im vorgeheizten Backofen bei 200° (Gas: Stufe 3) 55 bis 60 Minuten backen. Aus der Form stürzen und warm oder kalt servieren. *Ergibt 16 Scheiben.*

PIKANTE KÄSETORTE

Zutaten für eine Springform
(26 cm ⌀)
150 g Mehl, 1 Eiweiß
160 g Sanella, 1/2 TL Salz
400 g Doppelrahm-Frischkäse
100 g Crème fraîche
250 g Magerquark, 1 Eigelb
1 Knoblauchzehe, Salz
2 Bund Petersilie, 1 Bund Dill
1 Bund Schnittlauch
1 Zwiebel, Salz, Pfeffer
250 g Pumpernickel
450 g Tomaten, 10 Scheiben Salami
12 gefüllte Oliven
3 Gewürzgurken (ca. 100 g)

1 Mehl, Eiweiß, 60 g Margarine, 1 EL Wasser und Salz zu einem glatten Teig verkneten. Mit den Händen zu einer Kugel formen, in Folie wickeln und 30 Minuten kalt stellen.

2 Teig ausrollen. Den Boden der Form damit auslegen und mit einer Gabel mehrmals einstechen. Im vorgeheizten Ofen bei 200° (Gas: Stufe 3) 10 Minuten backen. Auf einem Kuchengitter abkühlen lassen.

3 Die restliche Margarine schaumig rühren. Frischkäse, Crème fraîche, Quark und Eigelb zufügen. Knoblauchzehe mit Salz fein zerdrücken, Kräuter feinhacken (einige Petersilienblätter zum Garnieren zurückbehalten), die Zwiebel würfeln und dazugeben. Mit Salz und Pfeffer abschmecken und gut verrühren.

4 Pumpernickel zerkrümeln (am besten in der Küchenmaschine) und 1/3 davon auf den Tortenboden streuen. Käsemasse darauf verteilen und mit restlichem Pumpernickel bestreuen. Die Tomaten waschen, achteln und mit den restlichen Zutaten auf der Torte anordnen. 3 bis 4 Stunden kalt stellen. *Ergibt 10–12 Stücke.*

Eine Alliance von frischen Eiern und Luft

Der Schwung ist das Geheimnis des gelungenen Biskuits. Elan und Geschick bei der Führung des Schneebesens bringen Luft und Eier in jene innige Verbindung, der diese Spezialität ihre Stellung in der Zuckerbäckerei verdankt: ob als Boden der Obsttorte, ob gefüllt und gerollt – oder in Verbindung mit Möhren als eine saftige Schweizer Rueblitorte.

Erdbeer-Sahnetorte. Rezept auf Seite 124

SO GELINGT DER TEIG

Luftig, leicht und locker – so soll Biskuitgebäck sein. Bei der Teigzubereitung spielen deshalb Mehl und Fett auch nur eine Nebenrolle. Die Hauptakteure im Biskuit sind Eier und ganz viel Luft! Es geht also darum, möglichst viele Luftbläschen in die Masse hineinzuschlagen.

Am besten schlagen Sie Eigelb und Eiweiß separat auf, dann gerät das Gebäck später besonders locker. Nur wenn Sie den Biskuit in einer leistungsstarken Küchenmaschine zubereiten, brauchen Sie die Eier nicht zu trennen, sondern können sie mit Zucker in einem Arbeitsgang aufschlagen. Das Gebäck gerät dann etwas elastischer und weniger porös.

Ein EINFACHER BISKUIT ohne Fett, auch Dobos genannt, enthält nur vier Zutaten: 4 Eier der Gewichtsklasse 3, 125 g feiner Zucker, 75 g Mehl Type 405 und 50 g Speisestärke. Für die etwas gehaltvollere sogenannte WIENER MASSE benötigen Sie zusätzlich 50 g flüssiges Fett. Das Gebäck bleibt dadurch ein bis zwei Tage länger frisch und schmeckt saftiger. Um SCHOKOLADEN-BISKUIT zu erhalten, ersetzen Sie etwa ein Viertel des Mehls durch Kakaopulver, für NUSS-BISKUIT nehmen Sie fein gemahlene Nüsse anstelle eines Teils des Mehls. Sehr edel gerät das Gebäck, wenn Sie mit nur einem Eßlöffel Mehl und Stärkepuder auskommen und ansonsten nur Nüsse verarbeiten.

1 DOBOS, der Biskuit ohne Fett: Eiweiß in der Küchenmaschine steif schlagen. Nach und nach Zucker einrieseln lassen und weiterschlagen, bis der Eischnee fest und cremig geworden ist.

2 Das Eigelb zum Eischnee geben und ganz kurz untermischen. Nicht zu lange rühren, sonst verliert der Schnee an Lockerheit und die hineingeschlagene Luft entweicht. Der Biskuit würde dann beim Backen flach und zäh.

6 Die Margarine für den Biskuit in einem Topf erhitzen. Das Fett nur kurz abkühlen lassen und unter ständigem Schlagen in die Eicreme gießen. Fett und Ei-Zucker-Mischung verbinden sich dabei zu einer glatten Creme.

7 Eiweiß zu sehr steifem Schnee schlagen und auf die Eigelbmasse geben. Dabei können Sie eine Prise Salz zufügen.

3 Mehl und Stärkepuder auf die schaumige Eimasse sieben und mit einem Gummispatel locker unterheben. Auch bei diesem Arbeitsschritt nicht zu intensiv rühren, damit viel Luft in der Masse bleibt.

4 WIENER MASSE, ein Biskuit mit Fett: Eigelb und – pro Ei – 1 EL Wasser in eine Schüssel geben. Das Eigelb mit einem großen Schneebesen oder den Quirlen des Handrührers schlagen, bis ein cremiger Schaum entstanden ist.

5 Nach und nach feinen Zucker einrieseln lassen. Dabei so lange weiterschlagen, bis eine helle dickliche Masse entstanden ist.

8 Das Mehl mit dem Stärkepuder vermischen und auf den Eischnee sieben. Wer ganz sicher gehen möchte, daß der Teig auch wirklich locker gerät, gibt noch eine Prise Backpulver hinzu.

9 Mehl und Stärke mit einem Gummispatel locker unterheben. Sie können auch einen großen Schneebesen zum Unterheben benutzen. Wichtig ist, daß Sie nicht rühren, sondern gleichmäßig durch die Schichten fahren, bis Eischnee und Mehl verteilt sind.

10 Die Biskuitmasse auf ein vorbereitetes Backblech geben und mit einer Winkelpalette glatt verstreichen. Oder die Masse in eine vorbereitete Springform füllen. Den Rand der Form nicht fetten, sonst rutscht der Teig ab.

BISKUIT

GUTES WERKZEUG

■ Die luftig-leichte Struktur des Biskuits verlangt geradezu nach Füllungen und Umhüllungen. Kurz gesagt: Ein Biskuit ist die ideale Basis für eine Torte. Meisterhaft gerät so ein Prachtstück am besten mit gutem Handwerkszeug.

TORTENRING

■ Wer häufig Torten backt, sollte sich einen verstellbaren Ring aus Edelstahl oder Plastik besorgen. Legen Sie den Ring um den Biskuitboden, geben Sie die gewünschte Creme, Schlagsahne und weitere Böden hinein, streichen alles glatt und stellen die Torte kalt. Später lösen Sie die erstarrte Creme am Rand, nehmen den Ring ab und haben eine perfekt geformte Torte mit glattem Rand.

TORTENTEILER

■ Zum Einteilen einer Torte in gleich große Stücke benötigt man entweder gutes Augenmaß oder einen Einteiler aus Plastik oder Weißblech. Er hilft beim Dekorieren. Seine Plastikrippen zeigen, leicht auf die Sahne gedrückt, die richtige Einteilung für die Stücke und geben an, wo Sie Sahnetupfen plazieren können. Wichtig: Torten mit weicher Füllung sollten Sie in breitere Stücke schneiden.

TORTENSCHIEBER

■ Benutzen Sie ihn, damit beim Transport der geschnittenen Biskuitböden oder der fertigen Torte kein Malheur passiert. Solch eine Metall- oder Plastikscheibe gleitet leicht unter den Boden und hält die Torte beim Umsetzen stabil.

Die Biskuitmasse mit einer Winkelpalette gleichmäßig verstreichen.

BISKUITPLATTEN

■ Aufgewickelt können sie zu Rouladen, aufgestapelt zu Tortenschnitten werden. Mit einer Backzeit von nur 10 bis 12 Minuten sind sie ideal für schnelle Kuchen. Doch mancher meidet diese Rezepte, weil der flache Biskuit beim Füllen leicht bricht. Dagegen helfen zwei simple Tricks: Verstreichen Sie die Biskuitmasse möglichst gleichmäßig auf dem Blech. An dünnen Stellen gerät der Biskuit nämlich leicht zu fest und bricht. Und: Backen Sie ihn wirklich keine Sekunde zu lange. Tippen Sie am besten schon zwei, drei Minuten vor Ende der Garzeit mit dem Finger auf den Teig. Ist er nicht mehr klebrig, das Backblech herausnehmen. Dann hat der Biskuit nämlich noch genug Feuchtigkeit und Elastizität und läßt sich wunderbar rollen.

Praktische Backhelfer: Verstellbarer Tortenring aus Edelstahl (1), runder Metallschieber (2), Tortenteiler (3) und eine Winkelpalette (4).

ROLLEN-TRICKS

■ Damit die gebackene Biskuit-platte sich gut zur Roulade formen läßt, stürzt man sie auf ein gezuckertes Küchentuch und wickelt sie zum Abkühlen darin ein. Oder man nimmt statt des Tuchs ein großes Stück Backpapier. Benutzen Sie eine Papiersorte, die von beiden Seiten beschichtet ist, dann klebt nichts fest. Nach dem Abkühlen den Biskuit entrollen und mit der gewünschten Füllung bestreichen. Dabei bleibt das Papier unter dem Teig liegen! Man braucht es nur mit beiden Händen an einer Seite immer weiter anzuheben, dann formt sich die gefüllte Rolle von selbst.

Biskuitplatte mit der Papier-seite nach oben auf ein großes Stück Backpapier stürzen. Das obere Papier anfeuchten und abziehen. Die Teigplatte mitsamt dem sauberen (unteren) Backpapier fest aufrollen und abkühlen lassen.

EINFACHE ROLLE

■ Wollen Sie eine Biskuitroulade einfach nur mit Konfitüre füllen, muß der Biskuit vorher nicht abkühlen. Bestreichen Sie ruhig die heiße Teigplatte. Nach dem Aufrollen abkühlen lassen und recht bald servieren.

KEIN FESTKLEBEN

■ Weil Biskuit fettarm ist, klebt er leicht an der Form. Deshalb den Boden der Springform vorsichts-halber mit Backpapier auslegen. Und zwar so: Ein Stück Papier auf den herausgelösten Springform-boden legen, den Formrand daraufsetzen und schließen. So ist es fest eingeklemmt, und Sie können überstehende Papierränder ein-fach abreißen. Nach dem Backen den Tortenboden mit einem Messer am Rand lösen und den Form-rand abnehmen. Den Biskuit kurz abdampfen lassen, stürzen und das Papier abziehen. Achtung: Beim Biskuitteig den Rand der Springform nie fetten, sonst rutscht der Teig beim Backen an den Rändern leicht ab und der feine Biskuitboden bekommt eine gewölbte Mitte.

BÖDEN SCHNEIDEN

■ Ausgefuchste Tortenfans besitzen ein Messer mit langer schmaler Klinge. Denn damit läßt sich ein Biskuitboden problemlos gleichmäßig durchschneiden. Die Klinge muß mindestens 25 cm lang sein, damit sie quer durch den Boden reicht. Wer kein solches Messer besitzt, nimmt einen Zwirnsfaden, legt ihn in der gewünschten Höhe rund um den Boden und zieht die beiden Enden langsam gegeneinander. Der Faden schneidet den lockeren Teig zwar nicht ganz so glatt und krümelfrei wie ein scharfes Messer, aber die einzelnen Biskuitböden geraten doch sehr gleichmäßig.

Böden durchschneiden: mit einem Messer mit langer Klinge oder mit einem Zwirnsfaden.

LEICHTE TORTEN

■ Wer Torten mit wenig Teig schätzt, kann auf einen flachen Biskuitboden mehrere unterschiedliche Füllungen schichten. Verwenden Sie einen Tortenring und geben Sie gelatinegefestigte Frucht- oder Quarkfüllungen (Rezeptbeispiel Seite 216) hinein. Damit die einzelnen Schichten sich nicht mischen, muß jede Schicht fest werden, bevor die nächste daraufkommt.

So gelingen Torten mit mehreren Schichten: Jede Füllung erstarren lassen, dann die nächste einfüllen.

SAUERKIRSCHTORTE

Zutaten für eine Springform
(26 cm ⌀, 2,5 l Inhalt)
FÜR DEN TEIG:
30 g Sanella, 6 Eier
150 g Zucker
1 Päckchen Vanillezucker
225 g Mehl, 1 Msp. Backpulver
FÜR DIE FÜLLUNG:
8 Blatt weiße Gelatine
750 g Sauerkirschen
300 g Magerquark
3 EL Puderzucker
1 TL abgeriebene Zitronenschale
3 EL Zitronensaft
500 g Schlagsahne
50 g gehackte Mandeln

1 Margarine schmelzen und abkühlen lassen. Die Eier trennen. Eigelb mit dem Zucker und Vanillezucker dickschaumig schlagen. Margarine unterrühren. Eiweiß steif schlagen und auf die Eigelbcreme geben. Mehl und Backpulver darübersieben und unterheben.

2 Springform am Boden mit Backpapier auslegen. Biskuitmasse darin im vorgeheizten Backofen bei 200° (Gas: Stufe 3) ca. 25 Minuten backen. In der Form auskühlen lassen. Boden 2× durchschneiden.

3 Gelatine einweichen. Kirschen waschen, 12 davon beiseite legen. Den Rest entstielen und entsteinen.

Quark mit Puderzucker, Zitronenschale und -saft verrühren. Gelatine tropfnaß bei milder Hitze auflösen und darunterrühren. Sahne steif schlagen und unterheben.

4 Ca. 1/3 der Quarkcreme abnehmen, Rest mit den Kirschen verrühren. 2 Böden mit Kirschcreme bestreichen und aufeinandersetzen. Dritten Boden darauflegen. Torte mit restlicher Quarkcreme bestreichen, auf der Oberseite Wellen formen. Die restlichen Kirschen darauf verteilen.

5 Die Mandeln rösten, erkalten lassen und den Tortenrand damit bestreuen. *Ergibt 12 Stücke.*

ERDBEER-SAHNETORTE

Zutaten für eine Springform
(20 cm ⌀, 1 l Inhalt)
FÜR DEN TEIG:
40 g Sanella, 4 Eier
200 g Zucker
1 Päckchen Vanillezucker
1 Prise Salz, 100 g Mehl
100 g Speisestärke
1/2 TL Backpulver
FÜR DIE FÜLLUNG:
600 g Erdbeeren
600 g Schlagsahne
3 Päckchen Vanillezucker
2 Päckchen Sahnefestiger

1 Margarine schmelzen und abkühlen lassen. Die Eier trennen. Eigelb, 4 EL warmes Wasser, Zucker und Vanillezucker dickschaumig schlagen. Die Margarine unter die Eigelbcreme rühren. Eiweiß mit Salz steif schlagen und auf die Eicreme geben. Mehl, Speisestärke und Backpulver mischen, darübersieben und unterheben.

2 Springform mit Backpapier auslegen. Oberen Rand ca. 4 cm überstehen lassen. Biskuitmasse hinein-

füllen und im vorgeheizten Ofen bei 175° (Gas: Stufe 2) 50 Minuten backen. Boden 2× durchschneiden.

3 Die Erdbeeren waschen, putzen. Etwa 15 Früchte beiseite legen. 100 g Erdbeeren pürieren und auf 2 Böden verstreichen. Die restlichen Früchte halbieren. Die Sahne mit Vanillezucker und Sahnefestiger steif schlagen. Je 1/3 davon auf die mit Püree bestrichenen Böden geben. Halbierte Früchte darauf verteilen. Böden aufeinander setzen. Dritten Boden darauflegen.

4 5 EL Sahne in einen Spritzbeutel mit Lochtülle füllen. Torte mit der restlichen Sahne einstreichen. Einen Rosettenring auf den Rand spritzen. Die Torte mit Erdbeeren garnieren. 1 Stunde kalt stellen. *Ergibt 8 Stücke.*

OBSTTÖRTCHEN

Zutaten für 12 Tortelettförmchen
(à 10 cm ∅)
FÜR DEN TEIG:
50 g Sanella
4 Eier
125 g Zucker
1 Prise Salz
75 g Mehl
50 g Speisestärke
1 Prise Backpulver
Margarine zum Einfetten
Mehl zum Ausstreuen
FÜR DEN BELAG:
250 g rote Johannisbeeren
250 g Blaubeeren
250 g Himbeeren
200 g rotes Johannisbeergelee
1 EL Himbeergeist

1 Margarine in einem Topf schmelzen und etwas abkühlen lassen. Die Die Eier trennen. Das Eigelb und 4 EL warmes Wasser mit einem großen Schneebesen oder den Quirlen des Handrührgerätes dickschaumig schlagen. Nach und nach den Zucker einrieseln lassen und so lange weiterschlagen, bis eine helle Creme entstanden ist. Margarine langsam zur Eigelbcreme gießen und gut unterrühren.

2 Das Eiweiß mit Salz zu sehr steifem Schnee schlagen und auf die Eigelbcreme geben. Mehl, Stärke und Backpulver mischen, über den Eischnee sieben und alles mit einem Gummispatel locker unterheben.

3 Boden und Rand der Tortelettförmchen mit Margarine fetten und mit Mehl ausstreuen. Pro Förmchen ca. 2 EL Biskuitmasse hineinfüllen. Im vorgeheizten Backofen bei 200° (Gas: Stufe 3) 12 bis 15 Minuten

backen. Herausnehmen, ca. 3 Minuten stehen lassen, dann aus den Förmchen lösen. Auf einem Kuchengitter auskühlen lassen.

4 Für den Belag die Beeren verlesen, vorsichtig waschen und mit Küchenpapier trockentupfen. Das Gelee in einem kleinen Topf bei milder Hitze flüssig werden lassen. Den Himbeergeist unterrühren, dabei dürfen keine Bläschen entstehen, weil sie das Gelee stumpf und glanzlos machen.

5 Die Böden der Törtchen dünn mit etwas Gelee bestreichen, damit der Biskuitboden nicht durchweicht. Die Törtchen dicht mit den Früchten belegen. Restliches Gelee über die Früchte geben und ca. 30 Minuten kalt stellen.

HIMBEERSCHNITTEN

Zutaten für 12 Schnitten

FÜR DEN TEIG:

100 g Bitter-Schokolade

20 g Sanella

4 Eier

125 g Zucker

1 Prise Salz

100 g Mehl

50 g Speisestärke

1/2 TL Backpulver

FÜR DIE FÜLLUNG:

5 Blatt weiße Gelatine

500 g Himbeeren (evtl. TK-Beeren)

75–100 g Zucker

500 g Schlagsahne

75 g Bitter-Schokolade

1 Päckchen Vanillezucker

1 Die Schokolade und Margarine schmelzen und abkühlen lassen. Die Eier trennen. Eigelb, 4 EL Wasser und Zucker dickschaumig schlagen. Die Schokoladen-Mischung unterrühren. Eiweiß mit Salz steif schlagen und auf die Eigelbcreme geben. Mehl, Stärke und Backpulver darübersieben und unterheben.

2 Backblech mit Backpapier auslegen. Die Biskuitmasse daraufstreichen. Im vorgeheizten Backofen bei 200° (Gas: Stufe 3) ca. 20 Minuten backen. Biskuit stürzen und das Papier sofort abziehen. Boden auskühlen lassen und halbieren.

3 Die Gelatine einweichen. Frische Himbeeren verlesen, die gefrorenen Früchte auftauen lassen. Einige Himbeeren zum Garnieren beiseite legen, die anderen durch ein Sieb streichen und mit Zucker verrühren. Gelatine tropfnaß bei milder Hitze auflösen und Fruchtmark un-

terrühren. Das Himbeerpüree kalt stellen. 375 g Sahne steif schlagen. Sobald das Püree zu gelieren beginnt, Sahne unterheben.

4 Eine Biskuitplatte auf das Backblech legen. Die Längsseiten mit einem Streifen Alufolie begrenzen, so daß ein kleiner Rand hochsteht. Die Himbeersahne auf die Platte streichen. Zweite Biskuitplatte daraufleben. Das Backblech ca. 30 Minuten kalt stellen.

5 Die Schokolade im Wasserbad schmelzen, auf ein kaltes Marmorbrett streichen und etwas fest werden lassen. Nun mit einem Spachtel breite Schokoladenlocken zusammenschieben. Restliche Sahne und Vanillezucker steif schlagen und auf die Schnitten streichen. Die Stützen lösen. Biskuit in Stücke schneiden und mit Schokoladenlocken und den restlichen Himbeeren garnieren. *Ergibt 12 Schnitten.*

NOUGATTORTE

**Zutaten für eine Springform
(24 cm ∅, 2 l Inhalt)**

FÜR DEN TEIG:

50 g Sanella

75 g Nougatmasse

4 Eier

125 g Zucker

1 Prise Salz

75 g Mehl

50 g Speisestärke

1 TL Backpulver

Sanella zum Einfetten

FÜR DIE FÜLLUNG:

500 g Schlagsahne

2 Päckchen Sahnefestiger

1 EL Zucker

30 g gehackte Walnußkerne

Zum Garnieren:

125 g Nougatmasse

25 g Kokosfett

1 Margarine und Nougat schmelzen und abkühlen lassen. Die Eier trennen. Eigelb, 4 EL Wasser und Zucker dickschaumig schlagen. Die Nougat-Mischung unterrühren. Eiweiß mit Salz steif schlagen und auf die Eigelbcreme geben. Mehl, Stärke und Backpulver darübersieben und unterheben.

2 Die Biskuitmasse in eine nur am Boden gefettete Form füllen. Im vorgeheizten Backofen bei 175° (Gas: Stufe 2) 30 bis 40 Minuten backen. Boden 1× durchschneiden.

3 Sahne, Sahnefestiger und Zucker steif schlagen. Nüsse unterheben. Torte mit Nußsahne füllen.

4 Nougat und Kokosfett schmelzen und gut verrühren. 2/3 davon über die Torte streichen. Rest in einen Gefrierbeutel geben, Ecke abschneiden und gitterförmig darüberspritzen. *Ergibt 12 Stücke.*

WALNUSSTORTE

**Zutaten für eine Springform
(24 cm ∅, 2 l Inhalt)**

FÜR DEN TEIG:

5 Eier

225 g Puderzucker

50 g gemahlene Walnußkerne

50 g Mehl

40 g Speisestärke

1 TL Backpulver

Sanella zum Einfetten

FÜR DIE FÜLLUNG:

2 Blatt weiße Gelatine

375 g Schlagsahne

50 g Zucker

50 g gemahlene Walnußkerne

FÜR DIE GARNITUR:

200 g Puderzucker

3 EL Kakao

25 g Kokosfett

32 Walnußhälften

4 EL Raspelschokolade

1 Eier trennen. Eigelb, 2 EL Wasser und den Puderzucker dickschaumig schlagen. Eiweiß steif schlagen und auf die Eigelbcreme geben. Nüsse, Mehl, Stärke und das Backpulver mischen und alles unterheben.

2 Den Boden der Springform fetten, Biskuitmasse einfüllen. Im vorgeheizten Backofen bei 175° (Gas: Stufe 2) ca. 50 Minuten backen. Den Boden 2× durchschneiden.

3 Gelatine einweichen. Sahne steif schlagen. Zucker und Nüsse unterheben. Gelatine auflösen, unterheben. Torte mit 2/3 der Sahne füllen. Mit restlicher Sahne bestreichen.

4 Puderzucker, Kakao und 5 EL heißes Wasser verrühren. Das Kokosfett schmelzen und unterrühren. Guß über den Rand geben. Mit Walnußhälften und Raspelschokolade garnieren. *Ergibt 12 Stücke.*

APRIKOSENTORTE

Zutaten für eine Springform
(26 cm ⌀, 2,5 l Inhalt)

FÜR DEN TEIG:

75 g Sanella

6 Eier, 200 g Zucker

1 Prise Salz, 100 g Mehl

75 g Speisestärke

1 TL Backpulver

FÜR DIE FÜLLUNG:

200 g Marzipan-Rohmasse

175 g Aprikosenkonfitüre

FÜR DIE GARNITUR:

4 Blatt weiße Gelatine

1 Dose Aprikosenhälften

(abgetropft 480 g)

125 g Schlagsahne

3 EL Zucker

50 g Mandelblättchen

etwas Weißwein

1 Päckchen klarer Tortenguß

1 Die Margarine schmelzen und abkühlen lassen. Eier trennen. Eigelb, 6 EL Wasser und den Zucker dickschaumig schlagen. Margarine unterrühren. Das Eiweiß mit Salz steif schlagen und auf die Eigelbcreme geben. Mehl, Speisestärke und das Backpulver darübersieben und unterheben.

2 Biskuitmasse in eine am Boden mit Backpapier ausgelegte Springform geben. Im vorgeheizten Backofen bei 175° (Gas: Stufe 2) 30 bis 40 Minuten backen. Papier entfernen. Boden 3× durchschneiden.

3 Marzipan-Rohmasse und Konfitüre verkneten. Böden damit bestreichen und aufeinandersetzen. Den letzten Boden als Deckel drauflegen.

4 G... einweichen. Aprikosen ab... lassen, den Saft dabei auffangen. Hälfte der Früchte pürieren. Gelatine tropfnaß bei milder Hitze auflösen und unter das Püree rühren. Püree auf die Tortenoberfläche streichen und erstarren lassen.

5 Die restlichen Früchte in Spalten schneiden. Sahne mit 1 EL Zucker steif schlagen. Den Tortenrand mit Sahne einstreichen und mit Mandelblättchen bestreuen. Die Aprikosenspalten auf die Torte legen. Fruchtsaft mit Wein auf 1/4 l Flüssigkeit auffüllen. Mit dem restlichem Zucker und Tortengußpulver unter Rühren aufkochen. Den Guß über die Früchte geben und erstarren lassen. *Ergibt 12 Stücke.*

RUEBLITORTE

Zutaten für eine Springform
(26 cm ⌀, 2,5 l Inhalt)
FÜR DEN TEIG:
5 Eier, 250 g Zucker
1 TL abgeriebene Zitronenschale
3 EL Zitronensaft
250 g gemahlene Mandeln
250 g geriebene Möhren
80 g Mehl, 3 TL Backpulver
Sanella zum Einfetten
Mehl zum Ausstreuen
FÜR DIE GARNITUR:
200 g Puderzucker
4 EL Zitronensaft oder
2 EL Kirschwasser
4 EL Mandelblättchen
16 Marzipanmöhren

1 Die Eier trennen. Eigelb, Zucker, Zitronenschale und -saft dickschaumig schlagen. Nun Mandeln, Möhren, Mehl und Backpulver mischen und langsam dazugeben. Eiweiß steif schlagen und unterheben.

2 Die Biskuitmasse in eine gefettete und mit Mehl ausgestreute Springform füllen. Im vorgeheizten Backofen bei 175° (Gas: Stufe 2) 50 bis 60 Minuten backen. Torte aus der Form stürzen und auskühlen lassen.

3 Puderzucker, Zitronensaft oder Kirschwasser und 1–2 EL Wasser zu einem Guß verrühren. Torte damit überziehen. Mandeln in einer trockenen Pfanne goldbraun rösten. Tortenrand damit bestreuen. Tortenoberfläche mit Marzipanmöhren garnieren. *Ergibt 16 Stücke*.

MANDELRINGE

Zutaten für 6 Ringförmchen
(à 175 ml Inhalt)
6 Eier, 375 g Zucker
1 TL abgeriebene Zitronenschale
150 g gemahlene Mandeln
50 g Mehl, Sanella zum Einfetten
3 EL Mandelblättchen
8 EL Rum oder Mandellikör
9 frische Feigen zum Belegen

1 Die Eier trennen. Das Eigelb und 175 g Zucker dickschaumig schlagen. Zitronenschale zufügen und unterrühren. Das Eiweiß zu steifem Schnee schlagen und auf die Eigelbcreme geben. Gemahlene Mandeln daraufstreuen und das Mehl darübersieben. Alles vorsichtig mit einem Gummispatel unterheben.

2 Zum Backen 6 kleine Ring- oder Savarinförmchen gut mit Margarine einfetten, und die Mandelblättchen in den Förmchen verteilen. Mandel-Biskuitmasse hineingeben.

3 Im vorgeheizten Ofen bei 175° (Gas: Stufe 2) ca. 35 Minuten backen. Förmchen aus dem Ofen nehmen, auf ein Kuchengitter stürzen und auskühlen lassen.

4 Inzwischen den restlichen Zucker mit 1/8 l Wasser aufkochen und erkalten lassen. Rum oder Mandellikör dazugießen. Mandelringe auf eine tiefe Platte legen. Zuckerlösung eßlöffelweise darüberträufeln, bis die Flüssigkeit verbraucht ist. Etwas durchziehen lassen.

5 Feigen waschen und in Sechstel schneiden. Die Mandelringe mit den Früchten belegen und servieren.

HEIDELBEERTORTE

Zutaten für eine Springform
(24 cm ⌀, 2 l Inhalt)
FÜR DEN TEIG:
30 g Sanella, 2 Eier
75 g Zucker, 1 Prise Salz
80 g Mehl, 1 TL Backpulver
FÜR DIE FÜLLUNG:
10 Blatt weiße Gelatine
750 g Heidelbeeren (evtl. TK-Beeren)
1 kg Quark (40 % Fett)
2 EL Puderzucker
2 Päckchen Vanillezucker
1 TL abgeriebene Zitronenschale

1 Die Margarine schmelzen und abkühlen lassen. Eier trennen. Eigelb und 1 EL warmes Wasser schaumig schlagen. Den Zucker langsam einstreuen und alles dickschaumig aufschlagen. Die Margarine unterrühren. Eiweiß mit Salz steif schlagen und auf die Eigelbcreme geben. Das Mehl und Backpulver darübersieben und unterheben.

2 Biskuitmasse in eine am Boden mit Backpapier ausgelegte Springform geben. Im vorgeheizten Ofen bei 200° (Gas: Stufe 3) ca. 15 Minuten backen. Papier abziehen, Boden einmal durchschneiden.

3 Die Gelatine einweichen. Heidelbeeren waschen, die TK-Beeren auftauen lassen. 4 EL Heidelbeeren beiseite legen. Quark mit Puderzucker, Vanillezucker und Zitronenschale verrühren und in 2 Portionen teilen. Hälfte der Gelatine tropfnaß bei milder Hitze auflösen und mit den restlichen Früchten unter eine Portion Quark rühren. Springformrand um den Tortenboden legen. Heidelbeerquark daraufstreichen. Zweiten Boden darauflegen. Etwa 30 Minuten kalt stellen.

4 Die restliche Gelatine auflösen und unter den Quark rühren. Die Torte rundherum damit einstreichen. Rand mit einem Tortenkamm verzieren. Oberfläche wellig formen. Restliche Früchte darauf verteilen. *Ergibt 12 Stücke.*

TROPICAL-TORTE

Zutaten für eine Springform
(24 cm ⌀, 2 l Inhalt)
FÜR DEN TEIG:
4 Eier, 125 g Zucker
70 g Mehl, 1/2 TL Backpulver
40 g Kokosraspel
50 g Speisestärke
FÜR DIE FÜLLUNG:
3 Blatt weiße Gelatine
30 g Sanella
500 g Bananen
5 EL Zucker, 3 EL Zitronensaft
evtl. 4 EL Bananenlikör
500 g Schlagsahne
100 g frische Kokosnuß
1 Mango, 1 Kiwi
1/4 l Maracujasaft
1/2 Päckchen klarer Tortenguß

1 Eier trennen. Eigelb, 4 EL Wasser und Zucker dickschaumig schlagen. Eiweiß steif schlagen, auf die Eigelbcreme geben. Mehl, Backpulver, Kokosraspel und Stärke daraufgeben und unterheben.
2 Biskuitmasse in eine mit Backpapier ausgelegte Springform geben. Im vorgeheizten Backofen bei 200° (Gas: Stufe 3) 30 bis 35 Minuten backen. Boden einmal durchschneiden.
3 Gelatine einweichen. Margarine erhitzen. Die Bananen schälen, in Scheiben schneiden und goldgelb braten. Herausnehmen. 3 EL Zucker karamelisieren. Mit 3 EL Wasser, 2 EL Zitronensaft und Likör ablöschen. Gelatine darin auflösen. Bananen zugeben und kalt stellen.
4 Die Sahne steif schlagen. Sobald die Bananencreme zu gelieren beginnt, Hälfte der Sahne unterheben. Torte damit füllen und mit restlicher Sahne bestreichen.
5 Kokosnuß mit einem Sparschäler in Streifen schneiden. Tortenrand damit bestreuen. Früchte schälen. Kiwi in Scheiben, Mango in Spalten schneiden. Die Torte damit belegen. Maracuja-, restlichen Zitronensaft, Zucker und Tortenguß verrühren, aufkochen und über die Früchte geben. *Ergibt 12 Stücke.*

ZITRONENOMELETT

Zutaten für 8 Stück
FÜR DEN TEIG:
4 Eier, 125 g Zucker
1 Prise Salz, 75 g Mehl
1 Prise Backpulver
Zucker für die Arbeitsfläche
FÜR DIE FÜLLUNG:
6 Blatt weiße Gelatine
3 Eigelb, 50 g Puderzucker
1/8 l trockener Weißwein
1 TL abgeriebene Zitronenschale
6 EL Zitronensaft
375 g Schlagsahne
Puderzucker zum Bestäuben

1 Die Eier trennen. Das Eigelb und 4 EL Wasser mit 40 g Zucker dickschaumig schlagen. Eiweiß, restlichen Zucker und Salz steif schlagen. Eischnee auf die Eigelbcreme geben. Das Mehl mit Backpulver mischen, darübersieben und unterheben.
2 Backblech mit Backpapier auslegen. 8 Kreise mit 12 cm ⌀ im Abstand von 2 cm daraufzeichnen. Die Biskuitmasse in einen Spritzbeutel mit Lochtülle geben und die Kreise spiralförmig ausspritzen. Im vorgeheizten Backofen bei 175° (Gas: Stufe 2) ca. 12 Minuten backen.
3 Die Omeletts auf eine mit Zucker bestreute Arbeitsfläche stürzen. Das Papier mit Wasser bestreichen und abziehen. Die Omeletts noch warm überklappen. Auskühlen lassen.
4 Die Gelatine einweichen. Eigelb, Puderzucker, Wein, Zitronenschale und -saft verrühren. Im heißen Wasserbad mit den Schneebesen des Handrührers nun dickschaumig aufschlagen. Gelatine ausdrücken und in der Creme auflösen. Kalt stellen.
5 Die Sahne steif schlagen. Sobald die Creme fest zu werden beginnt, Sahne unterheben. Die Omeletts mit Zitronencreme füllen und mit Puderzucker bestäuben.

FRANKFURTER KRANZ

Zutaten für eine Kranzform
(26 cm ∅, 2 l Inhalt)
FÜR DEN TEIG:
4 Eier
125 g Zucker
125 g Mehl
75 g Speisestärke
1 TL Backpulver
50 g Sanella
3 Scheiben Zwieback
Sanella zum Einfetten
FÜR DIE FÜLLUNG:
1 Päckchen Vanille-Puddingpulver
1/2 l Milch
2 Eigelb
1 Vanilleschote
4 EL Zucker
1 Prise Salz
200 g Sanella
150 g Krokant zum Bestreuen

1 Die Eier trennen. Das Eigelb und 4 EL lauwarmes Wasser schaumig schlagen. Zucker einrieseln lassen und so lange weiterschlagen, bis eine dickschaumige Masse entstanden ist. Eiweiß steif schlagen und auf die Eigelbcreme geben. Mehl mit Stärke und Backpulver mischen, darübersieben und alles unterheben. Margarine zerlassen, abkühlen lassen und vorsichtig unterziehen.

2 Den Zwieback zerbröseln. Eine Kranzform einfetten und mit den Zwiebackbröseln ausstreuen. Biskuitmasse hineinfüllen und im vorgeheizten Backofen bei 175–200° (Gas: Stufe 2–3) 35 bis 40 Minuten backen. Kranz aus dem Ofen nehmen und 10 Minuten ruhen lassen. Auf ein Kuchengitter stürzen und auskühlen lassen. Den Biskuit zweimal waagerecht durchschneiden.

3 Puddingpulver, 4 EL Milch und Eigelb mit einem Schneebesen verrühren. Vanilleschote aufschneiden und das Mark herauskratzen. Die restliche Milch mit Zucker, Salz, Vanillemark und -schote aufkochen. Das Puddingpulver einrühren und nochmals aufkochen lassen. Vom Herd nehmen. Vanilleschote herausnehmen. Pudding erkalten lassen, dann durch ein Sieb streichen oder mit dem Pürierstab kurz aufschlagen.

4 Die Margarine schaumig schlagen. Pudding eßlöffelweise darunterrühren. Ca. 1/3 der Vanillecreme auf den unteren Biskuitring streichen. Mittleren Ring daraufsetzen. Mit dem zweiten Drittel der Creme bestreichen und den oberen Ring darauflegen. Kranz mit restlicher Vanillecreme rundherum bestreichen. Die Creme mit einem Papierstreifen glätten. Den Frankfurter Kranz mit Krokant bestreuen (siehe Seite 223). *Ergibt 16 Stücke.*

HEIDJER TORTE

Zutaten für eine Springform
(26 cm ⌀, 2,5 l Inhalt)

FÜR DEN TEIG:
50 g Sanella
4 Eier, 175 g Zucker
1 Prise Salz
3 EL Kakao
150 g Buchweizenmehl
3 TL Backpulver

FÜR DIE FÜLLUNG:
5 Blatt weiße Gelatine
350 g Preiselbeerkompott
375 g Schlagsahne
2 Päckchen Vanillezucker

FÜR DIE GARNITUR:
375 g Schlagsahne
2 EL Zucker
1 Päckchen Sahnefestiger
3 EL Mandelblättchen
150 g Halbbitter-Kuvertüre
150 g Preiselbeerkompott

1 Die Margarine schmelzen und abkühlen lassen. Eier trennen. Eigelb, 4 EL warmes Wasser und Zucker dickschaumig schlagen. Margarine, Salz und Kakao unterrühren. Das Eiweiß zu steifem Schnee schlagen und auf die Eigelbcreme geben. Buchweizenmehl und Backpulver mischen, über den Eischnee sieben und unterheben.

2 Biskuitmasse in eine am Boden mit Backpapier ausgelegte Springform füllen. Im vorgeheizten Backofen bei 175° (Gas: Stufe 2) 30 bis 40 Minuten backen. Herausnehmen, abkühlen lassen und dann zweimal durchschneiden.

3 Die Gelatine in kaltem Wasser einweichen. Das Preiselbeerkompott verrühren. Die Gelatine tropfnaß bei milder Hitze auflösen und unter das Kompott rühren. Kalt stellen. Sahne und Vanillezucker steif schlagen. Sobald das Preiselbeer-

kompott zu gelieren beginnt, die Sahne unterheben. Die Torte damit füllen, kalt stellen und einen Tag durchziehen lassen.

4 Sahne, Zucker und Sahnefestiger steif schlagen. 1/3 davon in einen Spritzbeutel mit Sterntülle geben. Den Rand und die Oberfläche der Torte mit der restlichen Sahne einstreichen. Sahnekringel auf die Torte spritzen.

5 Mandelblättchen in einer Pfanne ohne Fett goldbraun rösten und erkalten lassen. Kuvertüre schmelzen und in einen Gefrierbeutel füllen. Eine kleine Ecke davon abschneiden und den Tortenrand damit garnieren. Die Mandelblättchen an den Rand streuen. Preiselbeerkompott in kleinen Häufchen auf der Tortenoberfläche verteilen.
Ergibt 16 Stücke.

MOHRENKÖPFE

**Zutaten für 18 Mohrenkopfschalen
(à 6,5 cm ⌀, 50 ml Inhalt)**

FÜR DEN TEIG:

150 g Sanella

3 Eier, 150 g Zucker

1/2 Päckchen Vanillezucker

1 Prise Salz, 150 g Mehl

2 EL Kakao, 1 1/2 TL Backpulver

2 EL Schokoladenraspel

Sanella zum Einfetten

Mehl zum Ausstreuen

FÜR DEN GUSS:

150 g Aprikosenkonfitüre

1 EL Aprikosenlikör, 1–2 EL Zucker

100 g Bitter-Schokolade

40 g Sanella

evtl. 1 EL Kakao zum Bestäuben

1 Die Margarine schmelzen und abkühlen lassen. Eier trennen. Eigelb, 3 EL warmes Wasser, Zucker und Vanillezucker dickschaumig schlagen. Margarine unterrühren. Eiweiß mit Salz steif schlagen und auf die Eigelbcreme geben. Mehl, Kakao und Backpulver mischen und über den Eischnee sieben. Die Schokoraspel darüberstreuen und alles locker unterheben.

2 Mohrenkopfschalen fetten und mit Mehl ausstreuen. Je 1 EL Teig in die Schalen geben. Im vorgeheizten Backofen bei 175° (Gas: Stufe 2) ca. 20 Minuten backen.

3 Die Aprikosenkonfitüre erwärmen, durch ein Sieb streichen und mit dem Aprikosenlikör verrühren. Die Mohrenköpfe aus den Schalen stürzen und die runde Seite mit Konfitüre bestreichen. Auf einem Kuchengitter auskühlen lassen.

4 Zucker, 2 EL Wasser und Bitter-Schokolade bei milder Hitze schmelzen. Margarine zugeben und ebenfalls darin schmelzen lassen. Den Schokoladenguß unter Rühren abkühlen lassen, bis tiefe Rührspuren sichtbar bleiben. Runde Seite der Mohrenköpfe mit Schokoladenguß überziehen und gut trocknen lassen. Nach Belieben mit Kakao bestäuben.

SCHOKO-ORANGEN-ROLLE

Zutaten für 16 Scheiben
FÜR DEN TEIG:
4 Eier, 125 g Zucker, 1 Prise Salz
1 Päckchen Vanillezucker
je 50 g Mehl und Speisestärke
1 TL Backpulver, 2 EL Kakao
Zucker zum Bestreuen
FÜR DIE FÜLLUNG:
1 Päckchen Vanille-Puddingpulver
1/2 l Milch, 2 Eigelb
50 g Zucker
1–2 TL abgeriebene Orangenschale
200 g Sanella
4 EL Raspelschokolade

1 Die Eier trennen. Das Eigelb mit 4 EL Wasser, dem Zucker und Vanillezucker dickschaumig schlagen. Eiweiß steif schlagen, daraufgeben.

Mehl, Stärke, Backpulver und Kakao darübersieben, dann unterheben.
2 Biskuitmasse auf ein mit Backpapier ausgelegtes Backblech streichen. Bei 200° (Gas: Stufe 3) 10 bis 12 Minuten backen. Auf ein mit Zucker bestreutes Tuch stürzen. Papier abziehen. Biskuit mit dem Tuch aufrollen. Auskühlen lassen.
3 Das Puddingpulver, etwas Milch und Eigelb verrühren. Die restliche Milch, Zucker und Orangenschale aufkochen. Puddingpulver einrühren, aufkochen, erkalten lassen.
4 Margarine schaumig schlagen. Pudding unterrühren. Rolle aus dem Tuch nehmen, mit 2/3 der Creme füllen, wieder aufrollen und mit der restlichen Creme einstreichen. Schokolade darüberstreuen.

WEINCREME-ROULADE

Zutaten für 16 Scheiben
FÜR DEN TEIG:
4 Eier
125 g Zucker, 1 Prise Salz
1 Päckchen Vanillezucker
75 g Mehl
50 g Speisestärke
1 Msp. Backpulver
Zucker zum Bestreuen
FÜR DIE FÜLLUNG:
6 Blatt weiße Gelatine
75 g Zucker
1/4 l Weißwein
1/2 TL abgeriebene Zitronenschale
3 EL Zitronensaft
250 g Schlagsahne
FÜR DIE GARNITUR:
16 Weintrauben
1 EL Puderzucker

1 Die Eier trennen. Das Eigelb mit 4 EL Wasser, dem Zucker, Salz und Vanillezucker dickschaumig schla-

gen. Das Eiweiß steif schlagen und daraufgeben. Mehl, Stärke und das Backpulver darübersieben und alles unterheben.
2 Biskuitmasse auf ein mit Backpapier ausgelegtes Blech streichen. Im vorgeheizten Backofen bei 200° (Gas: Stufe 3) 10 bis 12 Minuten backen. Auf ein mit Zucker bestreutes Tuch stürzen. Papier abziehen. Biskuit mit dem Tuch aufrollen und auskühlen lassen.
3 Gelatine einweichen. 3 EL Wasser, Zucker, Wein, Zitronenschale und -saft aufkochen. Gelatine ausdrücken, darin auflösen und kalt stellen. Sahne steif schlagen. Sobald die Creme zu gelieren beginnt, die Sahne unterheben.
4 Biskuit aus dem Tuch nehmen, mit Creme füllen, wieder aufrollen und kalt stellen. Trauben waschen. Rolle mit Puderzucker bestäuben, in Scheiben schneiden und mit den Trauben garnieren.

MANDEL-SAHNESCHNITTEN

Zutaten für 16 Scheiben
4 Eier, 150 g Puderzucker
1 Päckchen Vanillezucker
1 1/2 TL abgeriebene Orangenschale
je 40 g Mehl und Speisestärke
1 TL Backpulver
Zucker zum Bestreuen
FÜR DIE FÜLLUNG:
6 Blatt weiße Gelatine
Mark von 1/2 Vanilleschote
1/4 l Milch, 50 g Zucker
1 Päckchen Vanillezucker
2 Tropfen Bittermandel-Backöl
40 g gehackte Mandeln, 4 EL Rum
125 g Schlagsahne
4 EL Himbeerkonfitüre
FÜR DIE GARNITUR:
140 g Zucker, 70 g Mandelblättchen
Öl zum Bestreichen
500 g Schlagsahne

1 Die Eier trennen. Das Eigelb mit 4 EL Wasser, dem Puderzucker, Vanillezucker und der Orangenschale dickschaumig schlagen. Eiweiß steif schlagen und auf die Eigelbcreme geben. Mehl, Stärke und Backpulver darübersieben und unterheben.

2 Biskuitmasse auf ein mit Backpapier ausgelegtes Backblech streichen. Im vorgeheizten Backofen bei 200–225° (Gas: Stufe 3–4) 10 bis 12 Minuten backen. Auf ein mit Zucker bestreutes Geschirrtuch stürzen. Papier abziehen. Biskuit auskühlen lassen und in 3 gleich breite Streifen schneiden.

3 Die Gelatine einweichen. Vanillemark, Milch, Zucker, Vanillezucker, Backöl und gehackte Mandeln auf-

kochen. Gelatine ausdrücken und darin auflösen. Rum unterrühren, die Creme kalt stellen. Sahne steif schlagen. Sobald die Creme zu gelieren beginnt, Sahne unterheben. Biskuit mit Konfitüre bestreichen. Creme daraufgeben, Streifen aufeinander setzen und kalt stellen.

4 40 g Zucker für den Krokant karamelisieren lassen. Die Mandelblättchen darunterrühren. Auf einem geölten Teller verstreichen, erstarren lassen und in Stücke brechen.

5 Die Sahne mit restlichem Zucker steif schlagen. Die Hälfte in einen Spritzbeutel mit Lochtülle geben. Biskuitstreifen mit restlicher Sahne einstreichen. Oberfläche mit Sahne verzieren. Krokant darüberstreuen.

MOKKA-CHARLOTTE

Zutaten für eine Charlotteform
oder feuerfeste Schüssel
(20 cm ⌀, 1 l Inhalt)
FÜR DEN TEIG:
2 Eier, 125 g Zucker
1 Prise Salz
125 g Mehl
50 g Speisestärke
2 EL Zwiebackbrösel
1/2 TL Backpulver
FÜR DIE FÜLLUNG:
5 Blatt weiße Gelatine
4 Eier, 100 g Zucker
1 Päckchen Vanillezucker
1 Prise Salz, 2 TL Kakao
4 EL Instantkaffee
250 g Schlagsahne
FÜR DIE GARNITUR:
50 g Bitter-Kuvertüre
250 g Schlagsahne
1 TL Kakao

1 Die Eier trennen. Das Eigelb mit 1 EL warmem Wasser und dem Zukker dickschaumig schlagen. Das Eiweiß mit Salz steif schlagen und auf die Eigelbcreme geben. Mehl mit Stärke, Zwiebackbrösel und Backpulver mischen, darübersieben und zusammen mit der Eischneemasse unterheben.

2 Die Biskuitmasse in einen Spritzbeutel mit Lochtülle füllen. Ein Backblech mit Backpapier auslegen. Darauf fingerlange Löffelbiskuits spritzen. Im vorgeheizten Backofen bei 200–225° (Gas: Stufe 3–4) 8 bis 10 Minuten backen. Sofort vom Papier lösen und auskühlen lassen.

3 Gelatine einweichen. Eier trennen. Eigelb, Zucker, Vanillezucker, Salz und Kakao cremig schlagen. Instantkaffee mit 4 EL Wasser erhitzen. Gelatine ausdrücken und darin auflösen. Alles unter die Creme rühren und kalt stellen. Die Sahne steif

schlagen. Sobald die Creme zu gelieren beginnt, Sahne unterheben.
4 3 Biskuits halbieren und den Boden der Form sternförmig damit auslegen. Etwas Creme daraufstreichen. Den Rand der Form mit Löffelbiskuits belegen. Die Biskuits mit dem unteren Ende in die Creme stecken. Die restliche Creme hineinfüllen. Die Charlotte mindestens 2 Stunden kalt stellen.
5 Kuvertüre schmelzen und auf ein kaltes Marmorbrett streichen. Etwas fest werden lassen und mit einem Spatel breite Schokoladenlocken zusammenschieben. Die Charlotte stürzen. Die Sahne steif schlagen und in einen Spritzbeutel mit Sterntülle füllen. Die Charlotte mit Sahne und Schokolocken garnieren. Zum Schluß Kakao darüberstäuben.
Ergibt 12 Stücke.

INGWERSAHNE-TÖRTCHEN

Zutaten für 12 Stück

FÜR DEN TEIG:

50 g Sanella

4 Eier

125 g Puderzucker

1 Prise Salz

50 g Mehl

50 g Speisestärke

2 EL Kakao

1 TL Backpulver

Zucker zum Bestreuen

FÜR DIE FÜLLUNG:

100 g eingelegter Ingwer

(aus dem Glas)

375 g Schlagsahne

1 EL Zucker

200 g dunkle Schokoladenfettglasur

1 Die Margarine schmelzen und abkühlen lassen. Eier trennen. Eigelb, 3 EL warmes Wasser und Puderzucker dickschaumig schlagen. Margarine langsam unterrühren. Das Eiweiß mit Salz steif schlagen und auf die Eigelbcreme geben. Mehl mit Stärke, Kakao und Backpulver mischen und über den Eischnee sieben. Mit einem Spatel alles locker unterheben.

2 Biskuitmasse auf ein mit Backpapier ausgelegtes Backblech streichen. Im vorgeheizten Backofen bei 200° (Gas: Stufe 3) ca. 12 bis 15 Minuten backen. Biskuitböden auskühlen lassen. Mit einer Ausstechform 24 kleine Törtchenböden von etwa 6 cm Ø ausstechen.

3 Den eingelegten Ingwer auf einem Sieb abtropfen lassen, den Saft dabei auffangen. 50 g Ingwer sehr fein hacken und mit 1 EL aufgefangenem Saft verrühren. Sahne und

Zucker steif schlagen und den feingehackten Ingwer unterheben. Nun 12 Törtchenböden mit der Ingwersahne bestreichen und die restlichen Böden daraufsetzen.

4 Den restlichen Ingwer in dünne Scheiben schneiden. Schokoladenglasur im heißen Wasserbad schmelzen lassen. Gefüllte Törtchen damit überziehen. Ingwerscheiben darauf verteilen. Auf einem Kuchengitter trocknen lassen.

Mini-Tortenböden mit einer Drehbewegung ausstechen. Nur leicht aufdrücken.

KARTOFFELTORTE MIT HASELNÜSSEN

Zutaten für eine Springform
(26 cm ⌀, 2,5 l Inhalt)
FÜR DEN TEIG:
375 g kleine Kartoffeln
4 Eier
300 g Zucker
1 Päckchen Vanillezucker
1 Prise Salz
100 g gemahlene Haselnußkerne
150 g Grieß
1 TL Backpulver
Sanella zum Einfetten
Mehl zum Ausstreuen
FÜR DIE GARNITUR:
100 g Halbbitter-Kuvertüre
100 g Weiße-Kuvertüre
50 g Haselnußkerne

1 Kartoffeln waschen, ca. 20 Minuten kochen, abgießen, abdämpfen und die Schale abziehen. Kartoffeln auskühlen lassen, dann auf einer Küchenreibe grob raspeln.
2 Eier trennen. Eigelb, Zucker, Vanillezucker und Salz dickschaumig schlagen. Kartoffeln dazugeben und ca. 5 Minuten rühren. Die Haselnußkerne mit Grieß und Backpulver mischen und nach und nach zugeben. Eiweiß steif schlagen und locker unter den Kartoffelteig heben.

3 Die Biskuitmasse in eine nur am Boden gefettete und mit Mehl ausgestreute Springform füllen. Im vorgeheizten Backofen bei 175–200° (Gas: Stufe 2–3) 50 bis 60 Minuten backen. Torte aus der Form stürzen und auf einem Kuchengitter auskühlen lassen.
4 Halbbitter- und Weiße-Kuvertüre getrennt im heißen Wasserbad schmelzen lassen. Die Kartoffeltorte damit marmoriert überziehen. Haselnußkerne grob hacken und zum Schluß über die Torte streuen. Die Kuvertüre trocknen lassen.
Ergibt 16 Stücke.

SCHOKO-ORANGEN-TÖRTCHEN

Zutaten für 10 Souffléförmchen
(ca. 7 cm ⌀, à 150 ml Inhalt)
FÜR DEN TEIG:
4 Eier, 125 g Zucker, 1 Prise Salz
1 Päckchen Vanillezucker
je 50 g Mehl und Speisestärke
3 EL Kakao, Sanella zum Einfetten
Mehl zum Ausstreuen
FÜR DIE FÜLLUNG:
1 Päckchen Vanille-Puddingpulver
1/2 l Milch, 1 Eigelb, 2 EL Zucker
2 TL abgeriebene Orangenschale
200 g Sanella, 3 EL Orangenlikör
kandierte Früchte zum Garnieren
1 EL grob gehackte Walnußkerne

1 Eier trennen. Eigelb, 2 EL warmes Wasser, Zucker, Salz und Vanillezucker dickschaumig schlagen. Eiweiß steif schlagen und auf die Eigelbcreme geben. Mehl, Stärke und Kakao mischen, über den Eischnee sieben. Alles unterheben.
2 Boden der Souffléförmchen fetten und mit Mehl ausstreuen. Die Biskuitmasse auf Förmchen verteilen. Im vorgeheizten Backofen bei 200° (Gas: Stufe 3) 15 bis 20 Minuten backen. Vom Rand lösen, aus den Souffléförmchen stürzen und auskühlen lassen.

3 Puddingpulver mit 3 EL Milch und dem Eigelb verrühren. Restliche Milch, Zucker und Orangenschale aufkochen. Puddingpulver einrühren, aufkochen und erkalten lassen. Durch ein Sieb streichen.
4 Die Margarine schaumig rühren. Den Pudding eßlöffelweise darunterrühren. Den Likör zugeben. Die Törtchen einmal durchschneiden und mit 1/3 der Creme füllen. Die Törtchen mit der restlichen Creme rundherum einstreichen. Kandierte Früchte kleinschneiden. Törtchen mit Früchten und Nüssen garnieren.

DATTELBISKUITS

Zutaten für 16 Souffléförmchen
(à 125 ml Inhalt)
200 g Haselnußkerne
200 g Datteln
6 Eier
175 g Puderzucker
1 EL Rum
1/2 TL abgeriebene Zitronenschale
2 EL Zitronensaft
1 Prise Salz
3 Scheiben Zwieback
Sanella zum Einfetten
Puderzucker zum Bestäuben

1 Haselnußkerne auf einem Back-blech im vorgeheizten Ofen bei 225° (Gas: Stufe 4) ca. 10 Minuten rösten. Dann auf einen Durchschlag geben und 5 Minuten abkühlen lassen. Den Durchschlag schwenken und schüt-teln, damit sich die braunen Häut-chen von den Nüssen lösen. Oder die gerösteten Nüsse in ein Geschirr-tuch geben und kräftig mit den Hän-den gegeneinander reiben. Die ge-rösteten Haselnußkerne fein mah-len. Die Datteln entsteinen und das Fruchtfleisch würfeln.

2 Eier trennen. Eigelb, Puderzuk-ker und Rum dickschaumig schla-gen. Zitronenschale und -saft zufü-gen, gemahlene Haselnüsse und die Dattelwürfel unterrühren. Eiweiß mit Salz steif schlagen und auf die Eigelbcreme geben. Eischnee mit einem Gummispatel unterheben.

3 Zwiebäcke in einen Gefrierbeu-tel geben und mit einem Rollholz fein zerbröseln. Förmchen mit der Margarine einfetten und mit den Zwiebackbröseln ausstreuen. Bis-kuitmasse auf die Förmchen ver-teilen und im vorgeheizten Back-ofen bei 175–200° (Gas: Stufe 2–3) 30 bis 35 Minuten backen.

4 Dattelbiskuits mit einem Messer vom Rand lösen und aus den Förm-chen stürzen. Auf einem Kuchen-gitter auskühlen lassen. Mit Puder-zucker bestäuben.

TIP: Anstelle von speziellen Souf-fléförmchen können Sie auch Por-zellantassen mit geraden Wänden zum Backen nehmen.

ORANGEN-SAHNETORTE

Zutaten für eine Springform
(26 cm ⌀, 2,5 l Inhalt)

FÜR DEN TEIG:

50 g Sanella

4 Eier

120 g Zucker

80 g Mehl

50 g Speisestärke

1 Msp. Backpulver

Zucker zum Bestreuen

FÜR DIE FÜLLUNG:

5 Blatt weiße Gelatine

600 g Schlagsahne

1 Päckchen Vanillezucker

6 EL Orangenmarmelade

1 TL abgeriebene Zitronenschale

1 EL Orangenlikör

FÜR DIE GARNITUR:

1 unbehandelte Orange

75 g gehackte Pistazienkerne

1 Die Margarine schmelzen und abkühlen lassen. Eier trennen. Eigelb, 4 EL warmes Wasser und Zucker dickschaumig schlagen. Margarine unterrühren. Eiweiß steif schlagen und auf die Eigelbcreme geben. Mehl, Stärke und Backpulver mischen, über den Eischnee sieben und locker unterheben.

2 Biskuitmasse auf ein mit Backpapier ausgelegtes Backblech streichen. Im vorgeheizten Backofen bei 200° (Gas: Stufe 3) 10 bis 12 Minuten backen. Auf ein mit Zucker bestreutes Geschirrtuch stürzen und das Papier abziehen. Biskuitplatte mit dem Geschirrtuch aufrollen.

3 Die Gelatine einweichen. Sahne und Vanillezucker steif schlagen. Hälfte der Orangenmarmelade und die Zitronenschale unterrühren. Die Gelatine tropfnaß bei milder Hitze auflösen und unter die Orangensahne rühren.

4 Die Biskuitplatte aus dem Tuch rollen und mit dem Orangenlikör beträufeln. Die restliche Marmelade daraufstreichen. Dann ca. 2/3 der Orangensahne auf der Biskuitplatte verteilen. Biskuit in ca. 6 cm breite Streifen schneiden. Einen Streifen aufwickeln und senkrecht auf eine Tortenplatte setzen, so daß der Teig von oben wie eine Schnecke aussieht. Zweiten Streifen an das Ende des ersten setzen und als Schnecke herumwickeln. So weiterarbeiten, bis alle Streifen verbraucht sind. Einen Springformrand um die Torte legen. 2 Stunden kalt stellen.

5 Inzwischen die Orange waschen und in dünne Scheiben schneiden. Springformrand entfernen. Torte mit der restlichen Sahne rundherum bestreichen. Die Tortenoberfläche mit Orangenscheiben belegen und den Rand mit Pistazien bestreuen.
Ergibt 16 Stücke.

QUARK-SAHNE-CHARLOTTE

Zutaten für eine feuerfeste Form oder Schüssel (ca. 2 l Inhalt)

FÜR DEN TEIG:
4 Eier, 125 g Zucker
1 Päckchen Vanillezucker
75 g Mehl
50 g Speisestärke
1 Msp. Backpulver
Zucker zum Bestreuen

FÜR DIE FÜLLUNG:
4 EL rote Marmelade (z.B. Erdbeer)
6 Blatt weiße Gelatine
500 g Speisequark (20 % Fett)
125 g Zucker
1 Päckchen Vanillezucker
1 TL abgeriebene Zitronenschale
6 EL Zitronensaft
250 g Schlagsahne

1 Die Eier trennen. Eigelb mit 3 EL Wasser, dem Zucker und Vanillezucker dickschaumig schlagen. Eiweiß steif schlagen, daraufgeben. Mehl, Stärke und Backpulver darübersieben und unterheben.

2 Biskuitmasse auf ein mit Backpapier ausgelegtes Backblech streichen. Im vorgeheizten Backofen bei 200° (Gas: Stufe 3) 10 bis 12 Minuten backen. Auf ein mit Zucker bestreutes Geschirrtuch stürzen. Das

Papier sofort abziehen. Den Biskuit mit Marmelade bestreichen, fest aufrollen und auskühlen lassen.

3 Die Gelatine einweichen. Quark mit Zucker, Vanillezucker, Zitronenschale und -saft verrühren. Gelatine tropfnaß bei milder Hitze auflösen und unterrühren. Sahne steif schlagen. Sobald der Quark zu gelieren beginnt, Sahne unterheben.

4 Rolle in ca. 24 Scheiben schneiden. Eine Form damit auslegen. Den Quark hineinfüllen und 2 Stunden kalt stellen. Dann stürzen und servieren. *Ergibt 16 Stücke.*

BISKUITROLLE MIT ÄPFELN

FÜR DEN TEIG:
4 Eier, 125 g Zucker
75 g Mehl, 50 g Speisestärke
Zucker zum Bestreuen

FÜR DIE FÜLLUNG:
500 g Schlagsahne
2 Päckchen Sahnefestiger
75 g Zucker, 500 g Äpfel
2 EL Zitronensaft
1 grüner Apfel zum Garnieren
Zitronensaft zum Beträufeln

1 Die Eier trennen. Das Eigelb mit 3 EL Wasser und dem Zucker dickschaumig schlagen. Das Eiweiß steif schlagen und daraufgeben. Mehl und Stärke darübersieben und alles unterheben.

2 Biskuitmasse auf ein mit Backpapier ausgelegtes Backblech streichen. Im vorgeheizten Backofen bei

200° (Gas: Stufe 3) 10 bis 12 Minuten backen. Auf ein mit Zucker bestreutes Geschirrtuch stürzen. Das Papier abziehen. Biskuit mit dem Tuch aufrollen. Auskühlen lassen.

3 Sahne, Sahnefestiger und Zucker steif schlagen. Die Äpfel schälen, entkernen, grob raspeln und mit Zitronensaft mischen. Die Hälfte der Sahne mit den Äpfeln verrühren. Die Rolle mit Apfelsahne füllen. Mit der restlichen Sahne bestreichen. Apfel zum Garnieren waschen, vierteln, entkernen und in Spalten schneiden. Mit Zitronensaft beträufeln. Die Biskuitrolle damit belegen. *Ergibt 16 Scheiben.*

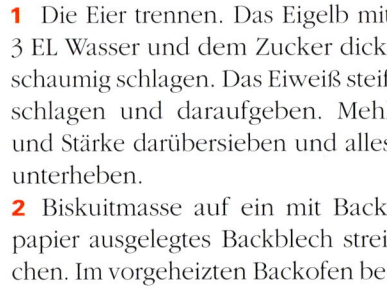

Verwandlungskünstler aus dem Kochtopf

Im Urzustand als Kloß in der Kasserolle läßt der Brandteig seine Qualitäten allenfalls ahnen. Im Ofen zu stattlicher Form aufgegangen, nimmt er als Windbeutel süße und pikante Füllungen, als Eclair Schokoladen- oder Mokkacreme auf. Die Spanier spritzen ihn gleich meterweise ins heiße Öl und lassen so ihre beliebten knusprigen Churros entstehen.

Windbeutel mit Vanillesahne. Rezept auf Seite 158

SO GELINGT DER TEIG

Feste Kruste mit Hohlraum, so könnte man das luftig-lockere Brandteig-Gebäck treffend beschreiben. Ein wohlgeratener Windbeutel beispielsweise vergrößert sein Volumen während des Backens mindestens auf das Dreifache. Innen ist er dann beinahe hohl und bereit für eine saftige Füllung. Brandteig selbst schmeckt neutral. Deshalb ist er sowohl für süße als auch für herzhafte Füllungen ideal.

Die Zubereitung fängt am Herd an, wenn aus Mehl, Fett und Wasser ein dicker Kloß gekocht wird. „Abbrennen" nennen es die Backspezialisten. Dann kommen die Eier hinein – wir nehmen Größe 3, falls nichts anderes angebeben ist – und fertig ist der Teig. Ein verläßliches GRUNDREZEPT für Brandteig sieht so aus: 1/4 l Wasser, 50–60 g Sanella, 1 Prise Salz, 150 g Mehl, 4–5 Eier.

Wichtig für den Geschmack: Das fertige Gebäck sofort nach dem Backen aufschneiden, damit der Dampf entweichen kann. Das gelingt bei großen Gebäckstücken mit einem Sägemesser, kleine Profiteroles öffnet man zum Abdampfen besser mit einer Küchenschere.

1 Die Flüssigkeit genau abmessen. Geeignet sind Wasser und Milch oder Mischungen aus beiden. Die Margarine und das Salz zugeben. Mit Wasser gerät der Brandteig knuspriger, mit Milch dagegen vollmundiger.

2 Das Mehl abwiegen und durchsieben. Die Fett-Wasser-Mischung zum Kochen bringen und den Kochtopf zur Sicherheit am besten vom Herd nehmen.

6 Den Teigkloß in eine Rührschüssel füllen, etwas abkühlen lassen und das erste Ei gründlich unterrühren. So wird der Teig geschmeidig und läßt sich anschließend gut weiterverarbeiten.

7 Jetzt kommt der einzige heikle Punkt: Die optimale Menge an Eiern. Sie läßt sich nicht festschreiben, sondern richtet sich nach der Qualität des Mehls, der Größe der Eier – und danach, wieviel Wasser beim Aufkochen verdampft ist.

3 Das gesiebte Mehl auf einmal hineinschütten und mit einem Lochlöffel kräftig durchrühren. Die Mischung weiterhin kräftig bearbeiten, damit sich das Mehl gleichmäßig verteilt und keine kleinen Klümpchen entstehen.

4 Den Topf wieder auf die Kochstelle setzen und den Teig unter kräftigem Rühren erhitzen (abbrennen). Dabei entsteht ein dicker Mehlbrei.

5 Die Masse weiterkochen, bis sie sich vom Topfrand löst und zu einem Kloß zusammenballt. Der Arbeitsgang ist abgeschlossen, sobald auf dem Topfboden ein heller feiner Belag sichtbar wird.

8 Die Eier am besten einzeln aufschlagen und verquirlen. Nach und nach unter die lauwarme Masse rühren. Der Teig ist richtig, wenn er glänzt und so weich ist, daß beim Herausziehen am Löffel lange Teigspitzen hängenbleiben.

9 Den fertigen Brandteig mit zwei Eßlöffeln abstechen und auf ein gefettetes Backblech setzen. Weite Abstände halten, denn das Gebäck geht sehr stark auf.

10 Wer den Teig geformt hübscher findet, kann ihn in einen Spritzbeutel füllen. Für längliche Eclairs (Liebesknochen) Streifen und für Profiteroles Tupfen mit Abstand auf das Blech spritzen.

BRANDTEIG

DAMPF MACHEN

■ Ein Windbeutel soll möglichst groß aufgehen. Damit sich beim Backen nicht zu schnell eine harte Kruste bildet und das Backwerk dann beim weiteren Backen aufreißt, braucht der Teig im Backofen feuchte Luft. Konditoren haben Öfen mit Dampfzufuhr und spezielle Einsätze für Windbeutel. Darum gerät Brandteiggebäck bei ihnen so locker. Aber auch im Haushalt lassen sich mit jedem üblichen Backofen wunderbar luftige Windbeutel und Eclairs backen. Sehr gut geraten sie im Heißluftofen. Wer ein Gerät mit Ober- und Unterhitze besitzt, kann folgenden Trick anwenden: Eine kleine flache Schale (evtl. eine kleine Gratinform) mit kochendheißem Wasser in eine der hinteren Ecken auf den Boden des vorgeheizten Backofens stellen. Nach 15 Minuten hat sich im Ofen ein feuchtwarmes Klima entwickelt, das die Windbeutel besonders gut aufgehen läßt. Ebenfalls eine Hilfe: Das Blech mit etwa zwei Eßlöffel Wasser besprenkeln. Manchmal wird geraten, einfach eine Tasse mit Wasser auf dem Boden des vorgeheizten Backofens auszugießen. Doch Vorsicht: Das macht zwar mächtig Dampf, aber leider schnell auch die Email-Beschichtung Ihres Backofens kaputt.

WANDELBAR

■ Beim Füllen von Windbeuteln und Eclairs (Liebesknochen) können Sie sich immer wieder etwas Neues einfallen lassen. Sie würden gern kleine pikante Windbeutel zum Aperitif servieren, haben aber wenig Zeit. Kein Problem. In Delikatessengeschäften gibt es fertige Würzpasten wie Tarama salata (griechische Fischrogencreme), Pesto (italienische Basilikumsauce) oder Tapenade (französische Olivencreme), die entweder

Dekorativ: Mini-Windbeutel mit pastellfarbiger Zuckerglasur. Puderzucker mit Zitronensaft und einem Tropfen Speisefarbe glattrühren und die abgekühlten Mini-Windbeutel damit bestreichen.

pur, mit Frischkäse oder Crème fraîche verlängert, interessante Füllungen abgeben. Fertige Feinkostsalate passen übrigens auch fast immer. Oder ein Klecks Crème fraîche mit Kaviar, wenn es einmal ganz besonders edel sein soll.

VERSCHLOSSENE TÜR

■ Beim Backen von Brandteig müssen Sie ein bißchen Geduld aufbringen. Vor Ende der Backzeit dürfen Sie die Ofentür auf keinen Fall öffnen. Sonst fällt das Gebäck zusammen, denn allein der Wasserdampf treibt es in die Höhe. Erst wenn die Windbeutel aufgegangen sind und sich innen ein festes Gerüst gebildet hat, darf man in den Ofen schauen.

Dessert-Idee: Kleine Windbeutel mit Eiscreme füllen und hinterher in flüssige Schokoladenglasur tauchen.

FÜR DIABETIKER

■ Für Diabetiker ist Brandteig ideal, denn er enthält keinen Zucker. Weil Zuckerguß und Schokoglasur nicht in Frage kommen, süßen Sie am besten den Teig selbst mit einem halben Teelöffel Flüssigsüßstoff. Ballaststoffreiches Mehl ist für Diabetiker günstig. Nehmen Sie statt des üblichen Haushaltsmehls der Type 405 eines der Type 1050 und statt 4 mindestens 5 Eier, weil das Mehl etwas mehr Flüssigkeit benötigt. Die Windbeutel geraten etwas dunkler, schmecken aber ausgezeichnet. Das Grundrezept (Seite 150) reicht für etwa 12 Windbeutel (pro Stück etwa 3/4 BE). Als Füllung stehen Quark und frische Früchte oder Diabetikerkompott zur Wahl.

FÜR ALLE FÄLLE

■ Ist der Teig einmal angerührt, darf man ihn nicht lange herumstehen lassen. Sind dann die Windbeutel gebacken, sollten sie möglichst frisch auf den Kaffeetisch kommen. Brandteig läßt sich also kaum vorbereiten. Es sei denn, Sie frieren das fertige Gebäck ein. Backen Sie einen kleinen Vorrat – und Sie haben immer etwas für Gäste. Haltbarkeit: 3 Monate. Auftauzeit im Ofen: 5 Minuten.

VIELE NAMEN

■ Brandteig ist in ganz Europa beliebt. Für den einheimischen Windbeutel werden große Rosetten gespritzt, die zu Gebäckstücken von 10 cm Ø und mehr aufgehen. Aus demselben Teig entstehen die in Südeuropa sehr beliebten Profiteroles. Anstelle großer Rosetten kommen dafür nur kleine Tupfer auf das Blech. Eclair (Liebesknochen) heißt das Gebäck, wenn man den Teig in Streifen auf das Blech spritzt und nach dem Abkühlen füllt.

CROQUEMBOUCHE

■ „Knusprig im Mund" bedeutet der Name Croquembouche. Er steht für eine festliche, dekorative Pyramide aus gefüllten Brandteigbällchen. Die Pyramide ist mit feinen Karamelfäden umsponnen. Tatsächlich lohnt der Kontrast zwischen zarter Füllung, luftigem Gebäck und knackigem Karamel das Ausprobieren. Backen Sie etwa 120 walnußgroße Brandteigbällchen. Füllen Sie sie mit Sahne, einer Creme (Seite 216) oder Schokoladensahne (Seite 220). Nun kommt der Karamel als Klebstoff: Geben Sie 250 g Zucker mit 2 EL Wasser in einen Topf und lassen Sie die Mischung kochen, bis sie hellbraun ist. Den Topf vom Herd nehmen, jedes Brandteigbällchen mit der Oberseite hineintauchen und auf einer Platte oder einem flachen Teller zu einer Pyramide aufschichten. Aus dem restlichen flüssigen Karamel mit einem Teelöffel Fäden spinnen (siehe Seite 225) und um die festliche Gebäck-Pyramide ziehen.

Brandteig-Gebäck läßt sich prima einfrieren. Die kleinen Profiteroles kommen abgekühlt vom Blech direkt in den Tiefkühlbeutel. Bei großen Windbeuteln ist es besser, erst einen Deckel abzuschneiden und das Gebäck abdampfen zu lassen.

PFLAUMEN IN BRANDTEIG

Zutaten für 8 Stück

1/8 l Milch
65 g Sanella
1 Prise Salz
1 TL Zucker
100 g Mehl
1 TL Backpulver
2 Eier (Gew.-Kl. 2)
Öl zum Einfetten
8 Kurpflaumen (Trockenfrüchte ohne Stein)
Pflanzenfett zum Ausbacken
4 EL Zucker, 1 TL Zimt zum Wälzen

schnell

1 Milch, Margarine, Salz und Zucker aufkochen. Mehl und Backpulver auf einmal dazugeben und so lange rühren, bis sich der Teig als Kloß vom Boden löst. Topf vom Herd nehmen und 1 Ei unterrühren. Brandteig etwas abkühlen lassen und das zweite Ei dazugeben.

2 Die Hälfte des Teiges in kleinen Häufchen auf 8 Teile geöltes Pergament- oder Backpapier setzen. Je 1 Pflaume darauflegen. Restlichen Teig darüber verteilen, mit bemehlten Händen zu Bällchen formen.

3 Pflanzenfett auf ca. 170° erhitzen. Die Teigbällchen portionsweise ins heiße Fett gleiten lassen und etwa 10 Minuten backen, bis sie goldgelb sind. Auf Küchenpapier abtropfen lassen. Zucker und Zimt mischen, gebackene Pflaumen darin wälzen.

GEFÜLLTE BRANDTEIGHERZEN

Zutaten für 3 Stück

FÜR DEN TEIG:
80 g Sanella
1 Prise Salz
200 g Mehl
4 Eier (Gew.-Kl. 2)
2 EL Mandelblättchen zum Bestreuen
FÜR DIE FÜLLUNG:
2 Blatt weiße Gelatine
250 g rote Johannisbeeren
50 g Puderzucker
200 g Schlagsahne
1 EL Puderzucker zum Bestäuben

1 Margarine, 1/4 l Wasser und Salz aufkochen. Mehl dazugeben und rühren, bis sich der Teig als Kloß vom Boden löst. Topf vom Herd nehmen, Eier nacheinander unterrühren.

2 Brandteig in einen Spritzbeutel mit Sterntülle füllen. Auf ein mit Backpapier ausgelegtes Backblech 3 Herzen spritzen. Mit Mandeln bestreuen. Im vorgeheizten Ofen bei 225° (Gas: Stufe 4) 25 bis 30 Minuten backen, dann aufschneiden.

3 Die Gelatine einweichen. Beeren waschen und von den Stielen zupfen, 1 EL Beeren beiseite legen. Die restlichen Früchte durch ein Sieb streichen und mit dem Puderzucker mischen. Die Gelatine auflösen und unter das Püree rühren.

4 Sahne steif schlagen und unterheben. Herzen damit füllen. Mit den zurückbehaltenen Beeren und Puderzucker garnieren.

ERDBEER-ECLAIRS

Zutaten für 10 Stück

FÜR DEN TEIG:

60 g Sanella

1 Prise Salz

1 Päckchen Vanillezucker

125 g Mehl

4 Eier

FÜR DIE FÜLLUNG:

4 Blatt weiße Gelatine

500 g Erdbeeren

3 EL Zucker

400 g Schlagsahne

1 Päckchen Vanillezucker

1 EL Puderzucker zum Bestäuben

1 Margarine, 1/4 l Wasser, Salz und Vanillezucker aufkochen. Das Mehl auf einmal dazugeben und so lange rühren, bis sich der Teig als Kloß vom Boden löst. Topf vom Herd nehmen und 1 Ei unterrühren, etwas abkühlen lassen. Die restlichen Eier nacheinander unterrühren.

2 Den Teig in einen Spritzbeutel mit großer Sterntülle füllen. Auf ein mit Backpapier ausgelegtes Backblech 10 Streifen von 10 cm Länge spritzen. Die Eclairs im vorgeheizten Backofen bei 225° (Gas: Stufe 4) ca. 30 Minuten backen. Nach dem Herausnehmen sofort mit einer Schere aufschneiden. Auskühlen lassen.

3 Gelatine in kaltem Wasser einweichen. Erdbeeren waschen und putzen. 12 bis 15 Früchte in Scheiben schneiden, die anderen pürieren und mit dem Zucker verrühren. Die Gelatine ausdrücken, auflösen und unter das Erdbeerpüree rühren. Kalt stellen.

4 Sahne und Vanillezucker steif schlagen. Sobald das Püree zu gelieren beginnt, Sahne unterheben. Erdbeercreme in einen Spritzbeutel mit Lochtülle füllen und die unteren Eclair-Hälften damit füllen. Die Erdbeerscheiben auf die Creme legen. Die oberen Hälften darauflegen und mit Puderzucker bestäuben.

ST. HONORÉ-TORTE

Zutaten für eine Springform
(24 cm ⌀)
FÜR DIE FÜLLUNG:
1 Päckchen Vanille-Puddingpulver
200 ml Milch
1/2 Vanilleschote
1 EL Zucker
FÜR DIE BÖDEN:
150 g tiefgekühlter Blätterteig
50 g Sanella
1 Päckchen Vanillezucker
Salz
150 g Mehl
4–5 Eier (Gew.-Kl. 2)
200 g Zucker für den Karamel
FÜR DIE FÜLLUNG:
50 g Sanella
2 Eigelb
2 EL Aprikosengeist
200 g Schlagsahne

1 Das Puddingpulver mit 3 EL Milch verrühren. Die Vanilleschote aufschlitzen und mit der restlichen Milch und dem Zucker aufkochen. Das vorbereitete Puddingpulver einrühren, nochmals aufkochen und mit Folie bedeckt auskühlen lassen.

2 Blätterteig auftauen lassen. Für den Brandteig 1/4 l Wasser, Margarine, Vanillezucker und Salz aufkochen. Mehl auf einmal dazugeben und so lange rühren, bis sich der Teig als Kloß vom Boden löst.

3 Topf vom Herd nehmen und 1 Ei unterrühren. Etwas abkühlen lassen, restliche Eier nacheinander unterrühren.

4 Brandteig in einen Spritzbeutel mit Lochtülle füllen und 16 walnußgroße Bällchen auf ein mit Backpapier ausgelegtes Backblech spritzen. Im vorgeheizten Backofen bei 225° (Gas: Stufe 4) ca. 10 bis 12 Minuten backen. Auskühlen lassen.

5 Blätterteigplatten aufeinanderlegen und auf bemehlter Arbeitsfläche ausrollen. Kreis von 26 cm ⌀ daraus ausschneiden und auf ein zweites Backblech legen.

6 Restlichen Brandteig als Rand auf den Blätterteig spritzen, Mitte spiralförmig aufspritzen. Boden im Backofen bei gleicher Temperatur ca. 20 Minuten backen.

7 Für den Karamel Zucker und 1 EL Wasser in einer Pfanne erhitzen. Mit einem Eßlöffel Karamel über den Tortenrand geben. Die Bällchen daraufsetzen. Über jedes Bällchen etwas Karamel gießen, den Rest als Fäden drumherum ziehen (siehe Seite 225).

8 Margarine, Eigelb und Aprikosengeist cremig schlagen. Pudding nach und nach unterrühren. Sahne steif schlagen und unterheben. Creme in die Torte füllen und kalt stellen. *Ergibt 10–12 Stücke.*

EBERSWALDER SPRITZKUCHEN

Zutaten für 15 Stück

FÜR DEN TEIG:

60 g Sanella

1 Prise Salz

1 EL Zucker

1 Päckchen Vanillezucker

150 g Mehl

30 g Speisestärke

5 Eier

Öl zum Einfetten

Pflanzenfett zum Ausbacken

FÜR DEN GUSS:

200 g Puderzucker

3 EL Zitronensaft

1 Die Margarine, 1/4 l Wasser, Salz, Zucker und den Vanillezucker aufkochen. Mehl und Stärke mischen und auf einmal dazugeben. So lange rühren, bis sich der Teig als Kloß vom Boden löst.

2 Den Topf vom Herd nehmen und 1 Ei unterrühren. Brandteig etwas abkühlen lassen und die restlichen Eier nacheinander unterrühren.

3 Aus Pergament- oder Backpapier 15 cm lange Streifen ausschneiden und mit Öl bestreichen. Pflanzenfett in einem hohen Topf oder einer Friteuse auf ca. 170° erhitzen. Inzwischen den Brandteig in einen Spritzbeutel mit einer Sterntülle füllen. Je einen Ring von 6–7 cm ⌀ auf das Papier spritzen.

4 Teigringe mit dem Papier hochheben und kopfüber ins heiße Fett gleiten lassen. Je 3 Ringe gleichzeitig goldgelb ausbacken. Nach 2 bis 3 Minuten wenden. Herausnehmen und auf etwas Küchenpapier gut abtropfen lassen.

5 Puderzucker und Zitronensaft zu einem Guß verrühren. Spritzkuchen damit bestreichen und dann trocknen lassen.

Der Kuchen schmeckt auch mit Puderzucker bestäubt oder in Zucker gewälzt.

WINDBEUTEL MIT VANILLESAHNE

Zutaten für 12 Stück
50 g Sanella
1 Prise Salz
3 Päckchen Vanillezucker
150 g Mehl
4–5 Eier (Gew.-Kl. 2)
400 g Schlagsahne
2 Päckchen Sahnefestiger
Zucker nach Geschmack
Puderzucker zum Bestäuben

1 Die Margarine, 1/4 l Wasser, Salz und 1 Päckchen Vanillezucker aufkochen. Mehl auf einmal dazugeben und so lange rühren, bis sich der Teig als Kloß vom Boden löst.

2 Topf vom Herd nehmen und 1 Ei unter den Teig rühren. Etwas abkühlen lassen, dann nacheinander die restlichen Eier unterrühren. Teig zwischendurch glattrühren.

3 Brandteig in einen Spritzbeutel mit Sterntülle füllen. Auf ein mit Backpapier ausgelegtes Backblech 12 Teighäufchen spritzen. Im vorgeheizten Backofen bei 225° (Gas: Stufe 4) ca. 30 Minuten backen.

4 Windbeutel herausnehmen und sofort mit einer Schere aufschneiden. Auf einem Kuchengitter auskühlen lassen.

5 Die Sahne mit restlichem Vanillezucker und dem Sahnefestiger steif schlagen. Die Vanillesahne in einen Spritzbeutel mit einer Sterntülle füllen. Die unteren Hälften der Windbeutel füllen. Die Oberteile daraufsetzen. Mit Puderzucker bestäuben.

CHURROS – SPANISCHE SPRITZKUCHEN

Zutaten für 20 bis 22 Stück
60 g Sanella
1 Prise Salz
150 g Mehl
4 Eier
1 TL Brandy
Olivenöl zum Ausbacken
ZUM BESTREUEN:
2 EL Zucker
1/2 TL Zimt

schnell

1 Margarine, 1/4 l Wasser und Salz aufkochen. Mehl auf einmal dazugeben und so lange rühren, bis sich der Teig als Kloß vom Boden löst. Topf vom Herd nehmen und 1 Ei unterrühren. Etwas abkühlen lassen, dann die restlichen Eier und den Brandy unterrühren. Brandteig immer wieder glattrühren.

2 Olivenöl auf ca. 170° erhitzen. Brandteig in einen Spritzbeutel mit einer Sterntülle füllen. Direkt aus dem Spritzbeutel portionsweise als ca. 15 cm lange Streifen in das Öl spritzen und in ca. 4 bis 5 Minuten goldgelb ausbacken. Nun mit einer Schaumkelle herausnehmen. Auf Küchenpapier abtropfen lassen.

3 Zucker und Zimt mischen. Die Churros darin wälzen und noch warm servieren.
Ergibt 4 bis 6 Portionen.

PROFITEROLES

Zutaten für ca. 50 Stück

FÜR DEN TEIG:

75 g Sanella, 1 TL Zucker

Salz, 150 g Mehl

4–5 Eier (Gew.-Kl. 2)

FÜR DIE FÜLLUNG:

3 Blatt weiße Gelatine

100 ml Eierlikör

400 g Schlagsahne

1 EL Zucker

ZUM VERZIEREN:

50 g Bitter-Schokolade

5 Erdbeeren

10 helle Weintrauben

1/8 l heller Traubensaft

1/2 Päckchen klarer Tortenguß

200 g Puderzucker

2–3 TL Zitronensaft

1 EL Kokosraspel

1 EL Kakao

1 Margarine, 1/4 l Wasser, Zucker und Salz aufkochen. Mehl auf einmal dazugeben und so lange rühren, bis sich der Teig als Kloß vom Boden löst. Topf vom Herd nehmen, 1 Ei unterrühren. Abkühlen lassen. Restliche Eier unterrühren.

2 In einen Spritzbeutel mit Lochtülle füllen. Ca. 50 Bällchen auf ein mit Backpapier ausgelegtes Backblech spritzen. Im vorgeheizten Backofen bei 225° (Gas: Stufe 4) 12 bis 15 Minuten backen.

3 Gelatine einweichen, ausdrücken und unter den Eierlikör rühren. Die Sahne steif schlagen. Sobald der Likör zu gelieren beginnt, die Sahne unterheben. Creme in einen Spritzbeutel mit kleiner Lochtülle füllen. Die Bällchen von unten mit der Lochtülle einstechen und füllen.

4 Die Schokolade im Wasserbad schmelzen und in einen Gefrierbeutel füllen. Nun eine winzige Ecke abschneiden und die Schokolade in Streifen über 8 Bällchen geben.

5 Früchte waschen und in Scheiben schneiden. Nach Sorten getrennt auf je 8 Bällchen verteilen. Traubensaft, Tortengußpulver und 1 TL Puderzucker aufkochen. Mit einem Eßlöffel darübergeben.

6 100 g Puderzucker und Zitronensaft verrühren. Den Guß über 8 Profiteroles geben, mit Kokosraspeln bestreuen. Weitere 8 Bällchen mit 1 EL Puderzucker und dem Kakao bestäuben.

7 Restlichen Puderzucker karamelisieren, über die restlichen Bällchen geben und Fäden darumziehen. In Manschetten setzen.

NUSSBÄLLCHEN

Zutaten für 16 Stück
1/8 l Milch
30 g Sanella
1 Msp. Salz
1 Msp. weißer Pfeffer
50 g Mehl
50 g gemahlene Haselnußkerne
1/2 TL Backpulver
2 Eier
1 Bund Schnittlauch
Pflanzenfett zum Ausbacken

schnell

1 Milch, Margarine, Salz und Pfeffer aufkochen. Das Mehl, Haselnußkerne und Backpulver auf einmal dazugeben und so lange rühren, bis sich der Teig als Kloß vom Boden löst.

2 Den Topf vom Herd nehmen und 1 Ei unterrühren. Den Teig etwas abkühlen lassen und das zweite Ei dazugeben. Schnittlauch waschen, in feine Röllchen schneiden und unterrühren.

3 Das Pflanzenfett in einem Topf oder einer Friteuse auf ca. 170° erhitzen. Mit zwei Teelöffeln kleine Klößchen aus dem Teig abstechen. Portionsweise in dem heißen Fett schwimmend in 3 bis 4 Minuten goldgelb backen. Auf Küchenpapier gut abtropfen lassen.

PARIS-BREST-KRANZ

Zutaten für 1 Kranz (ca. 30 cm ⌀)
FÜR DEN TEIG:
90 g Sanella, 1 Prise Salz
150 g Mehl, 5 Eier
Sanella zum Einfetten
2 EL Mandelblättchen
3 EL Puderzucker zum Bestäuben
FÜR DIE FÜLLUNG:
3/8 l Milch
1 Prise Salz
2 TL löslicher Pulverkaffee
5 Eigelb
100 g Zucker
45 g Mehl
250 g Sanella

1 Margarine, 1/4 l Wasser und Salz aufkochen. Mehl dazugeben und so lange rühren, bis sich der Teig als Kloß vom Boden löst. Die Eier nacheinander unterrühren.

2 Teig in einen Spritzbeutel geben. Auf ein gefettetes Backblech einen Kranz von ca. 30 cm ⌀ spritzen. Mit Mandeln bestreuen und im vorgeheizten Ofen bei 200° (Gas: Stufe 3) ca. 30 Minuten backen, dann durchschneiden.

3 Milch, Salz und Kaffee aufkochen. Eigelb, Zucker und Mehl verquirlen. Heiße Milch unter Rühren dazugießen. Wieder in den Topf geben, aufkochen, durch ein Sieb streichen und auskühlen lassen.

4 Die Margarine schaumig schlagen und die Creme eßlöffelweise unterrühren. In einen Spritzbeutel mit Sterntülle geben, Kranz damit füllen. Mit Puderzucker bestäuben. *Ergibt 12 Stücke.*

THYMIAN-WINDBEUTEL

Zutaten für 6 Stück

FÜR DEN TEIG:

30 g Sanella

Salz

70 g Mehl

2 Eier

1 Bund Thymian

FÜR DIE FÜLLUNG:

30 g geschälte Mandeln

2 kleine Tomaten

1 kleine Knoblauchzehe

100 g Salat-Mayonnaise

1 EL Wein-Essig

Salz

weißer Pfeffer

Cayennepfeffer

1 Margarine, 1/8 l Wasser und Salz aufkochen. Mehl auf einmal dazugeben und so lange rühren, bis sich der Teig als Kloß vom Boden löst.
2 Den Topf vom Herd nehmen und 1 Ei unterrühren. Den Teig etwas abkühlen lassen und das zweite Ei dazugeben. Einige Thymianzweige zum Garnieren beiseite legen. Die Blättchen von den Stielen zupfen, hacken und unterrühren.
3 Mit 2 Teelöffeln 6 Teighäufchen auf ein mit Backpapier ausgelegtes Backblech setzen. Im vorgeheizten Backofen bei 225° (Gas: Stufe 4) ca. 30 Minuten backen. Die fertigen Windbeutel nach dem Backen

sofort mit einer Schere aufschneiden und auskühlen lassen.
4 Mandeln in einer Pfanne ohne Fett goldgelb rösten und dann im Blitzhacker fein hacken. Tomaten überbrühen, abschrecken, abziehen, entkernen und würfeln. 1 EL davon zum Garnieren aufheben.
5 Den Knoblauch schälen und fein hacken. Mit Mayonnaise, Tomatenwürfeln, Mandeln und Essig verrühren. Mit Salz und Pfeffer würzen.
6 Mandel-Mayonnaise in die unteren Hälften der Windbeutel füllen. Mit Tomatenwürfeln und Thymianzweigen garnieren, obere Hälften darauflegen.

GOUGÈRE – KÄSEGEBÄCK

Zutaten für ca. 40 Stück
1/2 l Milch, 125 g Sanella
1–2 TL Salz
weißer Pfeffer aus der Mühle
frisch gemahlener Muskat
250 g Mehl, 7 Eier (Gew.-Kl. 2)
125 g Gruyère-Käse
2 EL Schlagsahne

1 Milch, Margarine, Salz, Pfeffer und Muskat aufkochen. Mehl auf einmal dazugeben und so lange rühren, bis sich der Teig als Kloß vom Boden löst. Topf vom Herd nehmen und 1 Ei unterrühren. Den Teig etwas abkühlen lassen und nacheinander die restlichen Eier unterrühren. Käse sehr fein hacken und mit der Sahne unterrühren.

2 Mit 2 Eßlöffeln Klößchen abstechen und auf ein mit Backpapier ausgelegtes Backblech setzen.
3 Im vorgeheizten Backofen bei 225° (Gas: Stufe 4) 25 bis 30 Minuten backen.

TIP: Das herzhafte Käsegebäck kommt aus Burgund und wird dort zu Wein serviert.

schnell

PIKANTE MANDELKRÄNZE

Zutaten für 8–10 Stück
50 g Sanella, 1 Prise Salz
75 g Mehl, 2 Eier
30 g Emmentaler, 1 Eigelb
3 EL Mandelblättchen
200 g Blauschimmelkäse
2–3 EL Schlagsahne
1 Stange Staudensellerie
1 Bund Schnittlauch
10 Kirschtomaten

1 Margarine, 1/8 l Wasser und Salz aufkochen. Mehl auf einmal dazugeben und so lange rühren, bis sich der Teig als Kloß vom Boden löst. Den Topf vom Herd nehmen und 1 Ei unterrühren. Den Teig etwas abkühlen lassen und das zweite Ei dazugeben.
2 Käse fein reiben und unterrühren. Brandteig in einen Spritzbeutel mit Lochtülle füllen. 8 bis 10

Kränze von ca. 5 cm ⌀ auf ein mit Backpapier ausgelegtes Backblech spritzen. Mit Eigelb bestreichen und mit Mandelblättchen bestreuen.
3 Im vorgeheizten Ofen bei 225° (Gas: Stufe 4) ca. 20 Minuten backen. Sofort mit einer Schere aufschneiden und auskühlen lassen.
4 Den Blauschimmelkäse mit einer Gabel zerdrücken, die Schlagsahne unterrühren. Den Staudensellerie putzen, waschen, in kleine Würfel schneiden und untermischen. Käsecreme in einen Spritzbeutel mit großer Lochtülle füllen. Die unteren Hälften der Kränze damit füllen.
5 Den Schnittlauch waschen und in feine Röllchen schneiden. Kirschtomaten putzen, waschen und in Scheiben schneiden. Die Käsecreme mit Tomaten belegen und mit Schittlauch bestreuen. Die oberen Hälften darauflegen.

KERNIGE ZUTATEN

Ährenwerte Lust auf Schrot und Korn

Den Roggen vermag allein der Sauerteig zu beflügeln. Die älteste Art, den Teig zu lockern, funktioniert ganz von selbst – das richtige Klima in der Backstube und die Geduld des Bäckers vorausgesetzt. Das volle Korn von Weizen und Buchweizen geht auch mit Hefe eine glückliche Verbindung ein – bei kernigem Brot, deftigen Brötchen und leckerem Gebäck.

Knusperbrot mit Haferflocken. Rezept auf Seite 180

SO GELINGT DER TEIG

Wer gern und oft mit Vollkornmehlen Brot backt, kommt irgendwann um den Sauerteig nicht mehr herum. Denn bei einem Teig mit viel Roggen reicht die Hefe allein zum Lockern nicht aus. Erst die Säure des Sauerteigs schließt das für den Erfolg so wichtige Eiweiß im Roggen auf. Nur dann gelingt der Teig locker und das herzhafte Aroma des Brotes kann sich voll entwickeln. Was aber ist ein Sauerteig? Im Grunde der uralte Vorläufer der Hefe. Die fleißigen Pilze der Backhefe werden heute sorgsam gezüchtet. Für den Sauerteig aber wartet man einfach ab, bis sich aus der Luft wilde Hefen, Essig- und Milchsäurebakterien im Teig ansiedeln und mit ihren Aktivitäten den Teig säuern und lockern. Das erprobte GRUNDREZEPT für den Sauerteigansatz: 10 g Hefe, 1/4 l lauwarmes Wasser, 150 g mittelgrobes Roggenschrot.

Wer diese Zutaten verrührt und bei Zimmertemperatur stehen läßt, kann schon nach drei Tagen damit backen.

1 Für den Sauerteigansatz die Hefe mit Wasser und Roggenschrot vermischen. Die Schüssel mit einem Tuch locker bedecken und im nicht zu warmen Zimmer 3 bis 5 Tage gären lassen.

2 Sie benötigen etwa 100 g durchgegorenen Sauerteig für 1 kg Mehl oder Schrot. Je nach gewünschtem Rezept den Sauerteigansatz mit Hefe und der entsprechenden Menge Wasser verrühren. Es ist günstig, wenn alle Zutaten stets Zimmertemperatur haben.

6 Den Brotteig 6 bis 12 Stunden bei kühler Zimmertemperatur oder im Kühlschrank gehen lassen. Er ist fertig, sobald sich dicke Risse auf der Oberfläche zeigen. Steht der Teig zu warm, gerät er zu sauer und geht nicht locker auf.

7 Den Teig auf der bemehlten Arbeitsfläche mit den Händen gut durchkneten. Das braucht etwas Kraft und ein bißchen Geduld.

3 Für Sauerteigbrote eignen sich beliebige Mischungen aus Roggen- und Weizenmehl und Schrot. Mit Gewürzen mischen und das Salz nicht vergessen, sonst mißlingt Ihnen das Brot.

4 Die flüssige Sauerteig-Hefe-Mischung zum Mehl gießen und zu einem glatten Teig verkneten. Entweder kneten Sie mit Muskelkraft auf der bemehlten Arbeitsfläche oder mit einer großen Küchenmaschine, bis der Teig geschmeidig geworden ist.

5 Teig auf der bemehlten Arbeitsfläche zu einem Kloß formen und mit einem Tuch bedeckt in einer Schüssel aufgehen lassen.

8 Glatte Laibe formen, mit Salzwasser bestreichen und mit Flocken, Schrot oder Mehl bestreuen. Oder für eine glänzende Kruste den Teig mit Malzkaffee bestreichen. Vor dem Backen noch eine Stunde gehen lassen.

9 Eine andere Möglichkeit: Den Teig in eine große gefettete Kastenform geben und der Länge nach einschneiden. Ebenfalls mit Salzwasser bestreichen und noch eine Stunde gehen lassen.

10 Die Brote im vorgeheizten Backofen zuerst 20 Minuten bei 225° (Gas: Stufe 4), dann je nach Größe 60 bis 90 Minuten bei 200° (Gas: Stufe 3) backen. Garprobe: Daraufklopfen. Es muß sich dumpf und hohl anhören.

KERNIGE ZUTATEN

FRISCH GEMAHLEN

■ Wer wegen des angenehm nussigen Aromas gern mit frisch gemahlenen Vollkornmehlen backt, hat bei Getreidemühlen oft die Qual der Wahl. Für den kleinen Haushalt reicht anfangs meist bereits eine handbetriebene

Getreidemühle: Das Gehäuse ist aus Holz. Doch innen sorgt ein Stahl-, Keramik- oder Steinmahlwerk für fein zerkleinerte Körner.

Hasel- oder Walnußkerne können häufig auch durch ölhaltige Samen ersetzt werden. Sie machen das Gebäck besonders saftig. Hier abgebildet: Kürbiskerne (oben), Sesamsaat (Mitte) und Sonnenblumenkerne (unten).

Mühle. Sie ist relativ preiswert und schafft bis zu 50 g Mehl oder Schrot pro Minute. Elektrogeräte sind erheblich teurer, mahlen dafür aber auch bis zu 120 g Getreide in der Minute. Sie eignen sich besonders für Mehr-Personen-Haushalte und Familien, die gern selbstgebackenes Brot essen. Kaufen Sie am besten ein Standgerät oder ergänzen Sie Ihre Küchenmaschine mit einer Mühle als Zusatzteil. Falls Sie auch Nüsse und Samen wie zum Beispiel Leinsamen oder Mohn in der Mühle schroten möchten, achten Sie auf das Mahlwerk. Nur Getreidemühlen mit einem Stahl- oder Keramik-Mahlwerk zerkleinern nämlich auch Ölsaaten.

MEHLQUALITÄTEN

■ Müllereien prüfen die hergestellten Mehle regelmäßig auf ihre Backeigenschaften, die je nach Witterung und Erntebedingungen des vermahlenen Korns sehr unterschiedlich ausfallen können. Ein Markenmehl hat deshalb immer eine etwa gleich gute Qualität. Bei selbstgemahlenem Korn ist das anders. Es bindet mal mehr, mal weniger Flüssigkeit, und das Gebackene wird einmal lockerer, ein anderes Mal fester. Geben Sie deshalb nicht die gesamte Flüssigkeitsmenge auf einmal in den Teig, sondern stoppen Sie die Zufuhr rechtzeitig, wenn die richtige Beschaffenheit erreicht ist. Gerät ein Vollkornteig zu weich, sollten Sie nicht sofort Mehl unterkneten. Die Teige quellen immer noch nach und werden dabei fester.

VIELE TYPEN

■ Mit der einfachen Angabe „Mehl" ist in unseren Rezepten immer das weiße Weizen-Haushaltsmehl mit den Typen-Nummern 405 oder 550 gemeint. Es ist niedrig ausgemahlen. Das bedeutet, nur ein kleiner Teil des ganzen Korns – der sogenannte Mehlkörper – kommt in die Mehltüte. Je mehr von den vitaminreichen Randschichten des Korns im Mehl steckt, desto höher ist die auf der Packung angegebene Typenzahl und desto größer ist die Menge an wertvollen Ballaststoffen. Beim Vollkornmehl, das übrigens keine Typennummer hat, ist die Menge am größten. Es liefert rund 12 g pro 100 g Mehl.

ROGGENMEHL

■ Falls Sie Ihren Brotteig zur Hälfte aus Roggenmehl mischen, aber nicht mit Sauerteig backen wollen, geben Sie etwas Säure in den Teig. Ersetzen Sie das Wasser durch Buttermilch oder Molke. Oder fügen Sie ein oder zwei Eßlöffel Weinessig hinzu.

HIRSE UND GERSTE

■ Beide Getreidesorten eignen sich fein gemahlen wunderbar für Mürbeteig. Hefe- und Rührkuchen dagegen sollten höchstens zu einem Viertel aus diesen Mehlen bestehen, sonst werden sie zu fest.

SOJAMEHL

■ Mehl und Schrot aus der Sojabohne taugen exzellent zum Backen. Durch den hohen Gehalt am natürlichen Emulgator Lezithin verbessern Sojaprodukte das Backergebnis und erhöhen den Nährwert. In Plätzchen- und Kuchenrezepten können Sie bis zu 20 Prozent Weizenmehl problemlos durch Sojamehl ersetzen. Gibt man mehr hinzu, verändert sich der Geschmack.

HAFERMEHL

■ Das feine Nußaroma des Hafers harmoniert mit süßem und herzhaftem Gebäck. Doch locker werden Kuchen und Brote durch Hafer nicht gerade. Helles Weizenmehl (Type 405, 550) können Sie zu einem Viertel durch Flocken oder Hafermehl ersetzen.

Gedörrte Früchte können beim Backen einen Teil des Zuckers ersetzen. Außerdem machen Sie den Kuchen schön saftig und geben ihm eine fruchtige Würze.

ZUM SÜSSEN

■ Beim Kuchenbacken geht es nicht ohne süße Zutaten. Honig ist zwar durch seinen Gehalt von 80 Prozent Zucker sehr süß, enthält aber so viel Feuchtigkeit, daß er für viele Rezepte ungeeignet ist. Dasselbe gilt auch für Sirup und Obstdicksäfte. Wer anstelle von Haushaltszucker lieber ein Naturprodukt nimmt, ist mit getrocknetem Zuckerrohrsaft gut bedient. Er ist in Reformhäusern und Grünen Läden zu kaufen, besteht aus hellbraunen Kristallen, ist also streufähig und kann wie Zucker verwendet werden.

Getreide-Vielfalt: Fein gemahlen entstehen herzhaft-aromatische Kuchen daraus. Grob geschrotet passen die Körner ins Sauerteigbrot.

WÜRZIGE SCHROTLINGE

Zutaten für 16–18 Stück
10 g Hefe
150 g Roggenschrot (Type 1800)
1 Würfel Hefe
1 EL Apfelkraut oder
Zuckerrübensirup
100 g Roggenschrot (Type 1800)
500 g Roggenmehl (Type 1150)
350 g Weizenmehl (Type 1050)
1 EL Salz
1 EL Kümmel
1 TL gemahlener Koriander
Mehl für die Arbeitsfläche

1 Für den Sauerteig Hefe in 1/4 l lauwarmem Wasser auflösen. Mit Roggenschrot mischen und mit einem Tuch bedeckt 3 bis 5 Tage bei Zimmertemperatur gären lassen.
2 Die Hefe, 100 g Sauerteigansatz, 1 EL Apfelkraut oder Zuckerrübensirup und 600 ml Wasser verrühren. Die Mehlsorten, Salz, Kümmel und gemahlenen Koriander unterkneten und 2 Stunden bei Zimmertemperatur gehen lassen.
3 Teig auf bemehlter Fläche kneten und in 16 bis 18 Stücke teilen. Die Teigstücke zu flachen Brötchen formen. 1 Stunde bei Zimmertemperatur gehen lassen.
4 Im vorgeheizten Backofen bei 225° (Gas: Stufe 4) erst 5 Minuten, dann bei 175° (Gas: Stufe 2) weitere 30 bis 35 Minuten backen. Die Schrotlinge auskühlen lassen.

ROGGEN-SAUERTEIG-BROT

Zutaten für ein großes Brot
10 g Hefe
150 g Roggenschrot (Type 1800)
1 Würfel Hefe
250 g Roggenschrot (Type 1800)
300 g Roggenmehl (Type 1150)
350 g Weizenmehl (Type 1050)
100 g Sonnenblumenkerne
1 EL Salz
1 TL Zucker
1/2 TL gemahlener Kümmel
1 TL gemahlener Koriander

1 Für den Sauerteig Hefe in 1/4 l lauwarmem Wasser auflösen. Mit Roggenschrot mischen und mit einem Tuch bedeckt 3 bis 5 Tage bei Zimmertemperatur gären lassen.
2 Die Hefe, 100 g Sauerteigansatz, 600 ml Wasser, Mehlsorten, Sonnenblumenkerne, Salz, Zucker, Kümmel und Koriander verkneten. Den Teig 3 bis 4 Stunden bei Zimmertemperatur gehen lassen.
3 Nochmals kräftig durchkneten, in einen Weidenkorb geben. 1 bis 2 Stunden gehen lassen.
4 Den Teig aus dem Korb nehmen und mit Wasser bestreichen. Auf einem Backblech im vorgeheizten Backofen zunächst bei 225° (Gas: Stufe 4) 5 Minuten, dann bei 200° (Gas: Stufe 3) 10 Minuten backen. Schließlich bei 175° (Gas: Stufe 2) in 1 Stunde fertig backen.

SOJA-BRÖTCHEN

Zutaten für 16 Stück
300 g Weizenmehl (Type 1050)
200 g Roggenmehl (Type 1150)
1 Würfel Hefe
250 g Vollmilch-Joghurt
2 TL Salz
40 g Sanella
Mehl für die Arbeitsfläche
50 g Soja-Schrot
Sanella zum Einfetten
Soja-Schrot zum Bestreuen

1 Weizen- und Roggenmehl in eine Schüssel geben. Hefe zerbröckeln und darüberstreuen. Joghurt, Salz und 100 ml Wasser verrühren und in einem Topf leicht erwärmen. Margarine dazugeben und schmelzen lassen.

2 Joghurtmischung zum Mehl geben. Mit den Knethaken des Handrührgerätes zu einem glatten Teig verkneten. Mit einem Tuch abdecken und an einem warmen Ort so lange gehen lassen, bis sich das Volumen des Teiges verdoppelt hat.

3 Teig auf einer bemehlten Arbeitsfläche mit den Händen nochmals kräftig kneten und dabei das Soja-Schrot unterkneten. Den Teig zu ei-

nem Strang rollen, in 16 gleich große Scheiben schneiden und die Teigstücke zu Brötchen formen.

4 Ein Backblech mit Margarine fetten. Brötchen daraufsetzen und mit lauwarmem Wasser bestreichen. Etwas Soja-Schrot darüberstreuen und mit einem Messer ein Kreuz in jedes Brötchen schneiden. Nochmals ca. 20 Minuten gehen lassen.

5 Im vorgeheizten Backofen bei 200° (Gas: Stufe 3) ca. 20 Minuten backen. Brötchen vom Backblech nehmen und auf einem Kuchengitter auskühlen lassen.

BAUERNBROT MIT NÜSSEN

Zutaten für eine Kastenform
(25 cm Länge, 1,5 l Inhalt)
275 g Weizenmehl (Type 1050)
200 g Roggenmehl (Type 1150)
25 g Weizenkleie
1 TL Salz
250 g Vollmilch-Joghurt
1 Würfel Hefe
40 g Sanella
30 g Haselnußkerne
20 g Pistazien
Mehl für die Arbeitsfläche
50 g Sonnenblumenkerne
Sanella zum Einfetten
Weizen- oder Haferflocken
zum Bestreuen

1 Weizenmehl, Roggenmehl, Weizenkleie und Salz in eine Rührschüssel geben und mischen. Joghurt mit 100 ml lauwarmem Wasser verrühren. Hefe zerbröckeln und in der Joghurt-Wasser-Mischung auflösen. Die Margarine in einen Topf geben, schmelzen und wieder etwas abkühlen lassen. Die angerührte Hefe und Margarine zum Mehl geben.

2 Nun alles mit den Knethaken des Handgerätes zu einem glatten Teig verkneten. Mit einem Tuch abdecken und an einem warmen Ort gehen lassen, bis sich das Volumen des Teigs verdoppelt hat.

3 In der Zwischenzeit Haselnußkerne und Pistazien grob hacken. Den Brotteig auf einer bemehlten Arbeitsfläche noch einmal mit den Händen kräftig kneten. Dabei die Pistazien, Haselnußkerne und Sonnenblumenkerne unterkneten.

4 Einen länglichen Brotlaib aus dem Teig formen. Kastenform mit Margarine fetten. Teig in die Form legen, leicht mit Salzwasser bestreichen und mit Weizen- oder Haferflocken bestreuen.

5 Brotteig in der Form nochmals für ca. 20 Minuten an einen warmen Ort stellen und gehen lassen. Dann im vorgeheizten Backofen bei 175° (Gas: Stufe 2) ca. 55 Minuten backen. Das Bauernbrot mit einem Messer vom Rand lösen, aus der Form stürzen und auf einem Kuchengitter auskühlen lassen.

VIERKORN-FLADENBROTE

Zutaten für 4 Stück
300 ml Buttermilch
1/2 Würfel Hefe
200 g Weizenvollkornmehl
100 g Maismehl
75 g Sojamehl
100 g Roggenschrot (Type 1800)
1 TL Jodsalz
Mehl für die Arbeitsfläche
und zum Bestäuben
Sanella zum Einfetten
50 g gesalzene Erdnußkerne
50 g Kürbiskerne

1 Buttermilch in einem Topf erwärmen. Hefe zerbröckeln und darin auflösen. Weizen-, Mais-, Sojamehl, Roggenschrot und Salz in eine Rührschüssel geben und mischen. Die Hefemilch dazugießen und mit den Knethaken des Handrührgerätes zu einem glatten Teig verkneten.

2 Mit einem Tuch abdecken, an einen warmen Ort stellen und gehen lassen, bis sich das Volumen des Hefeteiges verdoppelt hat.

3 Den Teig auf einer bemehlten Arbeitsfläche nochmals kräftig mit den Händen kneten. In 4 Portionen teilen. Jedes Teigstück zu einem Fladen von ca. 1 cm Dicke ausrollen.

4 Ein Backblech mit Margarine fetten und dünn mit Mehl bestäuben. Die Vierkorn-Fladenbrote auf das Blech legen und mit Wasser bestreichen. Mit Erdnuß- und Kürbiskernen bestreuen. Die Kerne auf dem Teig etwas andrücken.

5 Nochmals ca. 20 Minuten gehen lassen. Fladen mehrmals mit einer Gabel einstechen. Im vorgeheizten Backofen bei 200° (Gas: Stufe 3) ca. 30 Minuten backen.

TIP: Sollen die Brotfladen zum Frühstück oder Brunch serviert werden, den Teig am Vorabend kalt anrühren und über Nacht in den Kühlschrank stellen. Am nächsten Morgen – wie ab Punkt 3 beschrieben – formen, gehen lassen und ca. 30 Minuten backen.

ROSINENSCHNECKEN

Zutaten für 12–15 Stück
200 ml Milch
200 g getrockneter Zuckerrohrsaft
1/2 Würfel Hefe
200 g Weizenmehl (Type 550)
300 g Weizenvollkornmehl
1 TL Salz
130 g Sanella, 2 Eier
250 g getrocknete Aprikosen
200 g Rosinen
100 g flüssiger Honig

1 100 ml Milch erwärmen. 1 TL Zuckerrohrsaft darin auflösen. Die Hefe zerbröckeln und darin auflösen. Die Mischung 15 Minuten gehen lassen.
2 Die Mehle, 100 g Zuckerrohrsaft und Salz in einer Schüssel mischen. Die restliche Milch erwärmen und 80 g Margarine darin schmelzen. Die

Eier, Hefemilch und Margarine zur Mehlmischung geben. Alles zu einem glatten Teig verkneten.
3 Den Hefeteig abgedeckt an einem warmen Ort gehen lassen, bis sich das Volumen verdoppelt hat. Dann noch einmal kneten und ca. 1/2 cm dick zu einem Rechteck von ca. 30×35 cm ausrollen.
4 Für die Füllung Aprikosen fein würfeln. Die restliche Margarine schmelzen und mit den Aprikosen, dem restlichen Zuckerrohrsaft und den Rosinen mischen. Die Mischung auf dem Teig verteilen und von der schmalen Seite her locker aufrollen.
5 Die Rolle in ca. 2 cm dicke Scheiben schneiden. Mit der Schnittfläche nach oben auf ein mit Backpapier ausgelegtes Backblech legen. 20 Minuten gehen lassen.
6 Im vorgeheizten Backofen bei 175° (Gas: Stufe 2) ca. 60 Minuten backen. Das warme Gebäck mit Honig bestreichen.

KÜRBISKERN-SCHNITTEN

Zutaten für 40–50 Stück
150 g Kürbiskerne
150 g kernige Haferflocken
100 g Sanella
80 g getrockneter Zuckerrohrsaft
3 EL Honig
1 Prise Salz
1 TL gemahlener Zimt
1 Prise gemahlene Nelken
2 TL Zitronensaft
Sanella zum Einfetten

1 Kürbiskerne und Haferflocken in einer Pfanne unter Wenden hellgelb rösten. Mischung in eine Schüssel geben und etwas abkühlen lassen. Margarine, Zuckerrohrsaft, Honig, Salz, Zimt, Nelken und Zitronensaft dazugeben und verrühren.
2 Auf einem gefetteten Backblech mit einem variablen Backrahmen,

Pergamentpapier oder Alufolie ein Quadrat von 20×20 cm Größe begrenzen. Den Teig hineingeben und ca. 1 1/2 cm dick darin verstreichen.
3 Im vorgeheizten Backofen bei 175° (Gas: Stufe 2) ca. 15 Minuten backen. Herausnehmen, etwas abkühlen lassen. Noch warm in kleine Rauten schneiden.

schnell

GEFÜLLTER HAHN

Zutaten für 3 Stück

FÜR DEN TEIG:

500 g Weizenvollkornmehl

500 g Weizenmehl (Type 1050)

1/2 l Milch, 60 g Hefe

150 g getrockneter Zuckerrohrsaft

150 g Sanella

1 Prise Salz, 1 Ei

FÜR DIE FÜLLUNG:

250 g frisch gemahlener Mohn

100 g Rosinen, 50 g Kokosraspel

100 g Honig, 2 Eiweiß

Sanella zum Einfetten

ZUM VERZIEREN:

1 Eigelb, Mohn, Kürbiskerne

1 Mehlsorten mischen und in die Mitte eine Vertiefung drücken. 50 ml Milch erwärmen. Hefe darin auflösen, mit 2 TL Zuckerrohrsaft in die Mulde geben und zu einem Brei verrühren. Zugedeckt ca. 10 Minuten gehen lassen.

2 Margarine schmelzen und abkühlen lassen. Mit restlichem Zuckerrohrsaft, Milch, Salz und Ei zum Mehl geben und alles zu einem glatten Teig verkneten. Zugedeckt an einem warmen Ort gehen lassen, bis sich das Volumen verdoppelt hat.

3 Hahn als Schablone in etwa 2/3 der Backblechgröße ausschneiden. Den Mohn und 200 ml Wasser aufkochen und ca. 8 Minuten quellen lassen. Abtropfen und abkühlen lassen. Mit Rosinen, Kokosraspel, Honig und 1 Eiweiß verrühren.

4 Den Hefeteig ca. 1/2 cm dick ausrollen und 6 Hähne ausschneiden (3 Hähne ca. 1/2 cm größer bemessen). Die kleineren 3 Hähne auf ein gefettetes Backblech legen. Die Füllung daraufgeben und so verstreichen, daß ein 1 bis 2 cm breiter Rand frei bleibt. Die Ränder mit restlichem Eiweiß bestreichen. Die größeren Figuren darauflegen, die Teigränder gut andrücken.

5 Eigelb und 1 EL Wasser verquirlen. Die Hähne damit bestreichen. Den Kamm, den Schwanz und die Füße mit Mohn und Kürbiskernen verzieren. Im vorgeheizten Ofen bei 200° (Gas: Stufe 3) 15 bis 20 Minuten backen.

SANDDORNTORTE MIT QUITTEN

Zutaten für eine Springform
(20 cm ∅, 1 l Inhalt)
FÜR DEN TEIG:
2 Eier
75 g getrockneter Zuckerrohrsaft
75 g Sanella, 1 Prise Salz
1 TL abgeriebene Zitronenschale
2 EL Zitronensaft
75 g Weizenvollkornmehl
1 gestrichener TL Backpulver
FÜR DIE FÜLLUNG:
1/8 l Weißwein, 3 EL Honig
1 TL abgeriebene Zitronenschale
2 EL Zitronensaft, 3 Quitten
6 Blatt weiße Gelatine
250 g Sanddornmus mit Honig
300 g Schlagsahne
2 TL Pistazienkerne zum Bestreuen

1 Die Eier trennen. Eigelb, Zuckerrohrsaft, Margarine, Salz, Zitronenschale und -saft schaumig rühren. Mehl mit dem Backpulver mischen und unterrühren. Das Eiweiß steif schlagen und unterheben.
2 Teig in eine mit Backpapier ausgelegte Springform füllen. Im vorgeheizten Backofen bei 175–200° (Gas: Stufe 2–3) ca. 25 bis 30 Minuten backen.
3 Wein, 1/8 l Wasser, 2 EL Honig, Zitronenschale und -saft aufkochen. 2 Quitten schälen, achteln und entkernen. Dritte Quitte waschen und in Scheiben schneiden. Quittenachtel ca. 15 Minuten, Quittenscheiben ca. 5 Minuten in dem Sud kochen, dann abkühlen lassen.

4 Die Gelatine einweichen, tropfnaß bei milder Hitze auflösen und unter das Sanddornmus rühren. Kalt stellen. Sahne steif schlagen. Sobald das Mus zu gelieren beginnt, die Schlagsahne unterheben.
5 Die Hälfte der Sanddornsahne auf dem Boden verteilen. Die Quitten abtropfen lassen, die Flüssigkeit dabei auffangen. Quittenspalten auf der Sahne verteilen. Die restliche Sahne daraufstreichen. Die Sanddorntorte mit Quittenscheiben garnieren und kühl stellen.
6 Restlichen Honig und 4 EL Sud etwas einkochen lassen. Quitten damit bestreichen. Die Pistazien längs vierteln und darüberstreuen.
Ergibt 8 Stücke.

BUCHWEIZENKÜCHLEIN

Zutaten für 18 Mohrenkopf- oder
6–8 Briocheförmchen
(à 50 bzw. 175 ml Inhalt)
100 g Buchweizengrütze
1/4 l Milch
50 g Sanella
1 Prise Salz
4 Eier
100 g getrockneter Zuckerrohrsaft
1 TL gemahlener Zimt
1 Prise gemahlener Kardamom
200 g gemahlene Haselnußkerne
1 TL Zitronensaft
Sanella zum Einfetten
ZUM BESTREUEN:
100 g Cashewkerne
getrockneter Zuckerrohrsaft

1 Buchweizengrütze, Milch, Margarine und Salz aufkochen. Unter Rühren ca. 2 Minuten köcheln lassen. Den Topf von der Herdplatte nehmen und die Buchweizengrütze 20 Minuten ausquellen lassen. Dabei gelegentlich umrühren.
2 Eier trennen. Eigelb und Zuckerrohrsaft verrühren, 1 bis 2 Minuten ruhen lassen, dann schaumig schlagen. Zimt, Kardamom und die gemahlenen Haselnußkerne dazugeben und unterrühren. Abgekühlte Buchweizengrütze unterrühren.

3 Eiweiß mit Zitronensaft zu steifem Schnee schlagen. 1/3 davon unterrühren, den Rest mit einem Schneebesen locker unter den Teig heben. Förmchen mit Margarine fetten. Den Teig einfüllen. Die Cashewkerne halbieren und zusammen mit dem Zuckerrohrsaft über den Teig streuen.
4 Im vorgeheizten Backofen bei 200° (Gas: Stufe 3) in den Mohrenkopfschalen 30, sonst 60 Minuten backen. Buchweizenküchlein herausnehmen und aus den Förmchen stürzen. Auf einem Kuchengitter auskühlen lassen.

MARMORIERTE JOGHURTTORTE

Zutaten für eine Springform
(26 cm ∅, 2,5 l Inhalt)
FÜR DEN TEIG:
200 g Weizenvollkornmehl
1 Prise Salz
1 Prise Backpulver
75 g getrockneter Zuckerrohrsaft
100 g Sanella, 1 Ei
2 EL Schmand (Sauerrahm 24 %)
FÜR DEN BELAG:
12 Blatt weiße Gelatine
450 g Vollmilch-Joghurt
1/2 TL abgeriebene Zitronenschale
5–6 EL Zitronensaft
150 g Ahornsirup oder
flüssiger Honig
200 g Schlagsahne
500 g Erdbeeren
3 Mangos (à ca. 300 g)

1 Die Teigzutaten verkneten. Abgedeckt 30 Minuten kalt stellen, ausrollen und den Boden einer Springform damit auslegen. Den Teig nun mehrmals einstechen und im vorgeheizten Backofen bei 200° (Gas: Stufe 3) ca. 20 Minuten backen.

2 Gelatine einweichen. Joghurt, Zitronenschale und 3 EL Zitronensaft verrühren und mit Ahornsirup abschmecken. 6 Blatt Gelatine tropfnaß bei milder Hitze auflösen, unter den Joghurt rühren und kalt stellen. Sahne steif schlagen. Sobald der Joghurt zu gelieren beginnt, Sahne unterheben. Joghurt auf den Boden geben. Kühl stellen, bis die Masse fest geworden ist.

3 Die Erdbeeren waschen, putzen und, bis auf 10 Früchte zum Garnieren, pürieren. Mit Sirup süßen. Mangos schälen und in Spalten vom Stein schneiden. Fruchtfleisch von 2 Früchten pürieren, mit Zitronensaft und Sirup abschmecken.

4 Restliche Gelatine tropfnaß bei milder Hitze auflösen. Jeweils eine Hälfte unter jedes Fruchtpüree rühren. Pürees auf die Joghurtcreme gießen. Mit einem Löffel zu Mustern verrühren. Torte kalt stellen, bis die Pürees fest geworden sind.

5 Erdbeeren in Scheiben schneiden und die Joghurttorte mit den restlichen Früchten garnieren.
Ergibt 12 Stücke.

GRAHAM-PLÄTZCHEN

Zutaten für 60–80 Plätzchen
FÜR DEN TEIG:
350 g Grahammehl
1/4 TL Backpulver
1/2 TL gemahlener Zimt
1 Prise Salz
1 TL abgeriebene Zitronenschale
150 g getrockneter Zuckerrohrsaft
150 g gemahlene Mandeln
3 Eier
175 g Sanella
1 TL Zitronensaft
Grahammehl für die Arbeitsfläche
etwas getrockneter Zuckerrohrsaft
zum Bestreuen

1 Grahammehl, Backpulver, Zimt, Salz, Zitronenschale, Zuckerrohrsaft und Mandeln mischen. 1 Ei trennen. Eiweiß, restliche Eier, Margarine und Zitronensaft zum Mehl geben und alles zu einem glatten Teig verkneten. 30 Minuten kalt stellen.
2 Den Teig auf einer bemehlten Arbeitsfläche ca. 3 mm dick ausrollen. Beliebige Formen, z.B. Dreiecke, daraus ausschneiden. Nun die Plätzchen auf ein mit Backpapier ausgelegtes Backblech legen.
3 Eigelb und 1 EL Wasser verquirlen. Die Plätzchen damit bestreichen und mit getrocknetem Zuckerrohrsaft bestreuen. Dann im vorgeheizten Backofen bei 200° (Gas: Stufe 3) 18 bis 20 Minuten backen und auskühlen lassen.

WABENKUCHEN VOM BLECH

Zutaten für ein Backblech (30×40 cm)
oder eine Tarteform (30 cm ⌀)
FÜR DEN TEIG:
200 ml Buttermilch
125 g getrockneter Zuckerrohrsaft
Mark von 1 Vanilleschote, 4 Eier
1/2 TL abgeriebene Orangenschale
200 g Weizenmehl (Type 550)
100 g Weizenmehl (Type 1050)
100 g gemahlene Haselnußkerne
1 Päckchen Backpulver
Sanella zum Einfetten
FÜR DEN BELAG:
150 g Sanella
50 g getrockneter Zuckerrohrsaft
2 EL Honig, 3 EL Milch
je 75 g grobgehackte Hasel-
und Walnußkerne

1 Buttermilch, Zuckerrohrsaft, Vanillemark und Eier schaumig schlagen. Die Orangenschale dazugeben. Mehlsorten, Haselnußkerne und das Backpulver mischen. Unterrühren.
2 Den Teig auf ein gefettetes Backblech streichen oder in eine gefettete Tarteform geben. Im vorgeheizten Backofen bei 200° (Gas: Stufe 3) 15 Minuten vorbacken.
3 Inzwischen Margarine, Zuckerrohrsaft, Honig, Milch, Hasel- und Walnußkerne unter Rühren aufkochen und abkühlen lassen.
4 Den Belag auf den vorgebackenen Boden streichen und bei gleicher Temperatur im Ofen weitere 10 bis 15 Minuten backen.
Ergibt 24 Stücke.

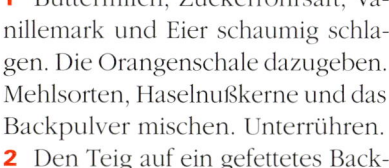

schnell

QUARK-PIROGGEN

Zutaten für 18–20 Stück
250 g Weizenmehl (Type 1050)
150 g Weizenvollkornmehl
175 g getrockneter Zuckerrohrsaft
1 TL abgeriebene Zitronenschale
200 ml Milch, 1 Würfel Hefe
150 g Sanella, 500 g Quark (20 %)
1 Päckchen Vanille-Puddingpulver
2 Eier, 75 g gemahlene Mandeln

1 Mehle, 75 g Zuckerrohrsaft und 1/2 TL Zitronenschale mischen. Die Milch erwärmen. Hefe zerbröckeln und darin auflösen. Hefemilch und 75 g Margarine zum Mehl geben. Alles mit den Knethaken des Handrührers zu einem glatten Teig verkneten. Dann zugedeckt an einen warmen Ort stellen und ca. 30 Minuten gehen lassen.

2 Restliche Margarine schmelzen und mit Quark, Puddingpulver, dem restlichen Zuckerrohrsaft und der Zitronenschale, 1 Ei und Mandeln zu einer glatten Creme verrühren.

3 Den Teig nochmals kräftig kneten und ca. 3 mm dick ausrollen. Kreise von 12,5 cm ⌀ aus dem Teig ausstechen. Je 1 EL Quarkfüllung auf jeden Kreis geben.

4 Das Ei trennen. Teigränder mit Eiweiß bestreichen und zur Hälfte überklappen. Die Ränder mit den Zinken einer Gabel zusammendrükken, so daß ein Wellenmuster entsteht. Eigelb und 1 EL Wasser mit einer Gabel verquirlen. Piroggen damit bestreichen und auf ein mit Backpapier ausgelegtes Backblech legen. Im vorgeheizten Backofen bei 175° (Gas: Stufe 2) 10 bis 15 Minuten backen.

KNUSPERBROT MIT HAFERFLOCKEN

Zutaten für ein Brot
750 g Weizenmehl (Type 550)
200 g Roggenmehl (Type 1150)
30 g Weizenkleie
2 TL Salz
600 ml Buttermilch
1 Würfel Hefe
25 g Sanella
2 EL Haferflocken zum Bestreuen

1 Weizen-, Roggenmehl, Weizenkleie und Salz in einer Schüssel mischen. Buttermilch erwärmen. Hefe hineinbröckeln und darin auflösen. Die Hefe-Buttermilch und Margarine zum Mehl geben und alles zu einem glatten Teig verkneten. Zugedeckt an einem warmen Ort gehen lassen, bis sich das Volumen des Teiges verdoppelt hat.

2 Den Teig nochmals kräftig durchkneten. Zu einem Brotlaib formen und auf ein mit Backpapier ausgelegtes Backblech geben. Das Brot mit Wasser bestreichen und mit Haferflocken bestreuen.

3 Nochmals 30 Minuten an einem warmen Ort gehen lassen. Dann im vorgeheizten Ofen bei 200° (Gas: Stufe 3) ca. 40 Minuten backen. Brot vom Backblech nehmen und auskühlen lassen.

BAISER, STRUDEL, HONIGKUCHEN

Schneeweiß, hauchdünn und honigsüß

Von märchenhafter Süße sind Baisers aus Eischnee und Zucker. Auch die würzigen Pfeffernüsse und die dunklen Honigkuchen haben zu jeder Zeit des Jahres ihre Liebhaber. Ein Meister im Strudelziehen wird man durch Übung. Perfekt, heißt es in Wien, ist der Teig erst, wenn sich durch ihn hindurch Zeitung lesen läßt.

Klassischer Apfelstrudel. Rezept auf Seite 193

SO GELINGT STRUDEL

Mit einem Strudel können Sie sogar routinierte Backfreunde in rückhaltlose Begeisterung versetzen. Denn das Strudelmachen gilt weithin als schwierige Kunst. Zu Unrecht! Verlassen Sie sich einfach auf unsere Anleitung und ein erprobtes GRUNDREZEPT: 250 g Mehl, 50 g flüssige Sanella, 1 Ei, 1 Prise Salz, etwa 1/8 l lauwarmes Wasser.

Sie können auch auf das Ei verzichten und dafür mehr Wasser nehmen (etwa 150 ml). Jetzt brauchen Sie nur noch Geduld beim Kneten und etwas Mut beim Ausziehen des Strudelteigs.

1 Mehl, Margarine, Salz und Ei auf die Arbeitsfläche häufen. Nach und nach lauwarmes Wasser zugießen. Alles mit zwei Paletten zu einem glatten Teig verarbeiten. Oder in der Schüssel verrühren.

2 Den Teig auf die bemehlte Arbeitsfläche geben und mindestens 10 Minuten (!) mit den Händen durchkneten. Am besten stellen Sie den Küchenwecker.

QUARKBLÄTTERTEIG

Ähnlich wie ein echter Blätterteig und ein Plunderteig verlockt auch der Quarkblätterteig mit einer mürben blättrigen Struktur. Das Schöne an ihm: Er ist viel einfacher hinzukriegen. Hier die Zutaten für ein GRUNDREZEPT: 250 g Mehl, 1/2 TL Salz, 1 TL Backpulver, 250 g Magerquark oder Schichtkäse, 250 g Margarine.

Quarkblätterteig ist sehr variabel und ideal für flaches Kleingebäck wie Kopenhagener, Schuhsohlen oder Schweinsohren. Frisch aus dem Ofen schmeckt er am allerbesten.

1 Den Magerquark auf ein mit einer Mullwindel ausgelegtes Sieb geben und einige Stunden abtropfen lassen. Schneller: Die Windel zusammendrehen und auswringen. Schichtkäse muß nicht entwässert werden.

2 Das Mehl auf die Arbeitsfläche häufen. Den abgetropften Quark oder den Schichtkäse, Margarine und Salz darauf verteilen.

3 Der Teig soll jetzt elastisch sein und seidig glänzen. Eine Kugel formen, mit Öl bestreichen und mit einer angewärmten Porzellan- oder Keramikschüssel bedecken. Den Strudelteig mindestens 30 Minuten ruhen lassen.

4 Ein großes Tuch, zum Beispiel eine Tischdecke oder Stoffwindel, ausbreiten, bemehlen und den Strudelteig darauf so dünn es geht ausrollen.

5 Mit den Handrücken unter den Teig fahren und dabei langsam ausdehnen. Geduldig weitermachen, bis der Teig so dünn ist, daß Sie das Muster des Stoffs darunter erkennen. Die dicken Ränder abschneiden.

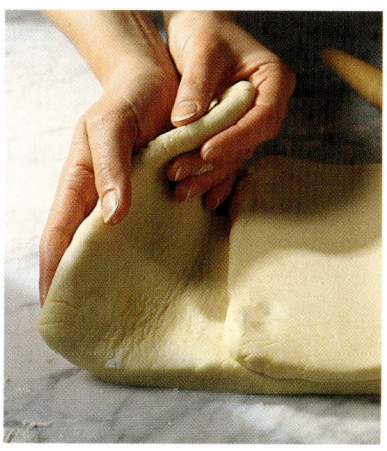

3 Alle Zutaten mit zwei Paletten oder Messern durchhacken, bis ein glatter weicher Teig entstanden ist. Sie können auch kurz die Knethaken des Handrührers benutzen. Eine Stunde ruhen lassen.

4 Für die blätterige Struktur den Teig zu einem langen Rechteck ausrollen. Größe: etwa 20×40 cm. Von den Schmalseiten her dreifach übereinanderfalten. In Folie verpackt 30 Minuten ruhen lassen.

5 Die geschlossene Seite des Teigpakets nach vorn drehen und in diese Richtung wiederum ausrollen. Zusammenfalten und 30 Minuten kalt stellen. Den Vorgang noch zweimal wiederholen.

SO GELINGT BAISER

Für die zuckersüßen Leicht-gewichte braucht man nur zwei Zutaten: Eiweiß und feinen Zucker. Natürlich kommt es auf das Verhältnis an. Das einfache REZEPT: 50 g Zucker pro Eiweiß oder 400 g Zucker für 1/4 l Eiweiß. Damit Sie die Menge einschätzen können: 8 Eier der Gewichtsklasse 3 enthalten rund 1/4 l Eiweiß. Zu steifem Schnee geschlagen und im Backofen langsam getrocknet ergibt diese Menge einen Riesen-berg kleiner Baisers oder vier Tortenböden von etwa 24 cm Ø.

1 Das Eiweiß so lange schlagen, bis es wattig aussieht und nicht mehr glänzt. Fest und feinporig gelingt der Eischnee in der Kü-chenmaschine. Auf kleiner Stufe anfangen, dann langsam die Ge-schwindigkeit erhöhen.

2 Das Eiweiß ist steif genug, wenn der Schnee geformt in den Quirlen stecken bleibt. Oder der Schnitt eines Messer sichtbar ist.

HONIGKUCHEN

Er ähnelt einem anderen uralten Backwerk, dem Sauerteigbrot. Das süße Honiggebäck bekommt sein Aroma und die Lockerheit nicht nur von traditionellen Treib-mitteln wie Pottasche und Hirsch-hornsalz, sondern bei längerem Stehen auch von wilden Hefen und Milchsäurebakterien, die sich aus der Luft im Teig ansiedeln. Ein typisches REZEPT: 250 g Honig, 100 g Zucker, 50 g Margarine, 100 g gehackte Nußkerne, 350 g Mehl, 1/2 Tüte Pottasche (7,5 g) oder 1 Tüte Hirschhornsalz (10 g), 2 EL Rum, 1 Tüte Pfeffer-kuchengewürz oder selbst-gemischte Gewürze.

Lassen Sie den Teig zugedeckt für einige Tage oder sogar Wo-chen in der Küche ruhen. Dann wird das Aroma besonders fein.

1 Honig, Zucker und Margarine in einem Topf erhitzen, bis Fett und Zucker geschmolzen sind. Unter gelegentlichem Umrühren etwa handwarm abkühlen lassen.

2 Die Pottasche in Rum auf-lösen, damit sich das Treibmittel im Teig gleichmäßig verteilt. Gemahlene Gewürze wie Zimt, Nelken, Piment, Ingwer, Anis, Kar-damom und Koriander nach Ge-schmack auswählen und mischen.

3 Der Schnee ist ebenfalls fest genug, wenn man die Schüssel umdrehen kann – ohne Malheur. Jetzt den Zucker einrieseln lassen und dabei weiterschlagen.

4 Oder: Den Zucker auf einmal hineinschütten und mit einem Gummispatel gleichmäßig unterheben! Beide Methoden gelingen, ergeben jedoch eine leicht unterschiedliche Beschaffenheit.

5 Die Baisermasse entweder mit dem Spritzbeutel zu Rosetten spritzen. Oder mit zwei Löffeln Häufchen auf das mit Backpapier ausgelegte Backblech setzen.

3 Das Mehl in einer Schüssel mit Gewürzen und Nüssen mischen. Honig-Fett-Mischung und aufgelöste Pottasche damit verkneten. Große Mengen in der Küchenmaschine verarbeiten, denn der Teig ist sehr zäh.

4 Den Teig noch einmal mit den Händen durchkneten. In ein verschließbares Gefäß geben oder in der mit Folie zugedeckten Schüssel für mindestens drei Tage, besser für zwei Wochen, bei Zimmertemperatur stehen lassen.

5 Den Teig noch einmal durchkneten und dünn ausrollen. Weihnachtliche Formen ausstechen oder den Teig in Streifen schneiden. Im Backofen bei 175° (Gas: Stufe 2) 12 bis 15 Minuten backen.

SPEZIALITÄTEN

BAISER

■ Muß Baiser stets schneeweiß leuchten? Oder darf das süße Gebäck aus Eischnee und Zucker auch einen goldenen Anflug haben? Da scheiden sich alle Back-Geister. Klar ist: Die gelbliche oder gar bräunliche Farbe entsteht, wenn der Backofen sehr heiß ist. Ideal sind Temperaturen zwischen 120° und 150° im Elektroherd. Beim Gasherd läßt sich als niedrigste nur die Stufe 1 einstellen, und die erreicht häufig sehr viel höhere Gradzahlen. Als Regel gilt: Je niedriger die Temperatur, desto weißer der Baiser und desto

länger dauert das Trocknen. Aber mancher mag speziell das leichte Karamelaroma, das entsteht, wenn sich der Baiser langsam verfärbt – und stellt deswegen den Backofen 10° höher ein.

BAISER FÄRBEN

■ Fertig geschlagene Baisermassen können Sie jederzeit problemlos färben. Entweder Sie nehmen Speisefarbe, dann reichen bereits wenige Tropfen. Oder Sie färben ganz natürlich, zum Beispiel bräunlich mit Kakao, orangegelb mit Kurkuma oder zartgrün mit fein gemahlenen Pistazien.

Baiser färben, zum Beispiel mit Speisefarbe oder etwas Kakao.

JAPONAIS

■ So nennt der Konditor eine fertige Baisermasse, die am Schluß mit gerösteten, geriebenen Haselnüssen oder Mandeln vermischt wird. Falls Sie es ausprobieren möchten, nehmen Sie pro Eiweiß 25 g Nüsse und verwenden Sie die Masse für flache Tortenböden. Dafür müssen Sie nur einen der vorgezeichneten Kreise vom Backpapier mit dem Japonais bestreichen oder einen Kreis aufspritzen und bei 160° bis 170° ca. 30 Minuten backen. Berühmt ist die Japonais-Torte. Sie besteht aus drei Böden, ist mit Mokkacreme gefüllt und wird mit gerösteten Nüssen oder Mandeln bestreut.

STRUDEL

■ Man wagt kaum, ihn anzufassen – so durchscheinend dünn mutet der Teig an – und so zerreißbar. Für das Ausziehen brauchen Sie keine Kraft, sondern Zeit und Geduld. Und das richtige Mehl. Verwenden Sie eine doppelgriffige Sorte. Sie ist in der Körnung etwas gröber als Haushalts-

Damit aufgeschlagener Eischnee auch stabil bleibt, darf keine Spur Fett an den Arbeitsgeräten haften. Er gerät sogar noch fester, wenn Sie beim Schlagen eine Prise Weinsteinpulver aus der Apotheke zufügen. So machen es jedenfalls Engländer und Amerikaner, die wahre Spezialisten für zarte Baisermassen sind.

Hauchdünn und transparent muß ein wirklich gut ausgezogener Strudelteig sein.

mehl, jedoch genauso weiß. Das Spezialmehl nimmt die Flüssigkeit langsam auf, der Teig quillt gut aus und wird besonders elastisch. Wichtig: Doppelgriffiges Mehl hat ein anderes Volumen als Haushaltsmehl. Nehmen Sie also besser nicht Ihren Meßbecher, sondern wiegen Sie es genau ab. In Süddeutschland können Sie das Doppelgriffige überall kaufen, aber im Norden muß man leider etwas danach suchen. Zum Ausziehen des Strudelteigs ist ein übliches Geschirrtuch als Unterlage zu klein. Nehmen Sie entweder eine Baumwoll-Mullwindel oder eine Tischdecke dafür.

HONIGKUCHEN

■ Beim Honigkuchen sollten Sie an Gewürzen nicht sparen. Sie prägen diese Kuchenart und verbreiten beim Backen weihnachtliche Düfte. Wer eine Schwäche für Würziges hat, kann sich aus Muskatblüte, Kardamom und Anis, Zimt, Nelken, Piment, Ingwer und Koriander seine höchst persönliche Mischung zusammenstellen und sie dem Teig teelöffelweise zusetzen – auch wenn im Rezept praktischerweise eine Fertigmischung empfohlen wird.

HART ODER WEICH?

■ Falls ein Honigkuchenteig zu weich geraten sein sollte, können Sie ruhig noch etwas Mehl unterkneten. Ist er zu fest, etwas Rum oder Wasser zufügen. Eine abweichende Teigbeschaffenheit kommt oft vor, weil sich Honig und Sirup so schwer genau dosieren lassen. Honigkuchenteig gelingt auch mit Mehl der Type 1050 oder Vollkornmehl. Falls er dann zu weich ist: abwarten! Diese Mehlsorten quellen einfach langsamer.

HIRSCHHORNSALZ

■ Hirschhornsalz gehört zu den traditionellen Treibmitteln der Leb- und Honigkuchenbäckerei. Seine Treibkraft entwickelt sich erst im Backofen bei Temperaturen über 60°. Daher ist auch Hirschhornsalz (Ammoniumhydrogencarbonat) gut für Teige, die lange stehen sollen.

Honig abwiegen: Den Honig- oder Siruptopf auf die Waage stellen und soviel herauslöffeln, bis die Waage anzeigt, daß die vorgeschriebene Menge entnommen wurde.

POTTASCHE

■ Pottasche gehört als Treibmittel in Honigkuchenteige, die tagelang stehen sollen, bevor sie gebacken werden. Das weiße Pulver heißt beim Apotheker Kaliumcarbonat und hat eine ähnliche Wirkung wie Backpulver. Allerdings setzt seine Treibkraft nicht sofort ein, sondern entwickelt sich allmählich während der Lagerzeit des Teiges. Pottasche löst sich am besten in Alkohol, deshalb sollten Sie das Pulver zuerst mit Rum oder Weinbrand verrühren und dann in den Teig geben.

BACKPULVER

■ Wenn Sie den Honigkuchenteig nicht lange stehen lassen möchten, nehmen Sie als Treibmittel das sofort wirksame Backpulver anstelle der „langsamen" Treibmittel Pottasche und Hirschhornsalz. Sie benötigen für 500 g Mehl mindestens ein Päckchen Backpulver.

Honigkuchen halten sich in einer Blechdose ohne Probleme wochenlang frisch. Sollten sie einmal zu hart geraten sein: Für einige Tage eine Scheibe Brot oder ein paar Apfelstücke mit in die Dose legen.

BÖHMISCHER KRAUTSTRUDEL

FÜR DEN TEIG:
50 g Sanella
250 g Mehl
1 Prise Salz
1 EL Öl
Mehl zum Ausrollen
FÜR DIE FÜLLUNG:
1,5 kg Weißkohl
1 Zwiebel
150 g geräucherter
durchwachsener Speck
50 g Sanella
1 EL Kümmel, Salz
Pfeffer aus der Mühle

1 Margarine schmelzen. Mit Mehl, Salz und 125 ml lauwarmem Wasser verkneten. Teig mit den Händen ca. 10 Minuten kneten, bis er weich und elastisch ist. Nun mit Öl bestreichen und in Folie wickeln. Bei Zimmertemperatur mindestens 30 Minuten ruhen lassen.

2 Kohl putzen, waschen, vierteln und in feine Streifen schneiden. Die Zwiebel schälen und würfeln. Den Speck ebenfalls würfeln. 1 EL Margarine erhitzen, Speck darin auslassen, Zwiebeln darin glasig andünsten. Kohl und 1/2 EL Kümmel zufügen und das Gemüse knapp gardünsten. Mit Salz und Pfeffer würzen. Abkühlen lassen.

3 Den Teig auf einem bemehlten Tuch ausrollen und über die Handrücken hauchdünn ausziehen. Die restliche Margarine schmelzen und auf den Teig streichen. Die Füllung darauf verteilen. Den Teig an den Seiten über die Füllung schlagen. Den Strudel aufrollen.

4 Mit der Nahtstelle nach unten auf ein mit Backpapier ausgelegtes Backblech legen. Restlichen Kümmel darüberstreuen und im vorgeheizten Ofen bei 200° (Gas: Stufe 3) 40 bis 45 Minuten backen.
Ergibt 6–8 Portionen.

APRIKOSEN-WINDRAD

Zutaten für ca. 8 Stück
250 g Magerquark, 250 g Mehl
1 Prise Salz, 250 g Sanella
Mehl für die Arbeitsfläche
8 Aprikosenhälften aus der Dose
100 g Aprikosenkonfitüre

1 Den Quark in ein Tuch geben und die Flüssigkeit herauspressen. Mehl, Salz, Margarine und Quark mit den Knethaken des Handrührgerätes zu einem glatten Teig verarbeiten. 30 Minuten kalt stellen.

2 Den Teig auf einer bemehlten Arbeitsfläche zu einem Rechteck von 20×40 cm ausrollen und dreifach übereinander falten. Ca. 30 Minuten kalt stellen. Noch dreimal ausrollen und falten wie beschrieben.

3 Teig dünn ausrollen und Quadrate von 15 cm Seitenlänge daraus schneiden. Den Teig an allen 4 Seiten in der Mitte ca. 5 cm einschneiden. Je eine Ecke so umklappen, daß ein „Windrad" entsteht. Leicht andrücken. Jeweils in die Mitte eine Aprikosenhälfte legen.

4 Die Konfitüre durch ein Sieb streichen, mit 2 EL heißem Wasser glattrühren und das Gebäck damit bestreichen. Im vorgeheizten Backofen bei 200° (Gas: Stufe 3) 12 bis 15 Minuten backen.

SAUERKIRSCHSTRUDEL

FÜR DEN TEIG:

50 g Sanella

250 g Mehl

1 Prise Salz

Mehl zum Ausrollen

100 g Sanella zum Bestreichen

Sanella zum Einfetten

FÜR DIE FÜLLUNG:

1 kg Sauerkirschen

150 g Crème fraîche

50 g Schlagsahne

3 EL gemahlene Haselnüsse

3 EL Zucker

100 g Sanella

2 EL Haselnußblättchen

2 EL Puderzucker zum Bestäuben

1 Margarine schmelzen. Mit Mehl, Salz und 150 ml warmem Wasser 10 Minuten kneten. In Folie wickeln und 30 Minuten ruhen lassen.
2 Die Kirschen waschen, entsteinen. Mit Crème fraîche, Sahne, 2 EL Haselnüssen und Zucker mischen.
3 Teig auf bemehltem Tuch ausrollen und hauchdünn ausziehen. Margarine schmelzen, Hälfte daraufstreichen. Restliche Nüsse darüberstreuen. Kirschen als Streifen auf eine Seite geben.
4 Den Strudel aufrollen, in eine gefettete ofenfeste Form legen und mit der restlichen Margarine bestreichen. Die Nußblättchen darüberstreuen. Im vorgeheizten Backofen bei 200° (Gas: Stufe 3) 30 bis 35 Minuten backen. Puderzucker darüberstäuben. Dazu schmeckt Vanillesauce. *Ergibt 6–8 Portionen.*

QUARKSTRUDEL

FÜR DEN TEIG:

60 g Sanella

350 g Mehl

1 Prise Salz, 1 Ei

Mehl zum Ausrollen

FÜR DIE FÜLLUNG:

100 g Rosinen

3 EL Weinbrand

75 g Sanella

2 Eier

125 g Schlagsahne

125 g Schmand

Mark von 1 Vanilleschote

500 g Quark (10 %)

1 TL abgeriebene Zitronenschale

100 g Zucker

1 EL gemahlene Walnüsse

1/8 l Milch zum Begießen

3 EL Puderzucker zum Bestäuben

1 Margarine schmelzen. Mit Mehl, Salz, Ei und 125 ml warmem Wasser 10 Minuten kneten. In Folie wickeln und 30 Minuten ruhen lassen.
2 Rosinen in Weinbrand einweichen. 60 g Margarine, Eier, Sahne, Schmand, Vanillemark, Quark, die Zitronenschale, 80 g Zucker und Rosinen verrühren.
3 Teig auf bemehltem Tuch ausrollen und dünn ausziehen. Restliche Margarine schmelzen, auf den Teig streichen. Mit Walnüssen bestreuen. Die Quarkmasse als Streifen auf eine Seite geben. Strudel aufrollen, in eine Form legen. Mit restlichem Zucker bestreuen.
4 Im vorgeheizten Ofen bei 200° (Gas: Stufe 3) 10 Minuten backen. Milch darübergießen, weitere 35 bis 40 Minuten backen. Mit Puderzucker bestäuben.
Ergibt 8–10 Portionen.

BRIK – MAROKKANISCHE TEIGTASCHEN

Zutaten für 8 Stück

FÜR DEN TEIG:

25 g Sanella, 125 g Mehl

1/2 gestrichener TL Salz

Mehl zum Ausrollen

FÜR DIE FÜLLUNG:

200 g Staudensellerie

200 g Möhren

200 g Porree

40 g Sanella, Salz

Pfeffer aus der Mühle

3 EL Kapern

1 Eiweiß, 8 Eigelb

Öl zum Fritieren

1 Aus flüssiger Margarine, Mehl und Salz einen Strudelteig kneten und ruhen lassen.

2 Sellerie in dünne Scheiben, Möhren und Porree in feine Streifen schneiden. Margarine erhitzen. Das Gemüse darin knapp gar dünsten. Mit Salz und Pfeffer würzen, Kapern dazugeben und alles abkühlen lassen.

3 Den Teig ausrollen, dann hauchdünn zu einem Rechteck von ca. 30×60 cm ausziehen. In 8 Quadrate von ca. 15 cm Länge schneiden. Die Teigränder mit Eiweiß bestreichen.

4 Die Hälfte des Gemüses in die Mitte der Teigstücke geben. In das Gemüse eine kleine Mulde drücken und je ein Eigelb hineinsetzen. Mit dem restlichen Gemüse bedecken. Den Teig diagonal über die Füllung klappen. Ränder mit einer Gabel gut festdrücken und nach oben ziehen.

5 Öl auf ca. 180° erhitzen. Teigtaschen darin von jeder Seite 2 bis 3 Minuten goldbraun ausbacken.

Schmeckt heiß am besten.

ORIENTALISCHER STRUDELKUCHEN

**Zutaten für 1 Tarte- oder
Springform (22 cm ⌀)**

FÜR DEN TEIG:

1 EL Sanella, 350 g Mehl

1 Prise Salz, 3 EL Öl

Mehl zum Ausrollen

80 g Sanella zum Bestreichen

FÜR DIE FÜLLUNG:

100 g Walnußkerne

100 g kandierte Feigen

1 TL gemahlener Zimt

1 Prise gemahlene Nelken

2 EL Sanella

1 EL Puderzucker

FÜR DEN SIRUP:

75 g Zucker, 1 EL Honig

1 Stück Zimtstange

3 Gewürznelken

1/2 TL abgeriebene Zitronenschale

2 TL Zitronensaft

50 g Sanella zum Bestreichen

1 Margarine schmelzen. Mit Mehl, Salz, 2 EL Öl und 150 ml lauwarmem Wasser verkneten. Teig mit den Händen ca. 10 Minuten kneten, bis er weich und elastisch ist. Mit dem restlichen Öl bestreichen, in Folie wickeln und 1 Stunde bei Zimmertemperatur ruhen lassen.

2 Nüsse und Feigen grob hacken. Mit Zimt, Nelken, Margarine und Puderzucker mischen.

3 Zucker, Honig und 75 ml Wasser aufkochen. Zimtstange, Nelken, Zitronenschale und -saft dazugeben. 15 Minuten bei milder Hitze offen einkochen. Nelken und Zimtstange herausnehmen. Kalt stellen.

4 Teig auf einem bemehlten Tuch ausrollen und über die Handrücken hauchdünn zu einem Quadrat ausziehen. Margarine schmelzen und die Teigplatte damit bestreichen.

5 Teig in ca. 10 cm breite Streifen schneiden. Nun 1 EL Füllung auf ein Streifenende geben. Den Teig diagonal zu einem Dreieck darüberschlagen. Das Teigdreieck nochmals überschlagen und mit einem Messer vom Streifen abschneiden.

6 Die Teigtasche mit der Öffnung nach oben so in eine gefettete Form setzen, daß die Füllung sichtbar ist. 11 weitere Taschen herstellen.

7 Im vorgeheizten Backofen bei 200° (Gas: Stufe 3) ca. 30 Minuten backen. Sirup darübergießen.

Die Dreiecke dicht nebeneinander in die Form setzen.

KLASSISCHER APFELSTRUDEL

FÜR DEN TEIG:

1 EL Sanella

350 g Mehl

1 Prise Salz

3 EL Öl

Mehl zum Ausrollen

FÜR DIE FÜLLUNG:

120 g Sanella

80 g Paniermehl

1,5 kg Äpfel (z.B. Cox Orange oder Boskop)

100 g Zucker

1 TL gemahlener Zimt

2 EL Puderzucker zum Bestäuben

1 Margarine schmelzen. Mit Mehl, Salz, 2 EL Öl und 150 ml lauwarmem Wasser 10 Minuten kneten, bis der Teig weich und elastisch ist. Mit dem restlichen Öl bestreichen. Den Teig in Folie wickeln und mindestens 1 Stunde bei Zimmertemperatur ruhen lassen.

2 Von der Margarine 50 g erhitzen. Das Paniermehl darin anrösten. Die Äpfel schälen und das Kerngehäuse entfernen. Das Fruchtfleisch in kleine Stücke schneiden.

3 Den Teig auf einem bemehlten Tuch ausrollen, dann über die Handrücken hauchdünn ausziehen und dicke Teigränder abschneiden. Das Paniermehl auf den Teig streuen. Apfelstücke, Zucker und gemahlenen Zimt darauf verteilen.

4 Teig an den Seiten über die Füllung schlagen. Den Strudel vorsichtig aufrollen und auf ein mit Backpapier ausgelegtes Backblech legen.

5 Restliche Margarine schmelzen, 2/3 davon auf den Strudel streichen. Im vorgeheizten Ofen bei 175° (Gas: Stufe 2) ca. 45 Minuten backen.

6 Strudel mit restlicher Margarine bestreichen und mit Puderzucker bestäuben. Noch warm servieren. Der Strudel schmeckt am besten mit Vanillesauce und Eis.
Ergibt 8–10 Portionen.

MIKROWELLEN-TIP: Der Strudel vom Vortag läßt sich gut in der Mikrowelle aufwärmen. Die Zeit: 1 Minute bei 600 Watt.

TIP: Sie können den Strudel auch in eine Auflaufform legen und ihn vor dem Backen mit Eiermilch begießen. Dafür 1/2 l Milch mit 1 Ei und 2–3 EL Zucker verquirlen und so viel davon in die Form gießen, daß der Strudel zu etwa zwei Dritteln bedeckt ist.

ZITRONENPIE

Zutaten für eine Pie- oder Springform (24 cm ⌀)

FÜR DEN TEIG:
250 g Mehl
200 g gekühlte Sanella
2 EL Zucker, 1 Prise Salz
3 EL Zitronensaft
Mehl für die Arbeitsfläche
Trockenerbsen zum Blindbacken

FÜR DIE CREME:
6 Eier, 350 g Zucker
1 gehäufter EL Speisestärke
250 g Sanella
2 TL abgeriebene Zitronenschale
6 EL Zitronensaft, 1 Prise Salz

1 Mehl, 175 g Margarine, Zucker, Salz und Zitronensaft zu einem glatten Teig verkneten. Zugedeckt 30 Minuten kalt stellen. Den Teig auf bemehlter Arbeitsfläche 4 mm dick ausrollen und die Form damit auslegen. Dabei einen ca. 3 cm hohen Rand formen.

2 Restliche Margarine schmelzen und auf den Teig streichen. Pergament- oder Backpapier auf den Teig legen und bis zum Rand mit Trokkenerbsen füllen. Im vorgeheizten Backofen bei 200° (Gas: Stufe 3) 15 Minuten backen. Erbsen und Papier entfernen und weitere 10 bis 15 Minuten backen. Aus der Form lösen und auskühlen lassen.

3 Die Eier trennen. Das Eigelb, die Stärke und 125 g Zucker in einem Topf verrühren. Die Margarine in Flöckchen, die Zitronenschale und 5 EL Zitronensaft unterrühren. Mit einem Schneebesen bei mittlerer Hitze auf dem Herd so lange schlagen, bis die Creme dicklich wird. Abkühlen lassen, auf den fertigen Boden geben und auskühlen lassen.

4 Eiweiß, Salz und Zitronensaft zu steifem Schnee schlagen, dabei den restlichen Zucker einrieseln lassen. Eischnee auf die Pie geben und mit einem Löffel rundherum zu Spitzen ziehen. Im vorgeheizten Backofen bei 225° (Gas: Stufe 4) in 8 bis 10 Minuten goldbraun backen. *Ergibt 12 Stücke.*

KOKOSBUSSERL

Zutaten für ca. 60 Stück
125 g Kokosflocken
4 Eiweiß
1 Prise Salz
125 g Zucker
75 g gemahlene Mandeln

schnell

1 Die Kokosflocken in eine Pfanne geben und unter Rühren hellgelb rösten. Herausnehmen und abkühlen lassen.

2 Eiweiß und Salz zu sehr steifem Schnee schlagen. Dabei den Zucker langsam einrieseln lassen. Die Kokosflocken und die gemahlenen Mandeln mit einem Schneebesen locker unterheben.

3 Mit 2 Teelöffeln kleine Häufchen von der Baisermasse abnehmen und auf ein mit Backpapier ausgelegtes Backblech setzen. Im vorgeheizten Backofen bei 125° (Gas: Stufe 1) ca. 30 Minuten trocknen lassen.

4 Nun die Kokosbusserl vom Backpapier nehmen, auf einem Kuchengitter auskühlen lassen und in kleine Papier-Manschetten setzen.

SCHÄUMCHEN

Zutaten für ca. 30 Stück
3 Eiweiß
150 g Zucker
250 g gemahlene Hasel- oder
Walnußkerne
ca. 15 bunte Belegkirschen
2 EL Puderzucker zum Bestäuben

schnell

1 Eiweiß zu sehr steifem Schnee schlagen. Die Hälfte des Zuckers dabei langsam einrieseln lassen. So lange weiterschlagen, bis die Masse glänzt. Restlichen Zucker und gemahlene Nüsse mit einem Schneebesen locker unterheben.

2 Die Makronenmasse mit 2 Eßlöffeln als runde oder längliche Häufchen auf ein mit Backpapier ausgelegtes Backblech setzen. Die Belegkirschen halbieren und je eine Hälfte auf jedes Häufchen legen.

3 Makronen 1 bis 2 Stunden an der Luft trocknen lassen. Dann im vorgeheizten Ofen bei 225–250° (Gas: Stufe 4–5) etwa 5 Minuten backen. Auf einem Kuchengitter auskühlen lassen und mit Puderzucker bestäuben.

INGWERTÖRTCHEN MIT SCHOKOSAHNE

Zutaten für 8 Stück
FÜR DAS BAISER:
3 Eiweiß
150 g Zucker
50 g eingelegter Ingwer
(aus dem Glas)
FÜR DEN BELAG:
100 g Bitter-Schokolade
200 g Schlagsahne
50 g Borkenschokolade
2 TL Kakao zum Bestäuben

1 Eiweiß zu sehr steifem Schnee schlagen. Die Hälfte des Zuckers dabei langsam einrieseln lassen. So lange weiterschlagen, bis die Masse glänzt. Dann den restlichen Zucker dazugeben und unterrühren.

2 Ingwer abtropfen lassen, sehr fein hacken und unter die Baisermasse heben. In einen Spritzbeutel mit Lochtülle füllen. Auf Backpapier 8 Kreise von 6 cm ∅ zeichnen. Backpapier auf ein Backblech legen und die Kreise spiralförmig mit der Baisermasse ausspritzen.

3 Die Törtchen an der Luft 1 bis 2 Stunden trocknen lassen. Dann im vorgeheizten Ofen bei 100° (Gas: Stufe 1) 2 Stunden trocknen lassen.

Törtchen vom Backpapier nehmen und auf einem Kuchengitter auskühlen lassen.

4 Die Hälfte der Schokolade fein reiben, den Rest hacken. Die Sahne steif schlagen. Geriebene und gehackte Schokolade unter die Schlagsahne mischen. Je 2 EL davon auf die fertigen Baiser-Törtchen geben. Borkenschokolade darüberbröseln. Mit Kakao bestäuben.

ZIMTSTERNE

Zutaten für ca. 60 Stück
500 g ungeschälte Mandeln
3 Eiweiß
400 g Puderzucker
1 1/2 EL gemahlener Zimt
2 EL Kirschwasser
oder Zitronensaft
Puderzucker zum Ausrollen

1 Die Mandeln mahlen. Eiweiß zu sehr steifem Schnee schlagen. Den Puderzucker durchsieben und beim Schlagen nach und nach zum Eiweiß geben. 1/3 der Baisermasse abnehmen und beiseite stellen.

2 Mandeln mit der restlichen Baisermasse, Zimt und Kirschwasser oder Zitronensaft verkneten.

3 Die Masse auf einer mit Puderzucker bestreuten Arbeitsfläche gut 1/2 cm dick ausrollen. Die Ausstechform in kaltes Wasser tauchen und Sterne aus dem Teig ausstechen.

4 Die Zimtsterne vorsichtig auf ein mit Backpapier ausgelegtes Backblech legen und mit Baisermasse bestreichen. Teigreste zusammenkneten und wie oben beschrieben auf Puderzucker ausrollen, ausstechen und mit der übrigen Baisermasse bestreichen.

5 Gebäck an einem warmen Ort, am besten über Nacht, an der Luft trocknen lassen. Im vorgeheizten Ofen bei 175–200° (Gas: Stufe 2–3) 5 bis 10 Minuten backen. Dabei sollte die Baiserglasur weiß bleiben. Die Zimtsterne vom Backpapier nehmen und auf einem Kuchengitter auskühlen lassen.

TIP: Für dieses arbeitsintensive Weihnachtsgebäck sollten Sie guten Zimt kaufen. Billigprodukte haben oft nicht das nötige Aroma, weil sie aus wenig intensiven Zimtsorten und Pflanzenteilen ohne viel ätherische Öle vermahlen werden.

PAWLOWA-TORTE

FÜR DAS BAISER:

3 Eiweiß

1 Prise Salz

175 g Zucker

1 TL Speisestärke

1 TL Zitronensaft

FÜR DEN BELAG:

1 EL Sanella

30 g kernige Haferflocken

500 g Erdbeeren oder Himbeeren

400 g Schlagsahne

2 Päckchen Sahnefestiger

nach Belieben Zucker

zum Abschmecken

1 Eiweiß mit Salz zu sehr steifem Schnee schlagen. Dabei 100 g Zucker langsam einrieseln lassen. So lange weiterschlagen, bis die Masse glänzt. Den restlichen Zucker, die Speisestärke und Zitronensaft mit einem Schneebesen locker darunterheben.

2 Ein Backblech mit Backpapier auslegen und darauf einen Kreis von 26 cm ⌀ zeichnen. Die Baisermasse in einen Spritzbeutel mit Lochtülle füllen. Den Kreis mit ca. 2/3 der Masse spiralförmig zu einem Tortenboden ausspritzen. Die übrige Baisermasse rundherum als Tupfen auf den Rand setzen.

3 Im vorgeheizten Backofen bei 100° (Gas: Stufe 1) ca. 2 Stunden trocknen lassen. Baiserboden vom Backpapier lösen und auf einem Kuchengitter auskühlen lassen.

4 Margarine in einer Pfanne erhitzen. Die Haferflocken darin unter Wenden knusprig braun rösten. Herausnehmen und auf einem Teller auskühlen lassen. Die Himbeeren verlesen. Die Erdbeeren vorsichtig waschen und auf etwas Küchenpapier abtropfen lassen. Dann putzen und halbieren.

5 Die Sahne mit Sahnefestiger steif schlagen und mit der Hälfte der vorbereiteten Früchte mischen. Nach Belieben mit Zucker abschmecken. Fruchtsahne auf den Baiserboden geben. Übrige Früchte und geröstete Haferflocken darüber verteilen. Die Pawlowa-Torte kalt stellen und ca. 1 Stunde durchziehen lassen.
Ergibt 12 Stücke.

HONIGKUCHEN VOM BLECH

Zutaten für ein Backblech
(ca. 27×35 cm)
FÜR DEN TEIG:
250 g Honig
100 g Sanella
2 Eier
125 g Zucker
10 g Pottasche
375 g Mehl
2 EL Pfefferkuchengewürz
1 TL abgeriebene Zitronenschale
2 EL Rum
1 EL Kakao
100 g gewürfeltes Zitronat
50 g gewürfeltes Orangeat
80 g gehackte Mandeln
Sanella zum Einfetten
FÜR DIE GARNITUR:
75 g Mandeln
60 g rote Belegkirschen
1 Eiweiß

schnell

1 Honig mit Margarine erhitzen und wieder abkühlen lassen. Eier und Zucker schaumig schlagen. Die Honig-Fett-Mischung darunterrühren. Die Pottasche und 1 EL Wasser verrühren und mit Mehl, Pfefferkuchengewürz, Zitronenschale, Rum, Kakao, Zitronat, Orangeat und Mandeln verkneten.

2 Backblech mit Margarine einfetten. Honigkuchenteig daraufgeben und glattstreichen. Mandeln überbrühen, kalt abschrecken, dann die Haut abziehen. Belegkirschen halbieren oder vierteln.

3 Mit Lineal und Messer auf dem Teig etwa 7×9 cm große Kuchenstücke markieren. Stücke mit Mandeln und Kirschen garnieren. Eiweiß und 1 EL Wasser verquirlen und den Honigkuchen damit bestreichen. Im vorgeheizten Ofen bei 175° (Gas: Stufe 2) ca. 20 Minuten backen. *Ergibt 15 Stücke.*

HONIG-PRINTEN

Zutaten für ca. 30 Stück
450 g Honig
75 g feiner Kandiszucker
100 g Zucker, 75 g Orangeat
1 Päckchen Vanillezucker
2 TL gemahlener Zimt
je 1/2 TL abgeriebene Zitronen-
schale, gemahlener Anis, Ingwer,
Koriander und Kardamom, 1 TL Kakao
475 g Weizenmehl (Type 550)
15 g Pottasche, 3 EL Weinbrand
100 g Mandelblättchen
200 g dunkle Kuvertüre zum
Überziehen

1 Honig mit 3 EL Wasser erhitzen und vom Herd nehmen. Kandis und Zucker zufügen und die Mischung unter häufigem Rühren abkühlen lassen.

2 Orangeat sehr fein hacken. Mit Vanillezucker, Zimt, Zitronenschale, Anis, Ingwer, Koriander, Kardamom und Kakao in einer Schüssel mit 450 g Mehl mischen. Pottasche und Weinbrand verrühren. Honig, Mehlmischung und Pottasche mit den Händen gut verkneten.

3 Den Teig mit restlichem Mehl bestäuben und mit Folie abdecken. Mindestens 1 Woche bei Zimmertemperatur stehen lassen.

4 Teig auf einer mit Mandelblättchen bestreuten Arbeitsfläche ca. 1/2 cm dick ausrollen. In 3×8 cm große Streifen schneiden. Auf ein mit Backpapier ausgelegtes Backblech legen und bei 175° (Gas: Stufe 2) 12 bis 15 Minuten backen. Printen auf einem Kuchengitter auskühlen lassen.

5 Die Kuvertüre im heißen Wasserbad schmelzen und etwas abkühlen lassen, dann unter Rühren wieder erwärmen und die Printen damit dick überziehen. Oberfläche wellig formen und trocknen lassen.

LEBKUCHEN MIT NÜSSEN

Zutaten für ca. 40 Stück
375 g Honig
100 g Sanella, 500 g Mehl
75 g gehackte Walnußkerne
je 125 g Orangeat und Zitronat
125 g gehackte Mandeln
3 EL Lebkuchengewürz
1/2 EL gemahlener Zimt
1/2 EL Hirschhornsalz
2 EL Rosenwasser
200 g dunkle Kuvertüre
Walnußhälften, Haselnußkerne und
gehackte Pistazien zum Garnieren

1 Honig und Margarine unter Rühren erwärmen. Mehl mit Walnüssen, Orangeat, Zitronat, Mandeln, Lebkuchengewürz und Zimt in einer Schüssel mischen. Honig hinzufügen. Das Hirschhornsalz mit Rosenwasser verrühren, ebenfalls dazugeben und alles zu einem glatten Teig verkneten. Abgedeckt über Nacht stehen lassen.

2 Teig knapp 1 cm dick ausrollen und Kreise von 6 bis 8 cm Ø ausstechen. Lebkuchen auf ein mit Backpapier ausgelegtes Backblech legen und im vorgeheizten Backofen bei 200–225° (Gas: Stufe 3–4) ca. 12 Minuten backen. Vom Backpapier nehmen und auf einem Kuchengitter auskühlen lassen.

3 Kuvertüre im heißen Wasserbad schmelzen und etwas abkühlen lassen. Unter Rühren wieder erwärmen und die Lebkuchen damit überziehen. Mit den Nüssen garnieren und trocknen lassen.

WEIHNACHTSMÄNNER

Zutaten für 5 Stück

FÜR DEN TEIG:

100 g Sanella
250 g Honig
125 g Zucker
1 EL Pfefferkuchengewürz
1 Ei
1 Prise Salz
1 TL Kakao
500 g Mehl
1 TL Backpulver
Mehl zum Ausrollen

FÜR DIE GARNITUR:

200 g Puderzucker
1 Eiweiß
rote Speisefarbe

1 Margarine, Honig und Zucker unter Rühren so lange erhitzen, bis sich der Zucker gelöst hat. Topf vom Herd nehmen.

2 Pfefferkuchengewürz, Ei, Salz und Kakao dazugeben. Mehl und Backpulver mischen und mit den Händen unterkneten, bis ein glatter Teig entstanden ist. Teig in einer Schüssel bei Zimmertemperatur 3 bis 4 Stunden stehen lassen.

3 Teig auf bemehlter Arbeitsfläche ca. 1 cm dick zu einem Streifen von 20×42 cm ausrollen. In 4 gleichschenkelige Dreiecke schneiden. Teigreste nochmals ausrollen und ein weiteres Dreieck ausschneiden.

4 Auf ein mit Backpapier ausgelegtes Backblech legen und im vorgeheizten Backofen bei 200° (Gas: Stufe 3) 12 bis 15 Minuten backen.

5 Puderzucker und Eiweiß zu einem Guß verrühren. 1/4 davon abnehmen und mit roter Speisefarbe kräftig einfärben. Restlichen Zuckerguß in einen Spritzbeutel mit sehr kleiner Lochtülle füllen. Oder in einen Gefrierbeutel geben und eine kleine Ecke davon abschneiden.

6 Die Teigdreiecke mit rotem und weißem Zuckerguß als Weihnachtsmänner verzieren. Trocknen lassen.

BASLER LECKERLI

Zutaten für ein Backblech

FÜR DEN TEIG:

300 g Honig

200 g Zucker

1 EL gemahlener Zimt

1 Prise gemahlene Nelken

1 Msp. frisch gemahlener Muskat

150 g gehackte Mandeln

1 TL abgeriebene Zitronenschale

75 g gewürfeltes Orangeat

75 g gewürfeltes Zitronat

8 EL Kirschwasser

400 g Mehl, 1 TL Backpulver

FÜR DIE GLASUR:

100 g Puderzucker

3 EL Kirschwasser oder Wasser

1 Honig und Zucker unter Rühren erhitzen, bis der Zucker gelöst ist. Zimt, Nelken und Muskat hineinrühren. Den Topf vom Herd nehmen und die Honigmischung etwas abkühlen lassen.
2 Nacheinander Mandeln, Zitronenschale, Orangeat, Zitronat und Kirschwasser unter die warme Honigmischung rühren. Das Mehl und Backpulver dazugeben und alles zu einem glatten Teig verkneten.
3 Backblech mit Backpapier auslegen. Teig darauf ca. 1/2 cm dick ausrollen und einige Stunden oder über Nacht stehen lassen. Dann im vorgeheizten Ofen bei 225° (Gas: Stufe 4) 18 bis 20 Minuten backen.

4 Den Puderzucker mit Kirschwasser oder Wasser verrühren und das heiße Gebäck sofort nach dem Backen damit bestreichen. Harte Ränder abschneiden und den Kuchen ca. in 3×6 cm große Streifen schneiden. *Ergibt 60 Stück.*

TIP: Den Teig unbedingt warm verarbeiten und nach dem Backen sofort schneiden; sonst wird er zu hart. Ein Teil der Mandeln kann durch Haselnüsse ersetzt werden.

LIEGNITZER BOMBEN

Zutaten für 12 Stück

FÜR DEN TEIG:

200 g Honig

100 g brauner Rohrzucker

75 g Sanella, 2 EL Milch

2 Eier, 1 EL Rum

300 g Weizenmehl (Type 550)

2 EL Kakao

1 Päckchen Backpulver

3 TL Pfefferkuchengewürz

75 g Rosinen

40 g gehackte Mandeln

40 g gehackte Walnüsse

Sanella zum Einfetten

200 g Aprikosen-Konfitüre

150 g Bitter-Schokolade

100 g weiße Schokolade

1 Honig mit Rohrzucker, Margarine und Milch erwärmen, bis eine glatte Masse entstanden ist. Abkühlen lassen. Eier und Rum unterrühren. Mit Mehl, Kakao, Backpulver, Pfefferkuchengewürz, Rosinen und Nüssen verkneten.
2 Teig in 12 gefettete Förmchen geben. Oder aus Alufolie Kreise (15 cm ∅) ausschneiden, über ein Glas (5 cm ∅) legen und andrücken. Folie abnehmen, Teig in die entstandenen Förmchen füllen. Im vorgeheizten Backofen bei 175°

(Gas: Stufe 2) 40 bis 45 Minuten backen. Das Gebäck aus den Förmchen stürzen.
3 Konfitüre erwärmen, durch ein Sieb streichen und mit 2 EL Wasser verrühren. Die Törtchen damit bestreichen.
4 Schokolade getrennt im Wasserbad schmelzen. 1/3 Bitter-Schokolade auf ein Marmorbrett streichen, etwas fest werden lassen und mit einem Spachtel Schokolocken davon abziehen. Rest über die Törtchen geben. Die weiße Schokolade ebenfalls darübergeben. Mit Schokolocken garnieren.

PFEFFERNÜSSE

Zutaten für ca. 45 Stück

FÜR DEN TEIG:

300 g Honig, 125 g Zucker

125 g Sanella

je 1/2 TL gemahlene Nelken

und Piment

2 TL gemahlener Zimt

525 g Mehl (Type 550)

150 g gemahlene Walnußkerne

15 g Pottasche, 4 EL Rum, 1 Ei

FÜR DEN GUSS:

150 g Puderzucker

1–2 EL Zitronensaft

1 Honig, Zucker und Margarine unter Rühren erhitzen, bis der Zucker gelöst ist. Unter gelegentlichem Rühren lauwarm abkühlen lassen. Nelken, Piment, Zimt, 500 g Mehl und Walnußkerne in einer Schüssel mischen. Pottasche und Rum verrühren. Honig, Mehlmischung, Pottasche und Ei mit den Händen zu einem festen Teig verkneten.

2 Den Teig in eine Schüssel geben, übriges Mehl darüberstäuben und eine Folie darüberdecken. Nun die Schüssel mindestens 1 Woche bei Zimmertemperatur stehen lassen.

3 Den Teig nochmals kräftig durchkneten und walnußgroße Stücke davon abnehmen. Zu Kugeln rollen und im Abstand von 4 cm auf ein mit Backpapier ausgelegtes Backblech setzen. Bei 175° (Gas: Stufe 2) 12 bis 15 Minuten backen. Pfeffernüsse vom Backpapier nehmen und auf einem Kuchengitter auskühlen lassen.

4 Puderzucker und Zitronensaft zu einem glatten Guß verrühren. Guß in einen Gefrierbeutel füllen und eine kleine Ecke abschneiden. In dünnen Streifen über die Pfeffernüsse spritzen und trocknen lassen.

GEFÜLLTE LEBKUCHENHERZEN

Zutaten für ca. 12 Stück

125 ml Milch

1/2 EL Hirschhornsalz

500 g Mehl (Type 1050)

2 EL Lebkuchengewürz

1 TL abgeriebene Orangenschale

85 g Zucker

125 g flüssiger Honig

125 g heller Zuckerrübensirup

400 g Marzipanrohmasse

1 Eiweiß

150 g Puderzucker

1 Milch und Hirschhornsalz verrühren. Mit Mehl, Lebkuchengewürz, Orangenschale, Zucker, Honig und Sirup verkneten. Zugedeckt über Nacht kalt stellen.

2 Teig zwischen Folie ca. 1/2 cm dick ausrollen und 9 cm große Herzen ausstechen. Marzipan zwischen Folie ca. 3 mm dick ausrollen und etwas kleinere Herzen ausstechen.

3 Je ein Marzipanherz auf die Hälfte der Lebkuchenherzen legen. Die Teigränder befeuchten und die übrigen Lebkuchenherzen darauflegen. Ränder mit einer Gabel andrücken. Backblech mit Backpapier auslegen. Im vorgeheizten Backofen bei 200° (Gas: Stufe 3) 12 bis 15 Minuten backen.

4 Das Eiweiß mit Puderzucker aufschlagen und die gefüllten Lebkuchenherzen damit garnieren.

Zaubern mit Konditors Wundertüte

Was für Michelangelo Hammer und Meißel, das sind für den Zuckerbäcker Spritzbeutel und Tülle: Werkzeuge, um künstlerischen Visionen Gestalt zu geben. Denn des Konditors Meisterwerke haben eine vierte Dimension – man kann sie riechen, sehen, ertasten, aber auch schmecken: köstliche Schönheiten, vergänglich wie Blumen.

Schokoladentorte. Rezept auf Seite 220

DEKORIEREN

Schokolade ist eine erlesene Mischung aus Kakao, Zucker und dem Fett der Kakaobohne, Kakaobutter genannt. Beim Backen steht jedoch meistens nicht Schokolade, sondern Kuvertüre auf der Zutatenliste. Sie enthält noch mehr Kakaobutter als Tafelschokolade und läßt sich deshalb besonders gut formen, streichen und spritzen. Kuvertüre erstarrt rasch und behält dabei ihren seidigen Glanz. Allerdings nur, wenn man sie richtig zum Schmelzen bringt. Backexperten nennen den Vorgang „temperieren". Wie man es im Wasserbad macht, zeigen wir in den Arbeitsschritten nebenan. Wer ein Mikrowellengerät besitzt, kann Kuvertüre auch darin schmelzen. Es dauert nur etwa eine halbe bis zwei Minuten. Arbeiten Sie in Intervallen: Das Gerät für einige Sekunden einschalten, ausschalten, gründlich umrühren und wieder einschalten. So wird die Kuvertüre gleichmäßig und schonend erhitzt.

Weiße Kuvertüre enthält meistens etwas mehr feste Bestandteile und läßt sich daher nicht ganz so einfach verarbeiten. Rühren Sie deshalb etwas aufgelöstes, aber nicht zu heißes Kokosplattenfett unter die erwärmte Kuvertüre. Das macht die Masse flüssiger und streichfähiger.

1 Kuvertüre wird in dicken rechteckigen Blöcken verkauft und muß vor dem Schmelzen grob gehackt werden. Je gleichmäßiger die Größe der Bröckchen, desto besser schmilzt die Kuvertüre.

2 Die Hälfte der gewünschten Menge in einen Topf oder eine Schüssel geben und in ein heißes – aber nicht kochendheißes – Wasserbad setzen. Die Kuvertüre unter Rühren schmelzen.

MIT KUVERTÜRE

6 Mit kleinen Ausstechformen lassen sich hübsche Dekorationen herstellen. Dafür die Kuvertüre gleichmäßig auf Backpapier verstreichen und kalt stellen. Formen ausstechen und vom Papier lösen.

7 Sehr individuelle Verzierungen entstehen, wenn Ornamente oder Buchstaben auf Papier vorgezeichnet werden. Pergamentpapier darüberlegen und die Formen mit Schokolade nachspritzen.

3 Ist die erste Portion erwärmt und geschmolzen, den Topf vom Wasserbad nehmen. Den Rest der zerkleinerten Kuvertüre zufügen. Unter weiterem Rühren schmelzen und abkühlen lassen.

4 Den Topf wieder ins Wasserbad setzen und erneut ganz leicht erhitzen. Die Kuvertüre soll dickflüssig und etwa 32° warm sein. Geht die Temperatur höher, gibt es keinen Glanz.

5 Wer kein Thermometer hat, erwärmt die Kuvertüre sehr langsam. Zur Probe eine Messerspitze hineintauchen: Wird die Kuvertüre nach einer Minute fest und glänzt, ist die Temperatur richtig.

8 Aus frischen Früchten entstehen zauberhafte Tortengarnituren, wenn die Früchte einzeln in flüssige Kuvertüre getaucht werden. Man kann sie zusätzlich noch in etwas Zucker wälzen.

9 Schokoladenblätter kriegt jeder hin. Biegsame schön geformte Blätter mit flüssiger Kuvertüre bestreichen: Kalt stellen und die Schokolade vorsichtig ablösen.

10 Für Schokoladenfächer müssen Sie schnell arbeiten: Wenig Kuvertüre dünn auf eine Marmorplatte streichen. Einen Malerspachtel flach ansetzen. Kuvertüre zu Fächern zusammenschieben.

DEKORIEREN MIT SAHNE

Wer Torten hübsch verzieren möchte, benötigt einen Spritzbeutel. Gute Spritzbeutel sind aus beschichtetem Leinen oder einem anderen kochfesten Material. Dazu gehören Tüllen aus Metall oder Plastik mit verschiedenartig geformten Öffnungen, damit sich beim Spritzen Muster ergeben. Doch ohne Übung geht es nicht. Am besten spritzen Sie Ihre ersten Tupfen, Schlängel und Girlanden nicht mit Sahne, sondern mit Kartoffelbrei! So bekommen Sie beispielsweise ein Gefühl dafür, mit wieviel Druck Sie perfekte Tupfen und Streifen aufsetzen müssen.

1 Zum Füllen die Tülle so in die Tüte schieben, daß sie fest in der kleinen Öffnung sitzt. Den Rand umstülpen, damit er sauber bleibt. Die steifgeschlagene Sahne hineinfüllen.

2 Den Beutel nicht zu prall füllen und die Tüte so zusammendrehen, daß sich die Füllung nach unten schiebt. Die linke Hand führt die Spritztüte, die rechte drückt die Füllung mit einem sanftem Druck zusammen.

MIT GUSS UND GLASUR

Zuckerguß und Glasuren machen Plätzchen, Kuchen und Torten süßer und halten sie länger frisch. Wenn es schnell gehen soll, nehmen Sie den beliebten einfachen GUSS. Er wird aus Puderzucker und etwas Flüssigkeit wie Zitronensaft, Rum oder Kaffee angerührt und trocknet an der Luft. Für die standfestere EIWEISSGLASUR ein Eiweiß mit 125 g Puderzucker verrühren, bis die Masse cremig ist und glänzt. Eine GEKOCHTE GLASUR kommt heiß auf das noch heiße Backwerk. Kochen Sie 250 g Zucker so lange mit 1/8 l Wasser, bis der Guß sirupartig wird und dicke Blasen wirft. Zur Probe zwischen zwei Fingern aus einem Tropfen einen Faden spinnen.

1 ZUCKERGUSS: Den einfachen Zuckerguß, aus Puderzucker und etwas Flüssigkeit angerührt, in einen Plastik-Tiefkühlbeutel füllen und eine winzige Ecke abschneiden. Erkaltete Kuchen oder Kekse damit verzieren.

2 Marmoreffekt: Kuchen oder Plätzchen zuerst mit Zuckerguß beziehen. Etwas Guß mit Speisefarbe einfärben, auf den feuchten Überzug träufeln und mit einem Holzstäbchen Muster ziehen.

3 Unterschiedliche Muster beim Spritzen ergeben sich durch verschiedene Tüllen. Üppige, in sich gedrehte Tupfer, Bordüren und Stränge entstehen, wenn man mit der Rosentülle spritzt.

4 Die Sterntülle mit ihren geraden Zacken formt ähnlich wie die Rosentülle. Sie ist für sternförmige Tupfer, Girlanden und gerade Sahnestränge sehr gut geeignet.

5 So sieht es aus, wenn man mit der einfachen Lochtülle spritzt: Es ergeben sich runde ebenmäßige Tupfer und dicke Stränge mit glatten Rändern.

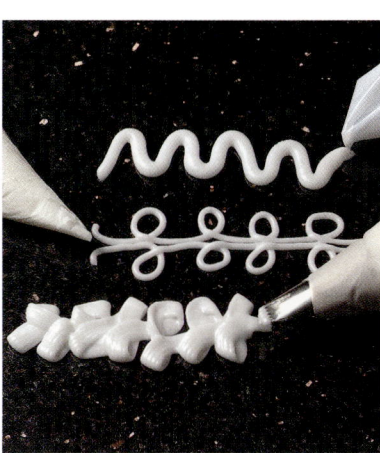

3 SPRINGGLASUR: Die gekochte Glasur heißt auch Springglasur, weil sie beim Trocknen feine Risse bekommt. Man streicht sie warm auf Honigkuchen, Hefegebäck und Kekse, die heiß aus dem Ofen kommen.

4 EIWEISSGLASUR: Zum Spritzen einen Tiefkühlbeutel (oben) nehmen oder mit einer selbstgemachten Papiertüte (Mitte) spritzen. Breite Bänder entstehen mit Spritzbeutel und flacher Tülle.

5 Eiweißglasur läßt sich gut einfärben. Farbige Flächen erst antrocknen lassen, bevor die nächste Farbe dazukommt. Zur Dekoration Zuckerperlen in die feuchte Glasur streuen.

CREMEFÜLLUNGEN

Cremefüllungen sind typisch für viele klassische Torten. Als Basis nimmt man hierzulande gern einen Vanillepudding, von den Profis Konditorcreme genannt. Der Pudding wird aber erst dann zur Cremefüllung, wenn Sie ihn mit Fett – also Margarine oder Butter – aufschlagen.

Hier ein GRUNDREZEPT, das sich vielfältig abwandeln läßt: 1 Beutel Vanillepuddingpulver, 1/2 l Milch, 2 EL Zucker, 1 Prise Salz, 2 Eigelb, 200 g Margarine, 2 EL Puderzucker. Die Menge reicht für eine Torte von 26 cm ∅.

Wie die Zutaten verwendet werden, zeigen wir Ihnen in den Arbeitsschritten ganz genau.

1 Das Puddingpulver mit etwas kalter Milch glattrühren. Restliche Milch, Zucker und Salz aufkochen. Angerührtes Pulver zugeben, unter Rühren aufkochen. Vom Herd nehmen. Das Eigelb unterrühren.

2 Zur Abwandlung den Pudding mit Zitronenschale, geriebener Schokolade, Instant-Kaffee oder Likör mischen. Für eine Frangipanecreme den Pudding mit fein zerstoßenen Mandelmakronen vermischen.

FRUCHT- UND QUARKFÜLLUNGEN

Frucht- und Quarkfüllungen sind erfrischender und leichter als Cremefüllungen. Durch Gelatine bekommen sie Schnittfestigkeit und durch Eischnee und geschlagene Sahne die lockere mousseähnliche Konsistenz.

Hier ein GRUNDREZEPT, das als Füllung für einen Biskuitboden von 26 cm ∅ ausreicht: 6 Blatt weiße Gelatine, 4 Eier, 4–5 EL Puderzucker, 1/4 l Fruchtsaft oder 250 g Fruchtpüree, Quark oder Joghurt, 125 g Schlagsahne, evtl. Gewürze oder Likör. Achtung: Kiwis und Papayas eignen sich nicht für Füllungen mit Gelatine.

1 Gelatine in kaltem Wasser einweichen. Eier trennen. Das Eigelb mit Puderzucker schlagen, bis eine dickliche, fast weiße Creme entstanden ist.

2 Saft oder Püree zufügen. Sehr gut sind frisch gepreßte Zitrussäfte oder durch ein Sieb gestrichene Beeren. Joghurt oder Quark mit Vanille oder Zitrone würzen.

3 Den abgekühlten Pudding durch ein Sieb streichen. Falls feste Bestandteile wie geriebene Schokolade oder Nüsse darin sind, die Masse statt dessen mit einem Pürierstab aufmixen.

4 Margarine mit den Schneebesen von Küchenmaschine oder Handrührer schlagen, bis sie hell, cremig und luftig geworden ist. Dann unter weiterem Rühren den Puderzucker zufügen.

5 Den Pudding löffelweise unter die Margarine rühren. Die fertige Cremefüllung ist „standfest" genug für schwere Rührteigtorten, paßt aber auch zu leichtem Biskuit- und Brandteiggebäck.

3 Die ausgedrückte Gelatine bei milder Hitze auflösen. Etwas von der Creme zur warmen Gelatine geben, erst dann die Gelatine-Mischung in die Creme rühren. So kann nichts gerinnen.

4 Die Creme kalt stellen, bis sie zu gelieren beginnt. Zur Probe mit einem Löffel eine „Straße" ziehen. Wenn die Spur sichtbar bleibt, ist die Creme fest genug.

5 Geschlagene Sahne und Eischnee auf die Creme häufen und unterheben. Dafür den Schneebesen durch beide Massen hindurchziehen, nicht rühren.

PLÄTZCHEN VERZIEREN

Bei keinem anderen Gebäck steht das Wort „selbstgebacken" so sehr für Qualität und liebevolle Zuwendung wie bei Plätzchen. Die Hauptarbeit liegt dabei jedoch weniger im Anrühren der Teige, sondern im hingebungsvollen Formen und Dekorieren. Feine Kekse schmecken übrigens nicht nur zur Weihnachtszeit. Eine gut gefüllte Vorratsdose verlockt die meisten Kinder sicher das ganze Jahr über. Und mancher unerwartete Gast freut sich über feines Kleingebäck zum Tee oder Kaffee.

Eine wunderbare Grundlage für vielerlei Sorten ist der Mürbeteig (Grundrezept Seite 86). Wenn Sie einen Teil des Teigs mit Kakao oder fein geriebener Bitter-Schokolade verkneten, läßt sich dekoratives Schwarzweiß-Gebäck daraus zubereiten.

Fein gehackte oder gemahlene Mandeln und Nußkerne geben dem einfachen Mürbeteig „Biß" und Aroma. Ersetzen Sie einen Teil der angegebenen Mehlmenge durch Nüsse. Oder würzen Sie den Grundteig mit abgeriebener Schale von Zitrone oder Orange, mit einer Prise Zimt oder Muskat oder kneten Sie fein gehacktes Zitronat darunter.

Durch ein Sieb gestrichene Konfitüre eignet sich vorzüglich zum Füllen von ausgestochenen Keksen. Und aus einfachen Plätzchen wird durch eine Schokoladen-Garnitur schnell feinstes Gebäck.

1 Für Schwarzweiß-Gebäck hellen und dunklen Mürbeteig gut kühlen, 1 cm dick ausrollen, die Teigplatten aufeinanderlegen und 1 cm breite Streifen schneiden. Schachbrettartig aufeinanderlegen.

2 Den gewürfelten Teigstrang mit einer dünnen Platte von hellem Teig umhüllen. Kalt stellen, Scheiben abschneiden und backen. Teigreste verkneten, eine Rolle formen und ebenfalls Scheiben abschneiden.

6 Besonders hübsch bei runden Plätzchenformen: ein „Füßchen" tauchen. Dabei soll nur die Unterseite des abgekühlten Gebäcks in flüssiger Kuvertüre baden.

7 Gefüllte Mürbeteigkekse oder Lebkuchenherzen sehen perfekt aus, wenn man sie mit einer Gabel vollständig in die Kuvertüre taucht und zum Abtropfen auf ein Gitter legt. Erkaltete Kuvertüre können Sie von der Unterlage ablösen und erneut verwenden.

3 Für Kinderkekse große Ausstechformen benutzen. Oder einfache Formen freihändig ausschneiden. Plastisch werden die Figuren durch aufgesetzte Verzierungen. Haare oder eine Mähne bekommen die Figuren zum Beispiel durch feine Teigfäden aus der Knoblauchpresse.

4 Terrassenplätzchen: Fertiggebackene noch warme runde und ringförmige Plätzchen unterschiedlicher Größe zuerst mit Puderzucker bestäuben, dann mit Konfitüre zusammensetzen.

5 Eine besonders schnelle Methode: Aus Mürbeteig kleine Kugeln formen. Walnuß- oder Haselnußkerne in den Teig drücken. Oder mit einem Holzlöffelstiel eine Vertiefung eindrücken und diese mit Nougat füllen.

8 Solange die Kuvertüre noch feucht ist, „kleben" Verzierungen aus kandierten Früchten, gehackten Pistazien oder Nüssen und Schokolade darauf fest.

9 Durch einen gespritzten Tupfer Nußnougatcreme werden runde Mürbeteigplätzchen sehr edel. Das Gebäck gut kühlen, erst dann in Kuvertüre tauchen.

10 Besonders hübsch: In den feuchten Überzug aus dunkler Kuvertüre mit heller Kuvertüre Tupfer setzen. Für einen Marmoreffekt mit dem Zahnstocher Muster ziehen! Eine dekorative Idee, die auch zu Torten paßt.

SCHOKOLADENTORTE

Zutaten für eine Springform
(22 cm ∅, 1,5 l Inhalt)
FÜR DIE FÜLLUNG:
500 g Schlagsahne
380 g Halbbitter-Kuvertüre
FÜR DEN TEIG:
150 g Sanella
7 Eier
175 g Zucker
100 g Mehl
100 g Schokoladenpulver
3 EL Kakao
2 TL Backpulver
6 EL kalter Mocca zum Tränken
FÜR DEN MARZIPANMANTEL:
300 g Marzipanrohmasse
4 EL Puderzucker
250 g Vollmilch-Kuvertüre für
die Glasur
ZUM DEKORIEREN:
150 g Halbbitter-Kuvertüre
1 TL Öl
5 Rosenblätter mit Stiel
2 EL Kakao

1 Am Vortag die Sahne aufkochen, Halbbitter-Kuvertüre darin auflösen und kalt stellen.

2 Springform mit Backpapier auslegen, dabei einen ca. 3 cm hohen Rand stehen lassen. Die Margarine schmelzen, die Eier trennen. Das Eigelb, 2 EL warmes Wasser und Zucker dickschaumig schlagen. Die Margarine unterrühren.

3 Eiweiß steif schlagen und daraufgeben. Mehl, Schokoladenpulver, Kakao und Backpulver darübersieben, alles locker unterheben und in die Form füllen. Im vorgeheizten Ofen bei 175° (Gas: Stufe 2) 35 Minuten backen. Auskühlen lassen.

4 Biskuit zweimal durchschneiden. Böden mit je 2 EL Mocca tränken. Schokoladensahne steif schlagen. 2/3 auf 2 Böden streichen. Torte wieder zusammensetzen und mit der übrigen Creme rundherum einstreichen. Kalt stellen.

5 Für den Mantel Marzipan und 2 EL Puderzucker verkneten. Auf dem restlichen Puderzucker 2–3 mm dick ausrollen. Nun mit Hilfe der Springform einen Kreis darauf markieren und ausschneiden. Restliches

Den Rand mit Marzipan umwickeln.

Schokoglasur in die Mitte gießen.

Glasur mit einer Palette verstreichen.

Marzipan zu einem ca. 70 cm langen und 5 cm breiten Streifen ausrollen und aufrollen. Ränder begradigen. Marzipandeckel auf die Torte legen, die Marzipanstreifen um den Rand wickeln und leicht andrücken. Die Torte auf ein Kuchengitter setzen und Papier unter das Gitter legen.

6 Für die Schokoglasur Vollmilch-Kuvertüre im heißen Wasserbad schmelzen, glattrühren und in die Mitte der Torte gießen. Mit einer Palette gleichmäßig verstreichen. Trocknen lassen.

7 Halbbitter-Kuvertüre im heißen Wasserbad schmelzen und glattrühren. Das Öl unterrühren.

Zuerst den Marzipanmantel auf die mit Creme bestrichenen Böden legen.

8 Rosenblätter waschen, trocken-tupfen und mit Kuvertüre bestreichen. Trocknen lassen. Die Blätter vorsichtig abziehen.

9 Für die Schokoladenspäne restliche flüssige Kuvertüre auf ein kaltes Marmorbrett streichen und etwas fest werden lassen. Mit einem Spachtel breite Schokospäne davon abziehen. Torte mit Schokospänen und -blättern verzieren. Den Kakao darüberstäuben. *Ergibt 12 Stücke.*

Wenn die Kuvertüre getrocknet ist, lassen sich die Rosenblätter leicht abziehen.

Vielseitig nutzbar: Schokocreme.

Zum Schluß die Schokoladentorte mit Schokospänen (siehe auch Seite 213) und Schokoblättern dekorieren.

DREI-BÖDEN-TORTE

Zutaten für eine Springform
(24 cm ⌀, 2 l Inhalt)
FÜR DAS BAISER:
2 Eiweiß
100 g Zucker
FÜR DEN MÜRBETEIG:
125 g Mehl
80 g Sanella
2 EL Zucker
1 Prise Salz
1 Eigelb
FÜR DEN TEIG:
3 Eier
100 g Zucker
70 g Mehl
15 g Speisestärke
1 Messerspitze Backpulver
FÜR DIE FÜLLUNG:
200 g Nougatmasse
3 EL Schlagsahne
4 Blatt weiße Gelatine
250 g Kapstachelbeeren (Physalis)
3 EL Puderzucker
600 g Schlagsahne
400 g Himbeeren
75 g Haselnußkrokant für die Garnitur

1 Für das Baiser das Eiweiß steif schlagen, Zucker unterrühren. Auf einem mit Backpapier ausgelegtem Backblech einen Kreis von 24 cm ⌀ zeichnen. Baisermasse darin verstreichen und im Backofen bei 75° (Gas: Stufe 1) ca. 4 Stunden trocknen lassen. Einen Löffelstiel in die Ofentür klemmen.

2 Für den Mürbeteig Mehl, Margarine, Zucker, Salz und Eigelb zu einem glatten Teig verkneten. Ca. 30 Minuten kalt stellen. Dann auf bemehlter Arbeitsfläche ca. 3–4 mm dick ausrollen. Mit der Springform auf dem Teig einen Kreis markieren und ausschneiden. Auf ein mit Backpapier ausgelegtes Backblech legen und im vorgeheizten Backofen bei 200° (Gas: Stufe 3) 15 bis 20 Minuten backen.

3 Für den Biskuit Eier trennen, Eigelb und 3 EL warmes Wasser und Zucker schaumig schlagen. Eiweiß steif schlagen und auf die Eigelbcreme geben. Mehl mit Stärke und Backpulver mischen, darübersieben und unterheben. Die Biskuitmasse in eine mit Backpapier ausgelegte Springform füllen. Im vorgeheizten

Mürbeteig mit Nougat bestreichen.

Fruchtsahne auf das Baiser geben.

Tortenrand mit Krokant bestreuen.

Ofen bei 200° (Gas: Stufe 3) 10 bis 12 Minuten backen. Papier ablösen, den Boden auskühlen lassen.

4 Springform- oder Tortenrand um den kalten Mürbeteig legen. Nougat mit Sahne leicht erwärmen und glattrühren. Den kalten Boden damit bestreichen. Den Baiserboden darauflegen und leicht andrücken.

5 Gelatine einweichen. Von den Kapstachelbeeren 12 Stück beiseite legen. Übrige aus der Hülle lösen, waschen, fein hacken und mit 2 EL Puderzucker mischen.

6 Gelatine ausdrücken, tropfnaß bei milder Hitze auflösen und unter

Eine Torte mit drei Böden: Mürbeteig (unten), Baiser (Mitte) und Biskuit (oben).

Krokant aus Zucker und Mandeln.

Mit einem Rollholz zerbröseln.

die Früchte mischen. 400 g Sahne steif schlagen. Sobald die Masse zu gelieren beginnt, Sahne unterrühren. Himbeeren waschen und trockentupfen. Die Hälfte davon ebenfalls unterheben.

7 Die Fruchtsahne auf den Baiserboden streichen. Den Biskuitboden zum Abschluß auf die Fruchtsahne legen und leicht andrücken. Die Torte 2 Stunden kalt stellen.

8 Torte aus dem Rand lösen. Restliche Sahne und Puderzucker steif schlagen, Torte damit einstreichen. In die Oberfläche mit einem Löffel kleine Dellen drücken.

9 Den Tortenrand mit Krokant bestreuen. Wer Krokant selbst herstellen möchte, läßt 100 g Zucker bei mittlerer bis großer Hitze schmelzen, nimmt den Topf von der Platte

und rührt 50 g gehackte Mandeln oder Haselnüsse in die goldbraune Flüssigkeit. Anschließend die Masse auf ein gefettetes Holzbrett geben, mit einem Holzlöffel verstreichen und auskühlen lassen. Krokant mit dem Rollholz zerbröseln.

10 Die Torte mit Kapstachelbeeren und den restlichen Himbeeren garnieren. *Ergibt 12 Stücke.*

Die Hülle vorsichtig aufblättern.

Man sieht sie nicht, aber man schmeckt es: Die drei Böden verstecken sich unter einem feinen Sahnemantel.

HIPPEN MIT INGWER-TEECREME

Zutaten für 8 Stück
FÜR DEN TEIG:
50 g Marzipanrohmasse
1 Eiweiß
1 Ei
60 g Puderzucker
50 g Mehl
1 TL Kakao
Sanella zum Einfetten
Mehl zum Bestäuben
FÜR DIE CREME:
4 Blatt weiße Gelatine
1 walnußgroßes Stück Ingwerknolle
4 EL Earl Grey-Tee (etwa 30 g)
100 g Zucker
3 Eigelb
100 ml Milch
200 g Schlagsahne
FÜR DEN KARAMEL:
100 g Zucker
Öl zum Bestreichen

1 Die Marzipanrohmasse zerbrökkeln, mit Eiweiß und dem Ei zu einer glatten Masse verrühren. Puderzucker und Mehl unterrühren. 1 EL Teig mit 1 TL Kakao verrühren und in einen kleinen Spritzbeutel aus Pergamentpapier oder Folie füllen.

2 Das Backblech fetten und mit etwas Mehl bestäuben. Aus dünnem Karton von ca. 15×20 cm einen Kreis von ca. 12 cm ∅ ausschneiden. Die Schablone auf das Backblech legen und mit einem Teigschaber etwas Teig in dem Kreisausschnitt dünn verstreichen. Mit dem kleinen Spritzbeutel Muster auf den Teig spritzen.

3 Im vorgeheizten Backofen bei 200° (Gas: Stufe 3) 5 bis 6 Minuten backen. Die Teigränder sollen goldbraun sein.

4 Hippen sofort mit einer Palette oder einem langen Messer vom Backblech lösen, über ein Glas oder über die Unterseite kleiner Schälchen stülpen und auskühlen lassen. Den restlichen Teig wie beschrieben backen. Falls die Hippen zu schnell abkühlen und erstarren, noch einmal kurz im Backofen anwärmen.

Den Teig sehr dünn verstreichen.

Ein Muster auf den Teig spritzen.

Nach dem Backen sofort überstülpen.

5 Die Gelatine einweichen. Den Ingwer schälen und in Scheiben schneiden. Den Tee mit 1/8 l kochendem Wasser aufbrühen, 5 Minuten ziehen lassen, durchsieben und 50 ml davon abmessen.

6 Nun Zucker und Eigelb schaumig schlagen. Milch, Tee und Ingwer aufkochen, durchsieben und unter die Eicreme schlagen. Creme auf dem Herd bei milder Hitze mit dem Schneebesen kräftig aufschlagen, bis sie kurz vor dem Kochen ist.

7 Die Gelatine ausdrücken, in der Creme auflösen und kalt stellen. Die Sahne steif schlagen. Sobald die Creme zu gelieren beginnt, Sahne

Die Hippen vorsichtig mit einem Spachtel, Spatel oder einem Messer lösen.

unterheben und die Ingwer-Tee-creme wieder kalt stellen.

8 Zucker in einem unbeschichte-ten Topf goldbraun karamelisieren lassen. Mit einem Teelöffel etwas flüssigen Karamel auf ein geöltes Stück Alufolie träufeln und daraus Fäden ziehen. Erstarren lassen.

9 Teecreme mit einem Eßlöffel zu Nocken abstechen und in die Hip-pen füllen. Mit den Karamelfäden hübsch garnieren.

Zucker bei mittlerer Temperatur erhitzen. Mit einem Teelöffel Fäden ziehen.

Die Teecreme sollte „standfest" sein.

Hippen brechen leicht. Sie müssen deshalb sofort nach dem Backen in Form gebracht werden.

HOCHZEITSTORTE

Zutaten für 2 Springformen
(16 und 22 cm ⌀)
FÜR DEN TEIG:
500 g Sanella
500 g Zucker
10 Eier
2 TL abgeriebene Zitronenschale
2 EL Rum, 1 Prise Salz
150 g gehobelte Mandeln
250 g Mehl
250 g Speisestärke
Sanella zum Einfetten
FÜR DEN MARZIPANMANTEL:
400 g Aprikosenkonfitüre
400 g Marzipanrohmasse
2 EL Puderzucker
Puderzucker zum Ausrollen
FÜR DIE GLASUR:
250 g Puderzucker
3 EL Zitronensaft
FÜR DIE BLÜTEN:
2 Blatt weiße Gelatine
500 g Puderzucker
1 Eiweiß
2 TL Glyzerin (aus der Apotheke)
nach Belieben bunte Speisefarbe
FÜR DEN SPRITZGUSS:
1 Eiweiß
250 g Puderzucker
Silberperlen zum Verzieren

1 Für den Teig Margarine, Zucker und Eier schaumig rühren. Zitronenschale, Rum, Salz, Mandeln, Mehl und Stärke unterrühren.

2 Die Springformen fetten. Je 3 mm hoch Teig einfüllen, glattstreichen und unter dem Grill in ca. 2 Minuten hellbraun backen. Wieder etwas Teig einfüllen und backen. Weiterarbeiten, bis der Teig verbraucht ist. Fertige Kuchen auskühlen lassen.

3 Für den Mantel Konfitüre erwärmen und pürieren. Beide Kuchen damit bestreichen. Marzipan und Puderzucker verkneten. Auf wenig Puderzucker dünn ausrollen. Für die Ränder zwei etwa 5 cm breite Streifen von etwa 50 cm und 70 cm Länge zuschneiden und aufrollen.

4 Aus dem übrigen Marzipan Kreise für die Deckel schneiden und dabei jeweils den Springformboden als Schablone nehmen. Marzipankreise auf die Kuchen legen. Marzipanstreifen um die Kuchenränder wickeln. Leicht andrücken.

5 Für die Glasur Puderzucker, Zitronensaft und 2 bis 3 EL Wasser zu einem dicken Guß verrühren. Die Torten auf ein Kuchengitter setzen,

Torte mit Marzipan einkleiden.

Guß aus Zucker und Zitronensaft.

Torten mit Zuckerguß überziehen.

damit überziehen und trocknen lassen. Dann den kleinen auf den großen Kuchen setzen.

6 Für die Blüten Gelatine einweichen. Tropfnaß bei milder Hitze auflösen. Puderzucker mit Eiweiß und Glyzerin mischen. Mit Gelatine zu einem geschmeidigen Teig verrühren. Falls die Masse klebt, etwas Puderzucker zufügen. Nach Belieben einen Teil mit Speisefarbe färben.

7 Zuckermasse jeweils mit dem Spritzbeutel portionieren, in der Handfläche zu einem Blütenblatt flachdrücken und mehrere Blätter zu einer Blüte zusammensetzen.

Jede Teigschicht wird in jeweils 2 Minuten unter dem Grill hellbraun gebacken.

8 Für den Spritzguß das Eiweiß mit den Quirlen des Handrührers kurz aufschlagen, Puderzucker dazugeben und so lange rühren, bis der Guß glänzt. Aus Pergamentpapier eine kleine Spritztüte drehen und die Hälfte des Gusses einfüllen. Restlichen Guß in einen Spritzbeutel mit Sterntülle füllen. Die Torte mit Guß, Blüten und Silberperlen verzieren. *Ergibt ca. 32 Stücke.*

Handarbeit: Hübsche Blütenpracht aus Puderzucker und Gelatine.

Die Torte mit Spritzguß verzieren.

Nicht schwierig, aber arbeitsaufwendig: Reich verzierte Hochzeitstorte aus zwei Böden.

GLOSSAR

A

Ahornsirup

„Sinzibuckwud" sagen die Indianer. Das heißt: dem Baum entlockt. Denn der zuckersüße Sirup mit einem leichtem Karamelgeschmack wird aus 40 bis 80 Jahre alten Ahornbäumen Nordamerikas gewonnen und noch vor Ort dickflüssig eingekocht. 40 l Ahornsaft ergeben 1 l Sirup. Als Alternative zu Zucker ist Ahornsirup auch beim Backen ein beliebtes Süßungsmittel.

Anis

Keine Weihnachtsbäckerei ohne den würzig-süßen Geruch von Anis. Der getrocknete Samen der Pimpinella anisum L. gehört zu den ältesten Gewürzen der Welt. Die bis zu 50 cm hohe Pflanze stammt vermutlich aus Ägypten. Heute wird vorwiegend Anis aus Spanien und Italien angeboten. Vorwiegend aus China und Indochina kommt dagegen der hübsche Sternanis mit glänzendem, rotbraunen Samen in der sternförmigen Hülle.

B

Backaroma

Die Aromastoffe dafür werden in konzentrierter Form entweder aus Pflanzen gewonnen (natürlich) oder synthetisch (naturidentisch oder künstlich) hergestellt. Sie geben feinen Backwaren zum Beispiel eine Zitronenwürze, ein Butter-Vanille-, Bittermandel- oder Rum-Aroma. Backaromen sind hitzestabil.

Backpapier

Es gibt Teige, die kleben auch auf einem gut gefetteten Backblech fest. Das liegt am hohen Zuckergehalt, zum Beispiel bei Baiser. Legen Sie Ihre Form oder das Backblech in solchen Fällen am besten mit Backpapier aus. Im Gegensatz zu Pergamentpapier ist es beidseitig beschichtet und muß nicht mehr extra gefettet werden.

Backpinsel

Die praktischen Backpinsel gibt es in verschiedenen Größen. Sie haben stabile Naturborsten, sind besonders wasch- und sogar spülmaschinenfest und haaren nicht. Mit ihrer Hilfe lassen sich sämtliche Backformen problemlos einfetten oder Kuchen und Gebäck schnell bestreichen. Backpinsel werden in Haushaltswarengeschäften angeboten.

Backpulver

Das bei Rührteigen fast unentbehrliche weiße Pulver besteht aus Natron und einer Säure. Beides zusammen entwickelt durch Feuchtigkeit und Wärme gasförmiges Kohlendioxyd, das den Teig in die Höhe treibt. Nur sehr gehaltvolle Rührteige mit vielen Eiern, reichlich Zucker und Fett gelingen auch ohne Backpulver. Weniger kalorienreiche Teige werden dagegen mit Backpulver garantiert locker und porös.

Belegkirschen

So heißen kandierte Kirschen auf der Verpackung. Das Zellwasser der Früchte wurde gegen eine starke Zuckerlösung ausgetauscht. Belegkirschen gibt es in den Farben gelb, rot oder grün. Sie eignen sich für Dekorationen von Kuchen und Torten.

Bittermandelöl

Das farblose ätherische Öl wird durch Wasserdampfdestillation aus Aprikosen- oder Pfirsichkernen oder aus den Kernen bitterer Mandeln gewonnen. Es riecht intensiv nach Mandeln und verstärkt das Aroma von Mandelgebäck, Nußfüllungen und Marzipan.

Blätterteig

Luftig, zart und dennoch knusprig – so soll Blätterteig sein. Seine Zubereitung erfordert jedoch größte Sorgfalt, genauestes Arbeiten und Erfahrung. Deshalb wagen sich auch nur wirklich geübte Kuchenbäcker an diesen Teig. Weil heute hochwertige Blätterteige fix und fertig tiefgekühlt angeboten werden, haben wir auf Rezepte zum Selbermachen verzichtet.

Blindbacken

Tortenböden oder Torteletts aus Mürbeteig werden „blindgebakken", wenn sie später einen rohen Belag oder eine Füllung erhalten, die nicht mehr gegart werden muß, so zum Beispiel Obsttörtchen und Obsttorteletts. Statt der eigentlichen Füllung werden Hülsenfrüchte oder auch Reiskörner mitgebacken und entfernt, sobald der Teig genug Festigkeit hat. Das ist etwa nach der Hälfte der Backzeit der Fall.

Blockschokolade

Sie wird nicht wie meist üblich in Tafeln, sondern im Block angeboten und ist Schokolade von einfacher Qualität (siehe auch Kuvertüre).

D

Dekor-Zucker

Farbige Herzen und bunte Streusel, Kügelchen aus Zucker und Blümchen aus Schaumzucker sind hübsche Kuchendekorationen zum Mitessen – ohne künstliche Farbstoffe. Auch Dekore aus Schokolade werden in vielen verschiedenen Formen angeboten, zum Beispiel als Blätter.

Diabetiker

Spezialgebäck für Diabetiker ist teuer. Hier lohnt das Selberbacken. Ersetzen Sie die in den Rezepten angegebene Menge Zucker durch Fruchtzucker oder speziellen Diabetikerzucker. Bei Diabetikerzucker die Herstellerangaben auf der Packung beachten. Verwenden Sie vorzugsweise gröbere Mehle (ab Type 1050). Weißes Mehl (Type 405) wirkt schneller auf den Blutzucker.

E

Eclairs

Die beliebten fingerlangen, aufgespritzten Gebäckstücke aus Brandteig sind bei uns besser bekannt unter der Bezeichnung Liebesknochen. Eclairs werden nach dem Abkühlen gefüllt, zum Beispiel als Erdbeer-Eclairs mit feiner Erdbeercreme – auf Seite 155.

Einfetten

Backformen, auch beschichtete, sollten Sie stets einfetten. Das geht am besten mit Margarine. Verwenden Sie keinesfalls Öl. Es kann bei sehr hohen Back-Temperaturen nicht nur einen unschönen gelblichen Film hinterlassen, sondern auch in das Material einbrennen – die Form ist dann nicht mehr verwendbar, weil alle zukünftigen Kuchen festkleben würden.

Eischnee

Besonders festen und feinporigen Eischnee erhalten Sie in der Küchenmaschine. Arbeiten Sie zuerst auf kleiner Stufe. Dann die Geschwindigkeit erhöhen und zum Schluß wieder drosseln. Wenn Sie Eischnee mit der Hand

schlagen, brauchen Sie Ausdauer, einen Schneekessel, also eine Schüssel mit rundem Boden, und einen großen Schneebesen. Zu empfehlen ist auch das Schlagen im Wasserbad.

G

Gelatine

So manche Kuchenfüllung verdankt ihre Standfestigkeit der Gelatine, hergestellt aus Rinderknochen und Knorpeln. Es gibt sie in rot und farblos in Blattform (6 Blatt pro Packung) oder als Pulver in kleinen Beuteln (9 g). Gelatine ist geruchsneutral. Vor dem Gebrauch wird sie in kaltem Wasser eingeweicht. Sofort-Gelatine (30 g) muß nicht eingeweicht werden. Sie ist, wie der Name schon sagt, sofort löslich.

Geleefrüchte

Meist sehen sie aus wie Himbeeren, Orangenscheiben oder Bananen und haben außen eine Zuckerkruste. Innen sind sie klar und durchscheinend. Geleefrüchte schmecken fruchtig säuerlich mit dem Aroma der jeweiligen Frucht und eignen sich in Scheiben oder Stücke geschnitten als Dekorationen für Torten und Plätzchen.

229

Getreidesorten

Nicht jedes Getreide ist zum Bakken gleich gut geeignet. Manchen Sorten fehlt ausreichend Kleber, der den Teig zusammenhält und dem fertigen Gebäck Struktur gibt. Fein gemahlener Weizen und Dinkel sind problemlos. Roggenmehl braucht zusätzlich etwas Säure (zum Beispiel im Form von Zitronensaft oder Sauerteig), damit sich der Kleber entwickeln kann. Gersten- und Hafermehl sollten Sie zur Hälfte mit Weizenmehl mischen. Im Grünkern hat sich noch kein Kleber gebildet. Es ist für Kuchenteige ungeeignet.

Gewürzmischungen

Für Lebkuchen und Honigkuchen gibt es bereits fertige Gewürzmischungen zu kaufen. Sie enthalten: Anis, Ingwer, Kardamom, Koriander, Muskat, Nelken, Piment und Zimt. Wer selten backt, ist mit solchen Mischungen bestens bedient, da Gewürze bei längerer Lagerung schnell an Aroma verlieren.

Glyzerin

Glyzerin ist eine sirupartige, süßlich schmeckende Flüssigkeit, völlig geruchs- und farblos und Bestandteil aller natürlichen Fette. Im Kapitel Dekorationen hilft es als „Weichmacher" beim Formen von Blütenblättern aus Eiweiß, Zucker und Gelatine. Glyzerin gibt es in der Apotheke.

Gummibonbons

Es gibt sie als Pastillen in runder Form und von besonders zäher Konsistenz oder als weiche, kaubare Schaumzuckerwaren. Die beliebten Süßigkeiten und Dekoartikel werden aus gereinigtem Gummi (erstarrten Pflanzensäften tropischer Akazienbäume), Gela-

tine, Stärke, Zucker, Sirup und Geschmacksstoffen hergestellt. Kinder picken die zuckersüßen Gummen (so die Mehrzahl von eßbarem Gummi) gerne sofort von jedem Kuchen.

Gummispatel

Sie besitzen einen Holz- oder Kunststoffstiel und ein elastisches glattes Oberteil aus weichem Gummi, das sich an Schüsselwände und -böden anschmiegt. So lassen sich Töpfe und Schüsseln leicht ausschaben. Ebenso wie die spachtelähnlichen Teigkarten ist der Gummispatel unentbehrlich bei der Zubereitung von Massen und Cremes.

H

Haselnüsse

Sie sind sehr ölhaltig und werden bei Zimmertemperatur schnell ranzig. Lagern Sie Haselnüsse deshalb möglichst dunkel und kühl. Das gilt besonders für gehackte und gemahlene Nüsse. Es lohnt sich, Nüsse vor dem Backen in einer Pfanne zu rösten. Ihr Aroma wird so noch intensiver.

Hefe

Das biologische Treibmittel besteht aus lebenden Pilzzellen, die sich unter günstigen Bedingungen (Wärme, Zucker, Feuchtigkeit) sehr schnell vermehren und dabei Zucker in Alkohol und Kohlendioxyd verwandeln. Es kommt zur Gärung. Während des Bakkens dehnen sich die gasgefüllten Bläschen aus und treiben den Teig in die Höhe. Frische Backhefe wird als Würfel (42 g) verkauft. Sie riecht angenehm säuerlich und schmiert nicht. Alte Hefe hat keine Treibkraft mehr.

Hirschhornsalz

Ebenso wie Pottasche gehört Hirschhornsalz (Ammonium) in der Kuchenbäckerei zu den traditionellen Treibmitteln. Beide werden vorwiegend für Honigkuchen verwendet. Im Gegensatz zum Backpulver lockern sie den Teig erst bei Temperaturen über 60°, also beim Backen, und nicht bereits in der Ruhezeit. Hirschhornsalz, früher aus den Klauen des Hirschs gewonnen, wird heute ausschließlich auf chemischem Weg hergestellt. Man kauft es in Apotheken.

Honig

Zum Backen keinen teuren deutschen Imkerhonig kaufen. Um die Inhaltsstoffe zu schonen, wird Qualitätshonig nämlich bei der Verarbeitung nur bis maximal 40° erhitzt. Beim Backen werden weit höhere Temperaturen erreicht. Kristallisierten Honig können Sie in der Mikrowelle ganz einfach wieder verflüssigen: Das offene Glas (500 g Inhalt) für 2–3 Minuten mit der niedrigen Auftaustufe bei 150–180 Watt erwärmen.

Honigkuchen

Honigkuchen ist auch heute noch ein beliebtes Gebäck zur Adventszeit und für Singles und Kleinfamilien ideal. Ist der Teig mit Pottasche oder Hirschhornsalz zubereitet, läßt er sich problemlos bis zu vier Wochen aufbewahren und wird dabei immer mürber und würziger. So können kleine Portionen immer frisch gebacken werden.

I

Ingwer

Frisch oder in Sirup eingelegt, getrocknet oder gemahlen – Ingwer gibt würzigem Gebäck eine scharf-aromatische Note. Geschälten Ingwer kann man in Branntwein oder Sherry aufbewahren.

Instant-Mehl

Dieses Feinmehl staubt kaum, klumpt nicht und löst sich in kaltem Wasser schnell auf. In seinen Backeigenschaften unterscheidet es sich nicht vom normalen, unbehandelten Mehl. Es braucht allerdings, zum Beispiel bei Rühr- und Hefeteigen, etwas mehr Flüssigkeit, da es nachquillt. Instant-Mehl entsteht durch einen physikalischen Prozeß. Die Mehlteilchen werden mit Wasserdampf befeuchtet und dann zu kleinen Kügelchen geballt.

K

Kakaopulver

Es enthält bis zu 25% weniger Fett als Schokolade und eignet sich nur für schwere Teige, die bereits ausreichend Fett enthalten.

Karamel

Karamel entsteht beim Zuckerkochen: Sobald die Flüssigkeit verdampft, bekommt der geschmolzene Zucker eine bernsteinfarbene Tönung. Wie man aus Karamel Fäden „spinnt", lesen Sie auf Seite 225.

Kardamom

Die Griechen und Römer benutzten Kardamom hauptsächlich als Parfüm. Bei uns spielt das asiatische Gewürz in den Gewürzmischungen für Lebkuchen eine „scharfe" Rolle. Kardamom sollten Sie nie gemahlen, sondern immer als Samen kaufen. Der Gehalt an ätherischem Öl verfliegt nämlich sehr schnell.

Kokosnuß

Sie ist die größte aller Nüsse. Ihr Fett ist reich an gesättigten Fettsäuren. Das weiße Mark im Inneren können Sie frisch essen. Die Industrie gewinnt daraus Kokosöl und Kokosbutter. Zum Backen nimmt man meist das geraspelte Mark der Nuß. Es läßt sich in der Mikrowelle blitzschnell und bequem rösten: 75 g Kokosraspeln auf einem Teller ausbreiten und bei 600–700 Watt 1–1 1/2 Minuten erhitzen.

Koriander

Wird als frisches Grün auch Wanzenkraut genannt. Der Samen ist bei uns als typisches Lebkuchengewürz bekannt. Im Handel gibt es Koriander als getrocknete Frucht, geschrotet und pulverisiert.

Krokant

Zucker wird langsam erhitzt, bis er sich goldbraun färbt. Dann gehackte Nüsse oder Mandeln einrühren und die Masse auf ein geöltes Backblech geben. Mit einem Holzspatel verstreichen und auskühlen lassen. Mit einem Rollholz fein zerbröseln.

Kuchengitter

Viele Kuchen werden zum Auskühlen auf ein Kuchengitter gelegt. So kann das Backwerk von allen Seiten – auch von unten – gleichmäßig auskühlen, und es bildet sich kein Kondenswasser. Läßt man das Gebäck auf dem Backblech, bleibt der Boden immer leicht feucht.

Kuchenstücke

Es gibt Torteneinteiler aus Plastik oder Weißblech mit Markierungen für 12–18 Stücke. Damit lassen sich Kuchen und Torten einfach und exakt teilen. Als Faustregel gilt: Flache Kuchen, z.B. Obstkuchen, werden in 12 Stücke, halbhohe Kuchen und Torten meist in 14 und Sahne- oder Cremetorten in 16 Stücke geschnitten. Je gehaltvoller die Torte, desto kleiner sollten die Stücke sein.

Kuvertüre

Offiziell als „Kakaoüberzugsmasse" bekannt, ist Kuvertüre eine mit Kakaobutter (mindestens 35%) angereicherte Schokolade. Man schätzt sie beim Kuchenbacken wegen ihres feinen Schmelzes. Einfache Schokoladenqualitäten nennt man Block- oder Haushaltsschokolade.

L

Lebensmittelfarbe

Ein paar Tropfen genügen, um Glasur und Guß kräftig einzufärben. Die Farbtöne: gelb, orange, rot, blau und grün. Schädlich sind die künstlichen Farbstoffe nicht, aber einige wenige Menschen reagieren allergisch darauf.

Liebesperlen

Das sind kleine bunte Zuckerdragées für die Kuchen- und Dessert-Dekoration. Sie werden aus Kristallzucker hergestellt. Der Zusatz von Stärke ist verboten. Seit kurzem gibt es die Zuckerkügelchen auch ohne künstliche Farbstoffe. Färbende Komponenten sind zum Beispiel Curcuma-Wurzel-Extrakt oder ein Konzentrat aus Rote-Bete-Saft.

Liegnitzer Bomben

Ursprünglich hießen kleine Honigkuchen aus Schlesien so. Heute gelten Liegnitzer Bomben auch als Gattungsbezeichnung für gefüllte Honigkuchen (Rezept Seite 206).

M

Macis

Das ist die Muskatblüte, der getrocknete Samenmantel der Muskatnuß. Er hat ein noch feineres Aroma als die Nuß selbst und ist deshalb ein beliebtes Kuchengewürz.

Mandeln

Ungeschälte Mandeln sind nicht nur billiger, sie haben auch mehr Aroma. Das Abziehen der Schale ist einfach: Die Mandeln mit kochendem Wasser übergießen und zwei bis drei Minuten stehen lassen. Dann auf einem Sieb abtropfen lassen, und die Mandeln zwischen Daumen- und Zeigefinger aus der Schale drücken.

Margarine

Pflanzenmargarine wird aus flüssigen Pflanzenölen, Wasser und Milchbestandteilen hergestellt. Sie enthält – je nach Sorte – zwischen 40 und 80% ungesättigte Fettsäuren und die Vitamine A, D, E und Beta-Carotin.

Marzipan

Als zarte Füllung und Umhüllung feiner Torten ist Marzipan einfach köstlich. Basis dieser Leckerei ist ein Gemisch aus zerstoßenen Mandeln und Puderzucker, dem etwas abgeriebene Zitronenschale und Rosenwasser zugefügt wird.

Marzipankneifer

Mit diesem handlichen kleinen Werkzeug kann man ausgerollten Marzipanstücken einen hübsch geformten Rand geben. Marzipankneifer sehen ähnlich aus wie Kneifzangen und funktionieren auch so. Es gibt sie in mehreren Ausführungen in gut sortierten Haushaltswarengeschäften.

Mehltypen

Beim Mehl sollten Sie stets auf die Typen-Bezeichnung achten. Niedrige Typen (z.B. 405 oder 550) kennzeichnen feines weißes Kuchenmehl. Das ist immer gemeint, wenn in den Rezepten nur von Mehl die Rede ist. Je höher die Typen-Nummer, um so dunkler, aber auch mineralstoff- und vitaminreicher ist das Mehl. Mehl der Type 1700 enthält zum Beispiel einen besonders hohen Schalenanteil. Zum Kuchenbakken ist es nicht fein genug, kann aber bis zu 20% des weißen Mehls ersetzen. Für Vollkornmehl (ohne Typen-Nummer) wird das ganze Korn vermahlen.

Meßbecher

Genaues Abmessen der Zutaten ist Voraussetzung für ein gutes Backergebnis. Benutzen Sie zum Abwiegen von Mehl, Zucker oder anderen Backzutaten eine Küchenwaage. Meßbecher sind hier viel zu ungenau. Geringe Flüssigkeitsmengen lassen sich mit Hilfe einer Babyflasche präzise dosieren. Die Einteilung beginnt bereits bei zehn Kubikzentimeter.

Model

Wenn Sie Spekulatius oder Springerle original herstellen wollen, brauchen Sie ein Model. Das sind Holzformen mit eingekerbten Motiven, in denen der Teig ausgeformt und nach dem Backen herausgeklopft wird. Bis zum 17. Jahrhundert waren es vorwiegend biblische Motive, seit dem 18. Jahrhundert werden in erster Linie Themen aus dem Handwerk dargestellt. Ein Holzmodel bekommen Sie in gut sortierten Haushaltswarengeschäften.

N

Natronlauge

Eine stark ätzende Lösung von Ätznatron in Wasser. Der Bäcker nennt sie auch Brezellauge. Bei der Herstellung von Laugengebäck sorgt die Lösung für die charakteristische Krume und Farbe des Gebäcks.

Nonpareille

Die kleinen, harten, bunten Dragées aus Zucker werden zum Verzieren von Kuchen und Torten verwendet. Im Gegensatz zu den etwas größeren Liebesperlen enthalten Nonpareilles neben Zucker auch Stärkepuder, jedoch höchstens 30%.

Nüsse

Kaufen Sie Nüsse möglichst mit Schale und knacken Sie sie erst kurz vor dem Gebrauch. So bleiben die wertvollen Inhaltsstoffe längstmöglich geschützt.

O

Oblaten

Kinder nennen sie auch Eßpapier. Oblaten werden aus Weizenmehl und/oder Stärke und Wasser, meist ohne Zusatz von Backtriebmitteln zwischen großen heißen Flächen (Oblateneisen) gebacken. Sie dienen als eßbare Unterlage von Makronen und Konfekt. Oblaten schützen Lebkuchen aber auch vor dem Austrocknen. Denn während das Gebäck langsam sein Aroma entfaltet und an der Oberfläche eine Kruste entsteht, bleibt das Innere feucht und saftig.

Orangeat

So nennt man die kandierten Fruchtschalen der Pomeranze (Bitterorange). Es gibt aber auch Orangeat aus süßen Orangen.

P

Papierbackförmchen

Es gibt sie in Päckchen zu 200 Stück. Jedes Förmchen faßt etwa 1 Eßlöffel Teig. Die fertig gebackenen Kuchen können in den Formen serviert und bei Tisch aus dem Papier gelöst werden.

Pergamentpapier

Im Gegensatz zu Backpapier besitzt das transparente Pergamentpapier keinen Antiklebe-Effekt und muß beim Backen stets gut eingefettet werden.

Pottasche

Das altbekannte Treibmittel läßt den Teig weniger in die Höhe als in die Breite gehen. Geben Sie Teigportionen deshalb stets mit gebührendem Abstand auf das Backblech. Pottasche ist geruchlos, schmeckt aber leicht nach Lauge. Man kauft das weiße Pulver am besten in der Apotheke.

Puderzucker

Man nennt diesen sehr fein vermahlenen Zucker auch Staubzucker. Die einzelnen Kristallteilchen sind nicht mehr fühlbar. Für die Herstellung von Glasuren ist Puderzucker ideal.

R

Rosenwasser

Ein Tropfen Rosenöl gemischt mit 1/4 l Wasser ergibt feinstes Rosenwasser, das vor allem bei der Herstellung von Marzipan verwendet wird. Rosenöl wird durch Dampfdestillation aus Blütenblättern verschiedener Rosenarten gewonnen. 4000–5000 kg Rosenblütenblätter ergeben 1 kg Rosenöl.

Rosinen

Das sind die in ihrem Ursprungsland luftgetrockneten Beeren der Weinrebe. Wurden sie geschwefelt, muß dies auf der Packung stehen. Von höchster Qualität sind Rosinen aus Australien, Südafrika und Afghanistan.

S

Sahnefestiger

Das weiße Pulver besteht hauptsächlich aus Traubenzucker und einer speziell behandelten Stärkeart. Da die Stärke kalte Flüssigkeiten bindet, bleibt die geschlagene Sahne mit Sahnefestiger länger steif. Eine „standfeste" Sahne ist besonders für Tortenfüllungen und Verzierungen ideal.

Schere

Beim Backen benötigt man sie hauptsächlich für Hefe- und Strudelteig. Mit einer Schere können ausgerollte Hefeteige leicht zu Figuren geschnitten werden. Beim Strudelteig lassen sich dicke Teigränder mit einer Haushaltsschere am einfachsten abschneiden.

Schlagsahne

Auch Sahne braucht eine gewisse Reife, um optimal zu „stehen". Ist die Sahne zu jung, entwickelt sie beim Schlagen zu wenig Volumen und wird wässrig. Je älter, desto besser. Die Sahne läßt sich dann leichter aufschlagen und wird standfester. Beginnt die Sahne zu säuern, ist sie fürs Aufschlagen natürlich nicht mehr geeignet. Schlagsahne muß einen Mindestfettgehalt von 30% haben. Fürs Aufschlagen ist ein Fettgehalt von 32 oder 34% besser.

Schokolade

Man nehme Kakaobohnen, den fetthaltigen Samen des Kakaobaumes (mindestens 35%) und mische alles kräftig mit Zucker (maximal 65%). Fertig ist Schokolade. Nach dem Gesetz muß die Masse mindestens 35% wasserfreie Kakaobestandteile enthalten. Bitter-Schokolade muß sogar 60% Kakaobestandteile nachweisen. Schokoladenpulver enthält mindestens 32% Kakao, also Kakaopulver. Es ist darüber hinaus mit Zucker und Vanillin angereichert.

Speisestärke

Überall, wo die volle Wirkung des Kleber-Eiweiß aus dem Mehl nicht erwünscht ist, kann ein Teil des Mehls durch Speisestärke ersetzt werden. Der Kuchen wird so besonders feinporig und zart. Es gibt verschiedene Arten von Speisestärke. Weizenstärke, Reisstärke, Maisstärke, Kartoffelstärke. Beim Backen hat sich die Weizenstärke am besten bewährt.

Spritzbeutel

Zum Garnieren, Verzieren und Füllen von Torten sind sie unentbehrlich. Es gibt die Beutel in vier verschiedenen Größen und mit unterschiedlich geformten Tüllen (Sterntülle, Rosentülle, Lochtülle). Hochwertige Spritzbeutel sind aus stabilem kochfestem Leinen und innen beschichtet.

Spritztüte

Für feine Schriftzüge oder kleine Garnituren aus Zuckerglasur kann man aus Pergamentpapier schnell eine Einwegtüte machen: Ein rechteckiges Stück Papier (20×35 cm) diagonal falten und an der Bruchstelle durchschneiden. Von der kurzen Spitze über dem rechten Winkel zu einer Tüte aufrollen. Das überstehende Papierende nach innen falten und die Tüte so stabilisieren.

Strudeltuch

Ohne ein großes Tuch als Unterlage läßt sich der hauchdünn ausgezogene Strudelteig nicht aufrollen. Verwenden Sie am besten eine Stoffwindel oder Tischdecke.

Süßungsmittel

Beim Kuchenbacken geht es nicht ohne süße Zutaten. Honig, Sirup und Obstdicksaft sind zwar alle sehr süß, enthalten aber für manches Rezept zuviel Feuchtigkeit. Wer dennoch anstelle von Zucker lieber ein Naturprodukt verwenden möchte, sollte getrockneten Zuckerrohrsaft nehmen. Er besteht aus hellbraunen Kristallen, ist also streufähig und kann wie Zucker verwendet werden. Im Reformhaus als „Ur-Süße" oder „Sucanat" zu kaufen.

Teigrädchen

Es gibt zwei Arten: Die glatten mit dem scharfen Rad zum Schneiden von flachem Gebäck wie beispielsweise Pizza. Und die Rädchen mit dem gewellten Rand für das Ausradeln von rohem Mürbe- oder Quarkblätterteig. Beim Ausradeln bekommt der Teig eine hübsch gewellte Kante und läßt sich gut für Dekorationen benutzen.

Teigrolle

Nichts gegen das bewährte Nudelholz, das auch Roll- oder Wellholz genannt wird. Bei besonders klebrigen Teigen sollten Sie jedoch eine teflonbeschichtete Rolle verwenden. Besonders pfiffig: Thermo-Teigrollen. Diese Kunststoff-Rollen sind innen hohl und können, je nach Teigart, mit warmem oder kaltem Wasser gefüllt werden. So behält der Teig immer die richtige „Betriebstemperatur".

Tortenboden

Bei Obsttorten können die Böden leicht durchweichen. Streuen Sie deshalb vor dem Belegen gemahlene Nüsse, Zwieback- oder Semmelbrösel auf die Böden. Wer mag, bestreicht die Tortenböden mit flüssiger Kuvertüre.

Tortenguß

Fruchtfüllungen und Beläge halten durch den Guß gut zusammen und werden schnittfest. Tapiokastärke und Agar-Agar sind die Hauptkomponenten des Tortengusses. Während der Zubereitung sollte er nicht zu sehr gerührt werden, da sonst kleine Luftbläschen den Guß trübe machen. Statt Schneebesen besser einen Rührlöffel verwenden.

Trockenfrüchte

Gedörrte Früchte wie Apfelringe, Kurpflaumen, Datteln, Feigen, Weinbeeren und Aprikosen gehören zu den ältesten und traditionsreichsten Backzutaten. Im Zuge des gesundheitsbewußten Backens mit Vollkornmehlen verwendet man sie wieder häufiger, weil sie durch ihre Süße einen Teil des Zuckers ersetzen und gleichzeitig Ballaststoffe liefern.

Trockenhefe

Das ist praktisch: Bei Trockenhefe muß kein Vorteig angesetzt werden. Sie können das Pulver direkt mit dem Mehl mischen. Seine Triebkraft ist allerdings etwas geringer. Nehmen Sie deshalb von der Trockenhefe immer etwas mehr, als im Rezept angegeben ist. Trockenhefe wird in verschweißten kleinen Alutütchen angeboten. 7 g entsprechen ca. 25 g frischer Backhefe.

V

Vanille
Die länglichen Früchte einer tropischen Kletterpflanze werden unreif geerntet, fermentiert und getrocknet. Erst während des Trocknungsprozesses bildet sich das intensive Vanillearoma. Dabei sitzen die Aromaträger außen auf den Schoten. Wenn Sie beim Backen das ausgekratzte Mark verwenden, erzielen Sie nur einen schwachen Vanillegeschmack.

Vanillezucker
Vanillezucker können Sie leicht selbst herstellen: Geben Sie 10–12 Vanilleschoten in ein Glas und bedecken Sie sie mit Zucker. Dann das Glas gut verschließen. Nach drei Monaten hat die Vanille ihr intensives Aroma vollkommen an den Zucker abgegeben. Vanillezucker gibt es auch als fertige Gewürzzubereitung aus mindestens 5% zerkleinerten Vanilleschoten und Zucker.

Vanillinzucker
Er wird häufig mit Vanillezucker verwechselt. Vanillinzucker ist jedoch eine Mischung aus 7,9g Zucker und 0,1g Vanillin, einem künstlich hergestellten vanilleähnlichen Aromastoff. Er wird wie Vanillezucker beim Backen zum Aromatisieren verwendet.

W

Weinstein
Kaliumhydrogentartrat sagen die Fachleute und meinen damit das Salz der Weinsäure. Reiner Weinstein war jahrelang der wichtigste Säureträger im Backpulver, wurde aber in den letzten Jahrzehnten durch verschiedene Phosphate verdrängt. Wegen seines mildsäuerlichen Geschmacks wird Weinstein auch als Geschmacksstoff eingesetzt.

Z

Zimt
Auch Kaneel genannt. Die dünnen Stangen stammen aus der 3mm dicken Rinde des Zimtbaumes. Über den guten Geschmack entscheidet letztendlich die Herkunft des Gewürzes. Besonders edel ist Ceylonzimt.

Zitronat
Das sind die meist gewürfelten, kandierten Fruchtschalen der Zitronatzitrone. Die bis zu 2kg schweren Früchte wachsen in allen subtropischen Gebieten. Sie werden unreif geerntet, geschält und die dicken Fruchtschalen in Kochsalzlösungen eingelegt. Anschließend blanchiert und durch Kandieren mit Zuckerlösung zu Zitronat verarbeitet.

Zitronenschale
Für die in vielen Kuchen verwendete, in feinen Bröseln abgeriebene Zitronenschale nimmt man am besten eine Haushaltsreibe.

Die altmodischen mit aufrecht stehenden Spitzen (Kartoffelreiben) sind ideal, denn man kann ein Stück Pergamentpapier über die Reibfläche decken. Das schont die Fingerspitzen, und Schalenreste lassen sich später leicht vom Papier abstreifen.

Zucker
Zucker, ganz gleich, ob aus Zuckerrohr oder Zuckerrüben hergestellt, besteht zu 99% aus Kohlenhydraten und zu 1% aus Wasser. Je nach Qualität unterscheidet man: Raffinade, Weißzucker, Halbweißzucker und Farin. Raffinade ist der meistverwendete weiße Streuzucker. Ihn gibt es in verschiedenen Körnungen. Puderzucker entsteht durch das Mahlen der Raffinade.

Zuckerglasur
Im Gegensatz zur ebenfalls beliebten Schokoladenglasur ist Zuckerglasur fettfrei und wird entweder aus Puderzucker und Flüssigkeit angerührt oder aus Zucker und Wasser gekocht.

Zuckerthermometer
Fürs Zuckerkochen ist solch ein Thermometer ideal. Die Gradeinteilung reicht bis über 180°. So kann man ganz schnell ablesen, welche Konsistenz der Zucker gerade erreicht hat.

REGISTER